Hybridbau

Holzaußenwände

Oliver Fischer
Werner Lang
Stefan Winter

DETAIL Praxis

Herausgeber

Oliver Fischer, Prof. Dr.-Ing.
Werner Lang, Prof. Dr.-Ing.
Stefan Winter, Prof. Dr.-Ing.

Autoren

Christina Dotzler, Dipl.-Ing. (FH) M.Eng.
Joachim Hessinger, Dipl.-Phys., Dr. rer. nat
Christoph Kurzer, M.Eng.
Patricia Schneider-Marin, Dipl.-Ing. Architektin
Christof Volz, Dr.-Ing.

Verlag

Redaktion und Lektorat:
Steffi Lenzen (Projektleitung);
Claudia Fuchs, Jana Rackwitz

Redaktionelle Mitarbeit:
Signe Decker, Michaela Linder

Coverdesign nach einem Konzept von:
Kai Meyer, München

Zeichnungen:
Barbara Kissinger, Irini Nomikou, Sabrina Heckel

Herstellung und Produktion:
Simone Soesters

Druck und Bindung:
Grafisches Centrum Cuno GmbH & Co. KG, Calbe

Bibliografische Information der Deutschen Nationalbibliothek
Die Deutsche Nationalbibliothek verzeichnet diese Publikation in der Deutschen Nationalbibliografie; detaillierte bibliografische Daten sind im Internet abrufbar über http://dnb.d-nb.de.

Verlag:
DETAIL Business Information GmbH
Messerschmittstr. 4, 80992 München
detail.de

ISBN 978-3-95553-478-3 (Print)
ISBN 978-3-95553-479-0 (E-Book)

Inhalt

Hybridbauweise – Holzaußenwände

Vor dem Hintergrund des Klimawandels und der dringenden Notwendigkeit einer Minimierung klimaschädlicher Treibhausgase kommt dem energie- und kohlenstoffeffizienten Einsatz von Rohstoffen und Produkten im Bauwesen eine entscheidende Rolle zu. Der Baustoff Holz verfügt durch seine Entstehung als nachwachsendes Material über einzigartige Qualitäten. Er besitzt eine positive Energie- und Kohlenstoffbilanz und bietet vielfältige Nutzungsmöglichkeiten im Gebäudesektor. Zudem ergeben sich durch den Einsatz von Holz Vorteile für das stoffliche und energetische Recycling.

Die zunehmende ökologische Bewertung von Gebäuden bezüglich Umweltindikatoren wie Primärenergieverbrauch, Rohstoffproduktivität oder Treibhausgasemission rückt immer mehr in den Aufgabenbereich der Planer und führt zu einer verstärkten Auseinandersetzung mit dem Baustoff Holz und seinen ökologischen Qualitäten. Gleichzeitig bietet der Stahlbeton kostengünstige und regelkonforme Tragstrukturen für alle Gebäudeklassen mit gängigen Haustechnik-, Brand- und Schallschutzkonzepten.

Besonders effiziente Lösungen lassen sich vor allem dann erreichen, wenn die Werkstoffe Holz und Beton entsprechend ihrer jeweiligen Vorteile und Stärken kombiniert werden. So hat die Durchführung und Umsetzung einer Vielzahl derartiger Projekte gezeigt, dass bei Gebäuden mit vorgefertigten, hochgedämmten Holzfassadenelementen und einem Tragwerk in Stahlbetonskelett- oder -schottenbauweise die Energie- bzw. CO_2-Bilanz im Vergleich zu Gebäuden in reiner Massivbauweise wesentlich besser ausfällt. Dies betrifft nicht nur die Energieeffizienz in der Nutzungsphase durch Senkung des Betriebsenergieaufwands, sondern auch den effizienten Einsatz der in der Baukonstruktion enthaltenen »Grauen Energie«.

Mittels derartiger Hybridbauweisen ergibt sich die Möglichkeit, die Ökobilanz der Gebäude über den gesamten Lebenszyklus, also von der Herstellung über den Betrieb bis hin zum Rückbau und der Wiederverwendung, -verwertung bzw. Entsorgung, maßgeblich zu verbessern.

Neben den positiven Werkstoffeigenschaften von Holz bieten die im Hybridbau üblichen Konstruktionsmethoden, die größtenteils auf lösbaren Verbindungen basieren, gerade im Hinblick auf den Rückbau von Fassadenbauteilen bzw. ihre Recyclierbarkeit weitere Vorteile. Darüber hinaus weisen hochgedämmte Holzfassadenelemente bei vergleichbaren Wärmedämmeigenschaften in der Regel geringere Wandstärken auf als Außenwandkonstruktionen in Massivbauweise mit aufgebrachter Wärmedämmung. Dies erhöht die erzielbare Nutzfläche des Gebäudes.
Zudem ermöglicht der hohe Vorfertigungsgrad eine zügige Umsetzung – meist sogar ohne Gerüst –, was im Vergleich zum klassischen Massivbau eine kürzere Bauzeit und deutliche Kosteneinsparungen bedeuten kann.

Durch die Kombination von Holzfassadenelementen mit Tragwerken in Massivbauweise ergeben sich sowohl für die Holzbauunternehmen als auch für Unternehmen, die bisher ausschließlich im Massivbau tätig waren, deutlich erweiterte Geschäftsfelder im Hochbau. Beide Sparten zusammen können durch eine enge Vernetzung eine weitergehende Standardisierung und damit eine Beschleunigung der Bauabläufe sowie eine verbesserte Qualitätssicherung erreichen.

Dass in Deutschland vorgefertigte Holzfassadenelemente in aktuellen Stahlbeton-, Stahl- oder Mischbauweisen trotz der genannten Vorteile noch vergleichsweise selten zum Einsatz kommen, liegt unter Umständen an der mangelnden Erfahrung im Umgang mit »fremden« Gewerken und Materialien – und möglicherweise an Wissenslücken der Planer in den Bereichen Schallschutz, Brandschutz und Verformungsverträglichkeit. Zudem mangelt es an einer durchgängigen belastbaren Entwicklung und Darstellung entsprechender beispielhafter Anschlussdetails.

Die vorliegende Publikation vermittelt daher anschaulich und praxisnah fundiertes Grundlagenwissen im Bereich der Entwurfs-, Genehmigungs- und Ausführungsplanung wirtschaftlich optimierter Anschlüsse zwischen Stahlbetondecken bzw. -wänden und Holzaußenwandelementen. Hierbei werden wesentliche tragwerksbezogene und konstruktive Themen ebenso angesprochen wie Aspekte des notwendigen Schall-, Brand-, Wärme- und Feuchteschutzes.

Aufbauend auf diesem theoretischen Grundlagenwissen stellen die in dieser Publikation enthaltenen Regeldetails verschiedener Anschlusspunkte zwischen Holz- und Stahlbetonbau ein wertvolles Hilfsmittel für die Planung und die konstruktive Umsetzung in die Praxis dar.

Die anschließende detaillierte Darstellung gelungener Architekturbeispiele und der dort enthaltenen Planungs- und Ausführungsinformation versetzt Planer und Unternehmen in die Lage, entsprechende Hybridbauweisen auf gesicherter technischer Grundlage umzusetzen mit dem Ziel einer möglichst hochwertigen und mangelfreien Bauausführung.

So kann diese nachhaltige Bauweise dazu beitragen, dass der lebenszyklusbezogene Energiebedarf bzw. CO_2-Ausstoß derartiger Gebäude bzw. Bauweisen deutlich verbessert wird.

Die vorliegende Publikation entstand auf Basis des Forschungsprojekts »Fassadenelemente für Hybridbauweisen. Vorgefertigte, integrale Fassadenelemente in Holzbauweise zur Anwendung im Neubau hybrider Stahlbetonhochbauwerke«, das aus Mitteln der Bayerischen Bauwirtschaft gefördert wurde.
Ohne die finanzielle Unterstützung sowie die in fachlicher Hinsicht herausragende Zusammenarbeit aller beteiligten Firmen, Forschungseinrichtungen und Prüfinstitute wäre dieser Praxisleitfaden nicht entstanden. Hierfür möchten die Herausgeber und Autoren dieser Publikation allen Beteiligten herzlich danken.

Prof. Dr.-Ing. Oliver Fischer
Prof. Dr.-Ing. Werner Lang
Prof. Dr.-Ing. Stefan Winter

Patricia Schneider-Marin
Christina Dotzler

Anwendung und Konstruktionsvarianten

»Hybridbauweise« ist zunächst ein sehr abstrakter Begriff. Dieser trifft im Grunde nahezu auf jede Bauweise zu, da man sie im übergeordneten Sinne als Kombination verschiedener Baumaterialien verstehen kann. Ein einzelnes Bauteil, wie etwa die Bodenplatte, kann dabei allein schon eine Hybridbauweise sein, wenn man die Abdichtungs-, Dämm- und Tragschichten berücksichtigt.
Als Hybridbauweise wird in dieser Publikation allerdings die Kombination einer massiven Stahlbetontragstruktur mit nicht tragenden Holztafelbauelementfassaden definiert.
Die nicht tragende Außenwand, bestehend aus Holztafelbauelementen, trägt dabei nicht zur Standsicherheit des Gebäudes bei, d.h. sie übernimmt keine tragende oder aussteifende Funktion für das Gesamtgebäude. Windlasten werden in der Regel geschossweise an das massive Tragwerk übertragen. Die Eigenlasten können ebenfalls geschossweise oder über die Wandelemente bis ins Fundament eingeleitet werden. Das Fassadenelement ist in der Gebäudeklasse 4 und 5 feuerhemmend auszuführen (EI 30). Im Brandfall muss die erforderliche Tragfähigkeit des Einzelelements über dem Brandgeschoss gewährleistet sein (Abb. 22, S. 30).

Aufbau der Tragkonstruktion

Die Tragkonstruktion wird in der Regel in Stahlbetonskelett- oder Stahlbetonschottenbauweise ausgeführt (Abb. 1).

Skelettbauweise
Ein wesentlicher Vorteil der Skelettbauweise ist die flexible Gestaltung des Grundrisses im Ausbauzustand. Lediglich das Stützenraster und die Aussteifungskerne beeinflussen die Raumaufteilung. Mithilfe von nicht tragenden Wänden kann die Nutzfläche während der Gebäudelebensdauer relativ einfach umgestaltet werden. Die Geschossdecken lassen sich in Abhängigkeit von der durchschnittlichen Stützweite und Deckenstärke so bemessen, dass störende Unterzüge vermieden werden. Ein weiterer Vorteil der Ausführung ohne Unterzüge ist der geringere Herstellungsaufwand und somit die Beschleunigung der Fertigung. Auch Lüftungsrohre und Leitungen der Technischen Gebäudeausrüstung können direkt an der Decke montiert werden, zudem sind weniger Durchbrüche tragender Elemente zu planen. Die Lastabtragung über einzelne Stützen, also Punktlager, erfordert jedoch einen erhöhten Bewehrungsanteil an den Lagerpunkten, wie eine verstärkte Biegezugbewehrung an der Oberseite der Deckenplatte. In der Regel ist eine Durchstanzbewehrung um die Stützen anzuordnen. Auch der Nachweis der räumlichen Aussteifung ist etwas anspruchsvoller als bei der Schottenbauweise, da nur wenige aussteifende Wandscheiben, meist die Treppenhauskerne oder Wohnungstrennwände, zur Verfügung stehen. In Erdbebengebieten beispielsweise sind zusätzliche Maßnahmen zur Gewährleistung der Standsicherheit erforderlich. Die aussteifende Funktion der Stützen kann zwar theoretisch zur Bemessung herangezogen werden, ist aber im Gegensatz zu einer Aussteifung über Wandscheiben relativ ineffizient. Denn dabei bilden die Stützen zusammen mit den Flachdecken einen Rahmen, dessen Gesamtbiegesteifigkeit im Vergleich zu einer Wandscheibe wesentlich geringer ist. Für die Verwendung von Unterzügen spricht der Wegfall der Durchstanzbewehrung.

Schottenbauweise
Der Schottenbau eignet sich vor allem für den Wohnungsbau und findet dort breite

1

1 dreidimensionale Rechenmodelle
a Stahlbetonskelettbauweise
b Stahlbetonschottenbauweise

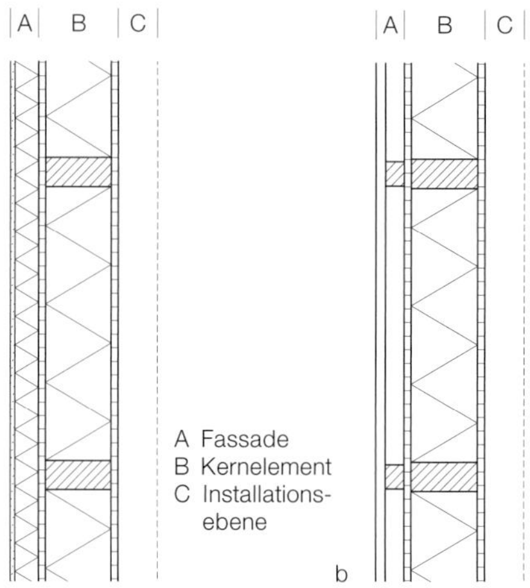

2a b

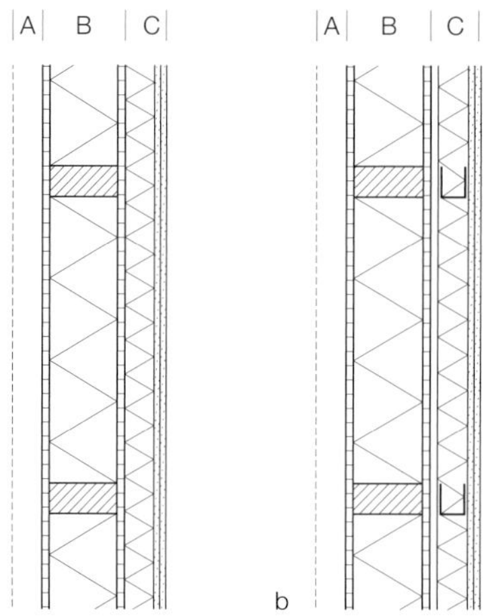

3a b

Anwendung. Charakteristisch für den Schottenbau sind tragende Querwände mit darüberliegenden und überwiegend einachsig gespannten Decken (Durchlaufträger). So gestaltet sich das statische System einfach und klar. Die Querwände aus Stahlbeton teilen die Nutzungsbereiche bereits im Rohbau ein und ihre massive Ausführung gewährleistet einen guten Körperschallschutz. Der Einsatz des Schottenbaus entfaltet also dann seine Vorteile, wenn die Raumaufteilung während der Gebäudelebensdauer nur geringfügig verändert wird. Eine nachträgliche Umgestaltung des Grundrisses ist sehr aufwendig. Der Aufwand des statischen Nachweises hingegen ist wesentlich geringer als beim Stahlbetonskelettbau, da sich aufgrund der ausreichenden Anzahl an vorhandenen tragenden Wandscheiben die Aussteifung einfach gestaltet.

Aufbau der Holztafelbauelemente

Bei den Holztafelbauelementen unterscheidet man vereinfacht zwischen drei Systembereichen: Fassade, Kernelement und Installationsebene (Abb. 2 und 3). Diese Bereiche definieren das Bausystem der nicht tragenden Außenwand, die am Gebäudetragwerk aus Stahlbeton befestigt wird (siehe »Grundprinzipien der Befestigung«, S. 9f.). Die Holztafelbauelemente fungieren als Raumabschluss nach außen und verfügen über sehr gute Dämmeigenschaften bei gleichzeitig geringer Wandstärke und leichter Konstruktion.
Die Fassade (Bereich A) übernimmt dabei zusammen mit dem Kernelement (Bereich B) den Feuchte- und Wärmeschutz. Primär stellt die Fassade den Wetterschutz dar und beeinflusst maßgeblich das Erscheinungsbild des Gebäudes. Unterschieden wird dabei zwischen hinterlüfteten bzw. belüfteten und nicht hinterlüfteten Fassaden. Mit einem Wärmedämmverbundsystem (WDVS) als Kompaktfassade ausgeführt übernimmt sie zudem einen Teil des Wärmeschutzes (Abb. 2a). Die hinterlüftete bzw. belüftete Fassade ist in Form einer Vorsatzschale konzipiert (Abb. 2b).
Zur Verwendung eines WDVS im Holzbau muss aktuell noch eine abZ (allgemeine bauaufsichtliche Zulassung) vorliegen. Nach der derzeitigen Muster-Verwaltungsvorschrift Technische Baubestimmungen (MVV TB) ist darauf zu achten, dass eine ETA (engl. European Technical Assessment; dt. Europäische Technische Bewertung) vorhanden ist. Die betreffende technische Regel B 2.2.1.5 der MVV TB verweist für die Verwendung europäischer Bauprodukte auf eine ETA nach der Leitlinie ETAG 004. Allerdings bezieht sich diese europäische Leitlinie, die auch eine Erfüllung der nationalen Bauwerksanforderung in Deutschland sicherstellen soll, nur auf den Mauerwerk- und Betonbau. Als Abweichung von einer technisch eingeführten Regel lässt sich der Holzbau auch mit dieser ETAG 004 realisieren, wenn das baurechtliche Schutzziel bzw. -niveau genauso adäquat erreicht wird. Auch wenn die Verwendung eines WDVS im Holzbau bis heute baurechtlich noch nicht abschließend geklärt ist, so wird es jedoch seit Jahren erfolgreich und fachgerecht eingesetzt. Hierbei kann man also auf die Erfahrungen der ausführenden Firmen und Fachplaner vertrauen.
Das Kernelement (Bereich B) wird in Holztafelbauweise erstellt. Das Konstruktionsprinzip entspricht dem des Holzrahmenbaus, wobei der Holztafelbau einen höheren Vorfertigungsgrad besitzt. Neben dem Wärme- und Feuchteschutz erfüllt das Kernelement zusätzlich den Schall- und Brandschutz bzw. wird zum Lastabtrag herangezogen. Die stabförmige Tragkonstruktion besteht aus vertikalen Ständern, einer Schwelle sowie einem Rähm und trägt das Eigengewicht sowie die horizontalen Windlasten in die Auflagerpunkte ab (Abb. 4). Darin eingebettet befindet sich die hohlraumfreie Dämmung. Stabilisiert wird die Tragkonstruktion beidseitig über angenagelte oder angeklammerte Holzwerkstoff-, Gipsfaser- oder Gipskartonplatten. Diese Bekleidung sichert die Luft- und Winddichtheit in Kombination mit Abdichtungsfolien und Klebebändern.
Die Installationsebene (Bereich C) gewährleistet die einfache und nicht sichtbare Verlegung von Leitungen und Rohren. Reichen die Dämmdicken der Fassade und des Kernelements nicht zur Erfüllung des Dämmstandards aus, kann zudem die Installationsebene als Dämmebene für den Wärmeschutz herangezogen werden (Abb. 3). Eine baustellenseitige Erstellung der Installationsebene schafft mehrere Vorteile: In der Luftdichtheitsebene des Kernelements sind keine Durchbrüche für Installationen notwendig, alle Installationsebenen können leicht verlegt und Befestigungsmittel der Außenwand einfach überdeckt werden. Zudem wird der Schallschutz verbessert. Für erhöhte Schallschutzanforderungen empfiehlt sich eine vollständig entkoppelte und frei stehende Vorsatzschale, die besonders bei vorgestellten Außenwänden den Schallschutz nochmals verbessern kann. Die Erstellung einer entkoppelten Vorsatzschale ist allerdings mit einem deutlichen Montagemehraufwand verbunden. Deshalb sollte in der Planungsphase geprüft werden, ob erhöhte Schalldämmwerte überhaupt erforderlich sind und eine direkt montierte Vorsatzschale nicht auch ausreichende Werte liefert (siehe »Schallschutz«, S. 41ff.).
Grundsätzlich lassen sich Holztafelbauelemente mit einem hohen Vorfertigungsgrad und hoher Maßgenauigkeit im Werk vorfertigen und inklusive Fassade zur Baustelle transportieren. Dies stellt einen wesentlichen Vorteil der Bauweise und des Holzbaus im Allgemeinen dar. Denn die Vorfertigung geht mit einer geringen

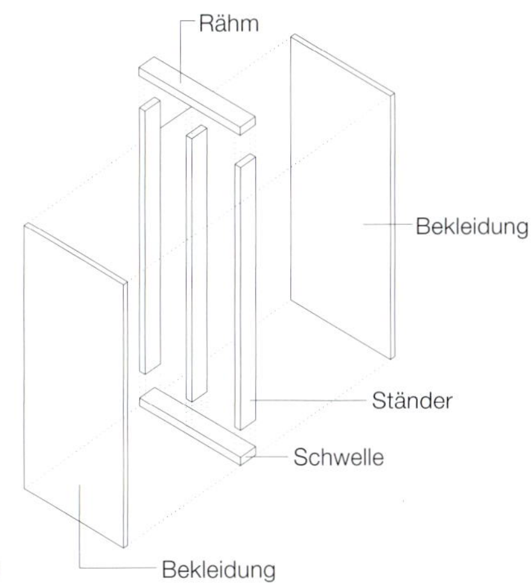

4

Bauzeit auf der Baustelle einher, was die Wirtschaftlichkeit sowie die Qualität dieser Bauweise erhöht. Auch wechselnde Witterungsbedingungen beeinträchtigen die Fertigung in der Halle nicht. Der Einsatz von vorgefertigten Holzfassadenelementen in Geschosshöhe ist mittlerweile weit verbreitet.

Grundprinzipien der Befestigung

Zur Befestigung der Holztafelbauelemente an der massiven Tragstruktur existieren drei gängige Anschlussvarianten: die vorgestellte, die vorgehängte und die eingestellte Variante (Abb. 5). Sie unterscheiden sich in ihrer Lage und ihrer Lastweiterleitung.
Die Anschlussvarianten bedingen verschiedene Beanspruchungen der Befestigungselemente und gehen mit unterschiedlichen Montageabläufen einher. Die Befestigung erfolgt in der Regel durch Stahlwinkel mit Schraub- und Dübelverbindungen. Weitergehende Informationen finden sich unter »Tragwerk und Außenwand« (S. 19ff.) und »Außenwandanschlüsse« (S. 49ff.). Die Anschlussvarianten haben auch unterschiedliche Auswirkungen auf die bauphysikalischen Eigenschaften des Anschlussbereichs.
Bei der vorgestellten Variante verläuft die Außenwand außerhalb der Tragkonstruktion. Die vertikale Eigenlast der Außenwand wird am Fußpunkt des Einzelelements in die anliegende Geschossdecke oder über die einzelnen Wandelemente hinweg nach unten ins Fundament eingeleitet. Diese Variante stellt bezüglich des Wärmeschutzes eine optimale Lösung dar, da die Dämmebene nicht unterbrochen wird. Gleichzeitig birgt sie aber größere Herausforderungen beim Schall- und Brandschutz. So muss z. B. die Flankenschallübertragung durch geeignete Maßnahmen vermieden werden (siehe »Brandschutz«, S. 37ff. und »Schallschutz«, S. 41ff.).

Anschlussvariante	vorgestelltes Außenwandelement	vorgehängtes Außenwandelement	eingestelltes Außenwandelement
System	• eigenständiges System in einer Ebene außerhalb des Tragwerks	• eigenständiges System in einer Ebene außerhalb des Tragwerks	• Einfeldsystem geschossweise innerhalb des Tragwerks
Vorteile	• Ausgleich größerer Toleranzen gegenüber Maßabweichungen • durchgehende, annähernd wärmebrückenfreie Dämmhülle • problemlose Führung der luftdichten, dampfbremsenden Schicht	• Knicknachweis der Ständer entfällt • durchgehende, annähernd wärmebrückenfreie Dämmhülle • problemlose Führung der luftdichten, dampfbremsenden Schicht	• mögliche Integrierung des Skelettbaus innerhalb der Fassade • verringerte Schallnebenwegübertragung • Trennung von Brandausbreitungswegen mithilfe des massiven Tragwerks
Nachteile	• erhöhter Ausführungsaufwand in Bezug auf Einhaltung von Schallschutz und Brandschutz	• Schall- und Brandschutznachweis aufwendiger • Anschlüsse gegenüber anderen Varianten konstruktiv aufwendiger	• setzungsempfindliches System • größere Fugen zum massiven Tragwerk aus Montagegründen • erhöhte Wärmebrückengefahr • problematische Führung der luftdichten, dampfbremsenden Schicht

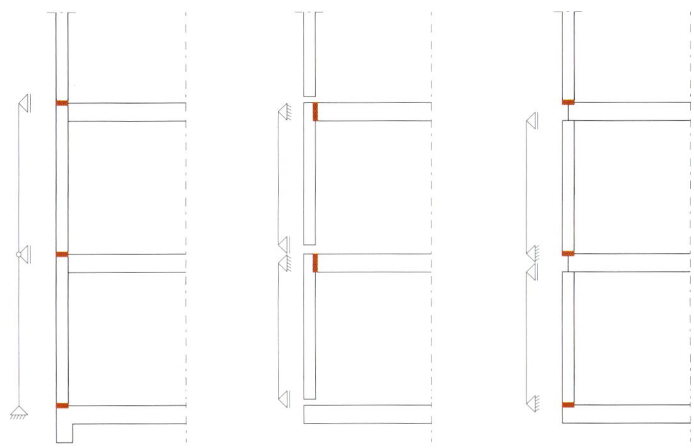

5

2 Wandaufbauten
a Kompaktfassade und Kernelement
b hinterlüftete bzw. belüftete Fassade und Kernelement
3 Wandaufbauten
a Kernelement mit direkt verbundener Installationsebene
b Kernelement mit Abstand zur vorgesetzten Installationsebene
4 Aufbau einer Holztafelbauwand
5 Zusammenfassung der Vor- und Nachteile der Anschlussvarianten nicht tragender Fassadenelemente inklusive der Darstellung der statischen Systeme für den ständig-veränderlichen Lastfall (rot = Lage der Fügung, Befestigung)

6a

b

c

Die vorgehängte Holztafelbauelementfassade verläuft ebenfalls vor dem Tragwerk und wird geschossweise am Wandkopf an die massive Decke angehängt. Im Vergleich zur vorgestellten Variante weist diese keine Knickproblematik der Ständer auf. Dafür ist die Konzipierung der Anschlusspunkte etwas aufwendiger.
Bei der eingestellten Variante liegt die Achse des Außenwandelements nahezu in einer Linie mit der Deckenvorderkante, und die Elemente stehen geschossweise direkt auf der massiven Stahlbetondecke auf. Dies ergibt Vorteile in Verbindung mit dem Stahlbetonskelettbau, da sich tragende Stützen gegebenenfalls in die Außenwandkonstruktion integrieren lassen. Auch der Schall- und Brandschutz ist leichter herzustellen, weil durch den Einstellgrad direkte Ausbreitungswege – z. B. bei Wohnungstrennwänden – von vornherein unterbunden sind. Der Einstellgrad der Stütze kann dabei nach statischen Randbedingungen variiert werden, um den Brand- oder Schallschutz zu verbessern. Allerdings ist diese Ausführungsvariante aufgrund etwaiger Wärmebrücken für den Wärmeschutz möglicherweise unvorteilhafter. Zudem sind beim Bau größere Montagefugen als bei den außen liegenden Varianten einzuplanen.
Bei allen Varianten werden die aus Windlasten resultierenden Druck- und Zugkräfte geschossweise in die Stahlbetonkonstruktion weitergeleitet.

Anwendungsgebiete

Die vorgestellte Hybridbauweise erweist sich in bautechnischer und energetischer Hinsicht als eine vorteilhafte Kombination aus robustem Tragwerk und ressourcenschonender sowie individuell gestaltbarer Gebäudehülle. Dabei sind die Anwendungsgebiete im Hinblick auf die Funktion des Gebäudes, wie z. B. dem Wohnungs- oder Verwaltungsbau, vielfältig. Dies gilt auch für die Gestaltungsmöglichkeiten der Fassaden. Nach bauordnungsrechtlichen Vorgaben können nicht tragende Holzbauelemente bis zur Hochhausgrenze (Höhe oberster Geschossfußboden ≤ 22 m über mittlerer Geländehöhe) errichtet werden.
Im Allgemeinen ist die Bauweise besonders dort zu empfehlen, wo größere bzw. mehrgeschossige Gebäude in kurzer Bauzeit errichtet werden sollen. Dies gilt vor allem für Entwürfe mit großen Außenwandflächen und wiederkehrenden Fassadenstrukturen, bei denen der Einsatz standardisierter Fassadenelemente die Herstellungskosten je m² Außenwand senken kann. Mit einem abgestimmten Bauzeitenplan lassen sich Tragwerk und die Fassade nahezu parallel anfertigen, was sich wiederum günstig auf die Gesamtbauzeit auswirkt. Eine standardisierte Bauweise bedeutet allerdings nicht, dass die Fassaden eintönig gehalten werden müssen, im Gegenteil: Dem gestalterischen Anspruch wird eine vielfältige Auswahl an farbigen Fassadenplatten, Metallen, Holzbekleidungen oder Putzsystemen gerecht (Abb. 6).
So erfährt die Bauweise immer mehr Zuspruch für Mehrfamilienhäuser und stellt eine gute Alternative zum Massivbau in Zeiten von Wohnungsnot im Kontext des städtischen und sozialen Wohnungsbaus dar. Auch für Bürogebäude ist die Bauweise zu empfehlen. Der hohe Dämmstandard bei gleichzeitig geringerer Außenwandstärke ermöglicht eine größere Nutzfläche und ein angenehmes Raumklima. Hybridbauweisen entfalten nicht nur im Neubau ihre Vorteile, sondern auch bei der Sanierung. So lässt sich beispielsweise bei einer Kernsanierung die nicht tragende Fassade komplett zurückbauen und dem aktuellen Wärmestandard anpassen, ohne dass das Tragwerk verändert werden muss.
Allerdings erfordert die Vorfertigung der Holztafelbauelemente eine integrale und

detaillierte Planung, wozu Architekt, Tragwerksplaner, Gebäudetechnikingenieure und ausführende Firmen bereits in frühen Planungsphasen in Kontakt treten sollten. Nur so ist es möglich, die unterschiedlichen Maßtoleranzen im Massiv- und Holzbau abzustimmen oder Fügetechniken und Montageabläufe zu optimieren.

Nachhaltigkeit

Die Brundtland-Kommission der Vereinten Nationen (UN) definierte den Begriff »Nachhaltigkeit« folgendermaßen: »Nachhaltige Entwicklung ist eine Entwicklung, die die Lebensqualität der gegenwärtigen Generation sichert und gleichzeitig zukünftigen Generationen die Wahlmöglichkeit zur Gestaltung ihres Lebens erhält.« Seit der UN-Konferenz für Umwelt und Entwicklung im Jahr 1992 und der Enquete-Kommission des Deutschen Bundestages 1998 gilt für 178 Länder als gemeinsames Leitbild das »Drei-Säulen-Modell« [1]. Laut diesem Modell müssen die Ökologie (Ressourcenschonung), die Ökonomie (wirtschaftliche Leistungsfähigkeit) und das Soziokulturelle (Gleichberechtigung, friedliches Zusammenleben, Gesundheit etc.) gleichermaßen berücksichtigt werden, unter anderem, um nachhaltiges Planen und Bauen zu gewährleisten. Gebäude können nicht nur zu ökonomischen und soziokulturellen Qualitäten einen entscheidenden Beitrag leisten, sondern haben besonders auf dem Gebiet der Ökologie wesentliche Bedeutung. Sie emittieren ca. 19 % des globalen CO_2-Ausstoßes für Energieerzeugung [2]. Zudem wird dem Gebäudesektor ca. 35 % des Endenergieverbrauchs in Deutschland zugeschrieben [3]. Dies bedeutet, dass der Gebäudesektor eine große Hebelwirkung auf dem Gebiet der ökologischen Nachhaltigkeit besitzt – durch Steigerung der Energieeffizienz und den effizienten Umgang mit Rohstoffen. Um die ökologische Nachhaltigkeit von Gebäuden zu beurteilen, bietet die Lebenszyklusanalyse bzw. Ökobilanz einen wirkungsvollen Ansatz. Dabei werden Energie- und Ressourcenbedarf, anfallender Abfall und Umweltwirkungen über den gesamten Lebenszyklus des Gebäudes berechnet, von der Gewinnung der Rohstoffe über die Herstellung der Baumaterialien und die Nutzung des Gebäudes bis hin zur Wiederverwendung von Baustoffen.
Die Hybridbauweise mit Holztafelbauelementen kann die ökologische Nachhaltigkeit von Gebäuden in mehrfacher Hinsicht unterstützen. Sie erhöht die Ressourceneffizienz durch Verwendung nachwachsender Rohstoffe und bietet durch Demontierbarkeit Möglichkeiten für die Verwendung von Gebäudeteilen und Baumaterialien in Kreisläufen. Hochdämmende Holztafelbauelemente tragen zur Energieeinsparung während des Gebäudebetriebs bei (siehe »Wärmeschutz«, S. 33ff. und »Energieeffizienz«, S. 11f.). Darüber hinaus birgt die Hybridbauweise ökonomisches Potenzial durch Kosten- und Zeiteinsparung (siehe »Ökonomie«, S. 16f.).

Energieeffizienz

Seit Einführung der 1. Wärmeschutzverordnung 1977 wurden die Anforderungen an die Energieeffizienz von Gebäuden in Deutschland stetig erhöht. Dadurch werden in »modernen« Gebäuden immer weniger Heiz- und Kühlenergie verbraucht. Mit Einführung der Energieeinsparverordnung (EnEV) 2002 wurde die Heizungsanlagenverordnung integriert und somit auch die Anlagentechnik erstmals berücksichtigt, sodass die Erzeugung der Energie aus erneuerbaren Quellen eine immer größere Rolle spielt. Für die Effizienzsteigerung im Bereich des

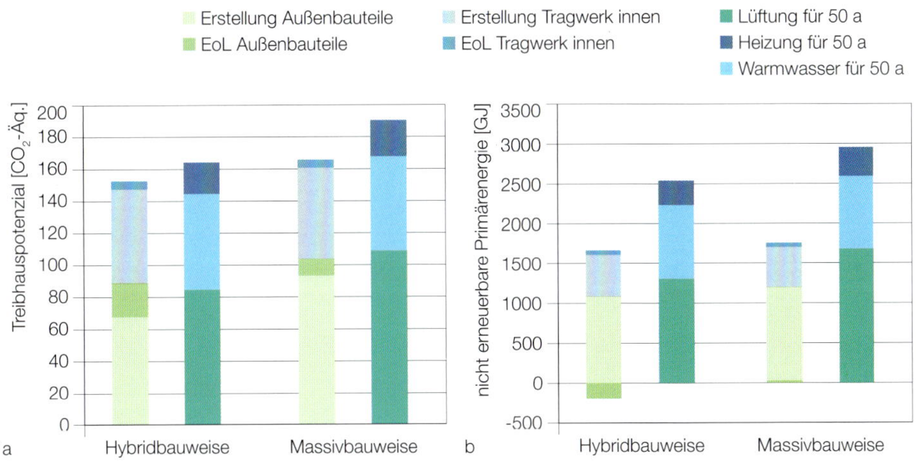

7 a   b

6 verschiedene Fassadenmaterialien
a helles Verblendmauerwerk, Studentenwohnhaus Hannover (DE) 2017, ACMS Architekten
b, c verschieden farbig lasierte Faserzementplatten, Studentenwohnheim Neue Burse Wuppertal (DE) 2013, ACMS Architekten

7 Vergleich Hybrid- und Massivbauweise am Beispiel eines mehrgeschossigen Wohngebäudes in Penzberg (siehe Projektbeispiel S. 82ff.)
a Treibhauspotenzial
b nicht erneuerbare Primärenergie

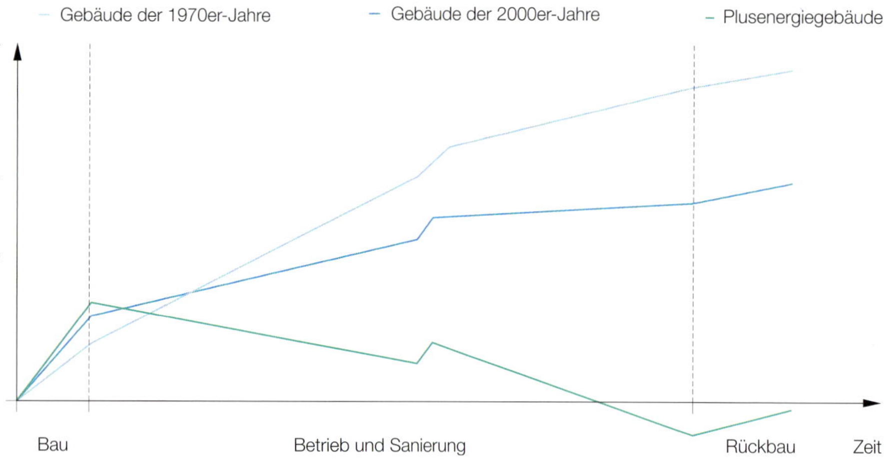

8

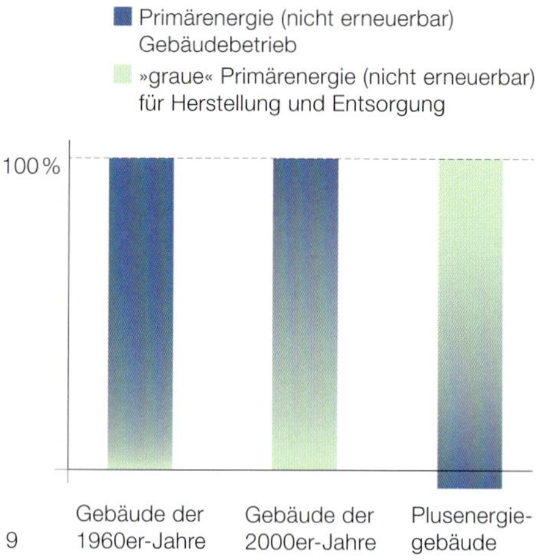

9

Betriebsenergiebedarfs müssen allerdings auch mehr Energie und Ressourcen für den Bau von Gebäuden aufgewendet werden, z. B. durch dickere Dämmschichten, bessere Verglasungen oder aufwendigere Gebäudetechnik (Abb. 8). Zu erwarten ist damit auch ein höherer Energiebedarf für den Rückbau aufgrund eines höheren Demontageaufwands und eine höhere Materialmenge für Recycling oder Entsorgung.
In der langen Nutzungsphase von Gebäuden wird trotz der hohen Anforderungen der EnEV meist wesentlich mehr nicht erneuerbare Energie eingesetzt als man für den Bau der Gebäude benötigt. Wie viel mehr hängt nicht nur von der Qualität der Gebäudehülle ab, sondern auch von der Energieversorgung und vom Nutzerverhalten.
Derzeit gilt in Deutschland für die Energieeffizienz von Gebäuden die Energieeinsparverordnung (EnEV) vom 13. Juli 2013. Darüber hinaus existiert eine Reihe von Energieeffizienzstandards, wie z. B. die Effizienz-Haus-Standards der KfW (Kreditanstalt für Wiederaufbau), das Passivhaus oder das Aktivhaus (Abb. 10). Die Energieeffizienz von Gebäuden wird zum großen Teil durch den Dämmstandard und die Luftdichtigkeit der Außenhülle (Bodenplatte bzw. Kellerdecke, Außenwände, Fenster, Türen und Dach) beeinflusst. Zu den weiteren Faktoren gehören der Umfang etwaiger Wärmebrücken, die Orientierung und die Kompaktheit, das Lüftungskonzept und die Qualität der Anlagen für Heizung, Kühlung und Warmwasserbereitung (siehe »Wärmeschutz«, S. 33ff.).
Im Bereich der Energieeffizienz sind Holzfassadenelemente besonders vorteilhaft, da sich hiermit sehr gute U-Werte mit geringeren Wandstärken als in Massivbauweise erzielen lassen. Zudem ist es durch die wettergeschützte Produktionsumgebung möglich, die Konstruktion hinsichtlich Luftdichtigkeit besser auszuführen und dabei Wärmebrücken zu vermeiden.

Standard	Anforderungswerte	Beschreibung
KfW Effizienzhaus 55	Q_P max. 55 % des $Q_{P\,REF}$ H'_T max. 70 % des $H'_{T\,REF}$	Gebäude, das die Primärenergiewerte des EnEV-Referenzhauses um mindestens 45 % unterschreitet und dessen Hülle 30 % weniger Transmissionswärmeverluste aufweist
KfW Effizienzhaus 40	Q_P max. 40 % des $Q_{P\,REF}$ H'_T max. 55 % des $H'_{T\,REF}$	Gebäude, das die Primärenergiewerte des EnEV-Referenzhauses um mindestens 60 % unterschreitet und dessen Hülle 45 % weniger Transmissionswärmeverluste aufweist
KfW Effizienzhaus 40 Plus	wie Effizienzhaus KfW 40 Erzeugung von Strom auf der Basis erneuerbarer Energien	KfW Effizienzhaus 40, an dem mindestens 10 kWh/a und m² Wohnfläche und 500 kWh/a und Wohneinheit erzeugt und gespeichert werden
Passivhaus	Jahresheizwärmebedarf < 15 kWh/m²a erneuerbarer Primärenergiebedarf gesamt < 60 kWh/m²a	Gebäude, das ein behagliches Innenklima ohne separates Heizsystem und ohne Klimaanlage erreicht
Nearly Zero Energy Building – NZEB (Niedrigstenergiegebäude)	sehr geringer Energiebedarf Deckung zu einem wesentlichen Teil aus erneuerbaren Quellen	Anforderung der EU: Bis Ende 2020 müssen alle neuen Gebäude als NZEB gebaut werden.
aktivplus Haus	Netto-Endenergiebedarf von weniger als 30 kWh/m²a > 25 % Eigenversorgung weitere Anforderungen bzgl. Komfort und Lebenszyklus	Gebäude, die ihren geringen Energiebedarf aus erneuerbaren Quellen decken und weitere Anforderungen erfüllen

10

Lebenszyklusanalyse

Je weniger Energie ein Gebäude im Betrieb benötigt, desto mehr Aufwand ist in die Qualität der Gebäudehülle zu investieren, da z. B. mehr gedämmt und sorgfältig auf die Vermeidung von Wärmebrücken geachtet werden muss. Zudem sind hochdämmende Fenster erforderlich. Dadurch verlagert sich mit steigender Energieeffizienz ein größerer Anteil des Gesamtprimärenergiebedarfs auf die Her-

8 Entwicklung des nicht erneuerbaren Primärenergiebedarfs über den Lebenszyklus von Gebäuden unterschiedlicher Energiestandards
9 Verhältnis nicht erneuerbarer Primärenergiebedarf (PE n.e.) für den Gebäudebetrieb zum »grauen« PE n.e. je nach Gebäudeenergiestandard
10 Anforderungen, die über den EnEV-Standard hinausgehen
11 Erstellung von Ökobilanzen nach DIN EN ISO 14 040
12 Lebenszyklusphasen von Gebäuden nach DIN EN 15 978:2012-10; grau markiert: Phasen, die derzeit nach BNB und DGNB in die Ökobilanz einbezogen werden. Phase D wird nur nach DGNB berücksichtigt.

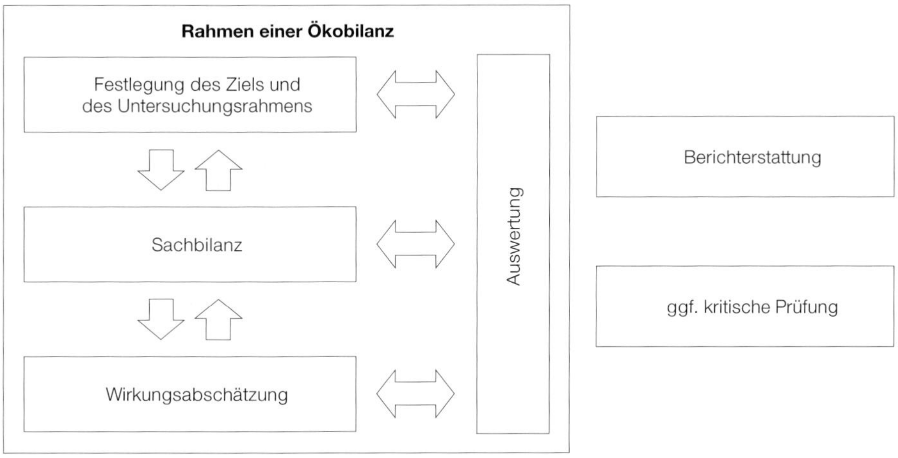

11

stellungs- und Entsorgungsphasen von Gebäuden (Abb. 9). Dabei ist die Frage naheliegend, ob und ab wann sich dieser erhöhte Aufwand durch Energieeinsparung aus ökonomischer bzw. ökologischer Sicht amortisiert. Um diese Frage zu beantworten und die Bedeutung weiterer Aspekte zu beurteilen, wie etwa die Dauerhaftigkeit oder Reinigungsfreundlichkeit, muss man den gesamten Lebenszyklus eines Gebäudes betrachten. Dies gilt sowohl für die ökonomischen Aspekte, die eine Lebenszykluskostenanalyse (engl. Life Cycle Costing, LCC) bewertet, als auch für die ökologischen Eigenschaften, die mittels einer Ökobilanzierung (engl. Life Cycle Assessment, LCA) bestimmt werden. Diese gesamtheitlichen, auf den gesamten Lebenszyklus bezogenen Bilanzierungsverfahren können u.a. dazu dienen, dem Bauherrn die Bedeutung des Einsatzes ökologischer Baumaterialien und nachhaltiger Energiekonzepte zu vermitteln, da sich sowohl die Umweltwirkungen als auch die Kosten gesamtheitlich über den gesamten Lebenszyklus hinweg einschätzen lassen. Der Lebenszyklus des Gebäudes ist nach DIN EN 15978 in einzelne Lebenszyklusphasen unterteilt (Abb. 12). Diese Einteilung grenzt die aufeinanderfolgenden und gegebenenfalls sich wiederholenden Schritte der Gebäudeerstellung, -nutzung und -entsorgung klar voneinander ab.
Für Ökobilanzen, die im Rahmen der Zertifizierungssysteme des BNB (Bewertungssystem Nachhaltiges Bauen für Bundesgebäude) und der DGNB (Deutsche Gesellschaft für Nachhaltiges Bauen) erfolgen, werden sieben bzw. acht dieser Phasen berücksichtigt. Alle anderen Phasen sind projektspezifisch und lassen sich nach derzeitigem Wissensstand noch schlecht abschätzen. Als Datengrundlage hat sich in Deutschland die vom Bundesministerium des Innern, für Bau und Heimat (BMI) zur Verfügung gestellte Ökobaudat [4] etabliert.
Eine Ökobilanz besteht aus vier Schritten, die voneinander abhängig sind und daher gegebenenfalls iterativ durchgeführt werden (Abb. 11). Zunächst sind Ziel und Untersuchungsrahmen festzulegen. Hier geht es um Fragestellungen wie: Für welche Zielgruppe ist die Ökobilanz-Studie bestimmt? Welche Systemgrenze wird der Bewertung zugrunde gelegt? Auf welche funktionale Einheit bezieht sich das Ergebnis?
Die funktionale Einheit ist nach DIN EN 15804 so zu wählen, dass es eine Quantifizierung des Nutzens eines Produktsystems, also Vergleiche mit anderen Produktsystemen, zulässt. Das kann beispielsweise die Fläche einer Außenwand in unterschiedlicher Konstruktion mit gleichem durchschnittlichem U-Wert sein. Bei einer vergleichenden Ökobilanz ist es außerdem für die Belastbarkeit der Ergebnisse essenziell, dass die Systemgrenzen einheitlich definiert sind. Durch die Elemente außerhalb der (zeitlichen oder räumlichen) Systemgrenze darf keine Verzerrung entstehen. Etwa darf bei einem Vergleich zweier Gebäude, von denen

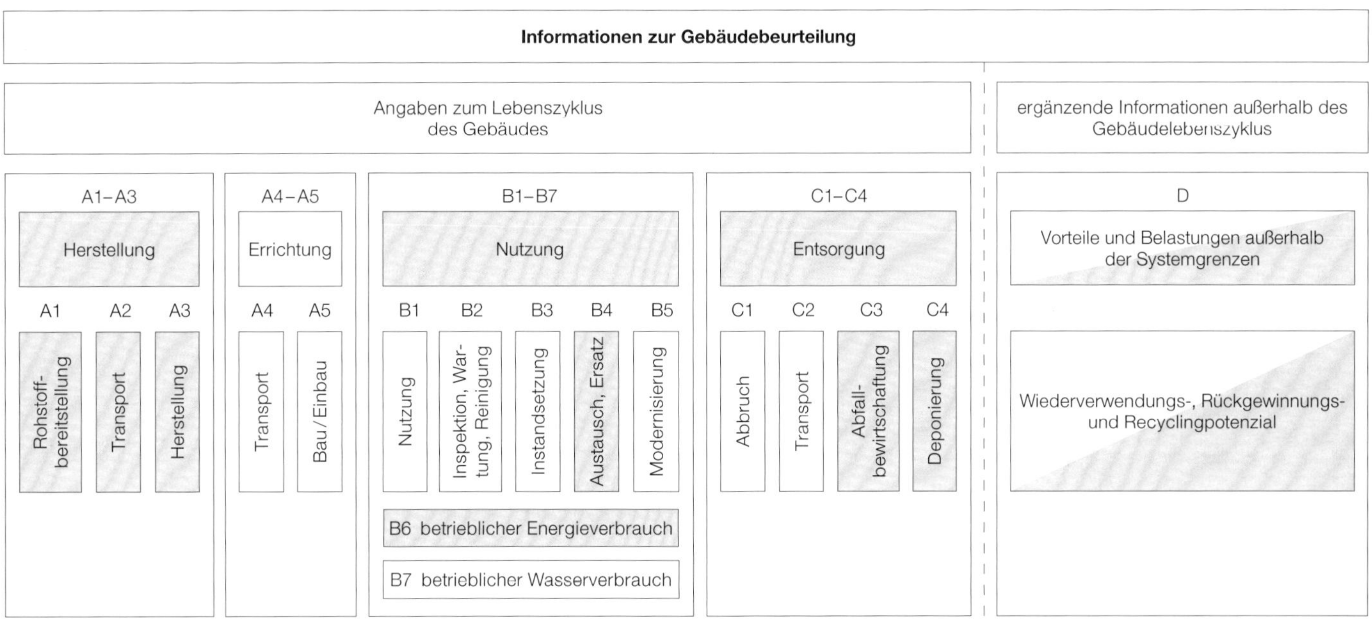

12

13a

b

13 Geschraubte Holzfassaden begünstigen einen sortenreinen Rückbau der Fassade.
14 Umweltwirkungskategorien nach DIN EN 15978:2012-10, DIN EN 15804:2014-07 und Ökobaudat
15 Nutzungsgruppen und Austauschzyklen

eines unterkellert ist und das andere nicht, der Keller nicht vernachlässigt werden, wenn in dem kellerlosen Gebäude Abstellräume in den oberirdischen Geschossen in die Bilanz einbezogen sind, die im Gebäude mit Keller aufgrund ihrer Lage nicht berücksichtigt würden. Allerdings ist es möglich, Prozesse, die für alle Systeme gleich sind, gegebenenfalls zu vernachlässigen. Ein Beispiel hierfür wäre ein Vergleich zweier Einfamilienhäuser in unterschiedlicher Bauweise (z. B. Mauerwerk und Holz). Hierbei darf der Keller außen vor gelassen werden, wenn seine Bauweise (beispielsweise aus Stahlbeton) in beiden Fällen gleich ist.
Nach diesen Festlegungen erfolgt die Erstellung der Sachbilanz gemäß DIN EN ISO 14040. Dabei werden alle Inputs (z. B. Material, Energie) und Outputs (z. B. Abfall) eines vorhandenen Produkts im Verlauf seines Lebenswegs aufsummiert und quantifiziert. Für Gebäude gilt das für die Vielzahl innerhalb der Systemgrenze liegenden Komponenten und Prozesse.
Basierend auf der Sachbilanz erfolgt die Wirkungsabschätzung, für die man die potenziellen Wirkungen auf die Umwelt abschätzen muss. Derzeit in Deutschland dafür verwendete Indikatoren zeigt Abb. 14.
Als abschließender Schritt der Ökobilanz folgt die Auswertung, die eine Beantwortung der im ersten Schritt gestellten Fragen ermöglicht.
Da Holz im Lauf seines Wachstums Kohlenstoff einspeichert, zeigen Holzfassadenelemente in Ökobilanzen im Vergleich zu massiven Außenwänden niedrigere Werte beim Treibhauspotenzial. Auch muss für Holzfassadenelemente weniger nicht erneuerbare Primärenergie aufgewendet werden. Darüber hinaus haben die Außenwände durch bessere Dämmwerte bei gleicher Dicke einen positiven Einfluss auf den Energiebedarf im Betrieb.
Bei einem direkten Vergleich zwischen einem Mehrfamilienhaus in Massivbauweise und einem in Grundriss und Wandstärken gleichen Mehrfamilienhaus in Hybridbauweise zeigt sich, dass durch den besseren Dämmwert noch mehr Energie eingespart wird, als die Herstellung der Holzfassadenelemente im Vergleich zu den Massivwänden bereits bewirkt hat (Abb. 7 b, S. 11).

Recyclingkonzepte

Das Bauwesen verbraucht einen großen Teil der Energie und Rohstoffe in Deutschland – ca. 90 % aller mineralischen Rohstoffe werden jährlich zur Herstellung von Baustoffen und -produkten verwendet [5]. Deshalb wendet sich die Baubranche zunehmend Recyclingkonzepten zu, wobei sich zwei unterschiedliche Ansätze ergeben: Zum einen werden Konzepte für bestehende Gebäude entwickelt, um im Falle einer Sanierung oder eines Abrisses die dort verbauten Rohstoffe weiter nutzbar zu machen, zum anderen Planungs- und Ausführungskonzepte für Neubauten, die recycelte Baustoffe nutzen und gleichzeitig eine spätere Weiternutzung möglichst aller verbauten Ressourcen ermöglichen.
Im Folgenden geht es primär um Konzepte für den Neubau und das Potenzial der Anwendung von Hybridbauweisen für recyclinggerechtes Bauen.
Zunächst gilt es in einem ersten Schritt zu berücksichtigen, dass die einzelnen Teile eines Gebäudes in Nutzungsgruppen mit entsprechender Nutzungsdauer eingeteilt werden (Abb. 15). Auf diese Weise wird sichergestellt, dass sich die einzelnen Nutzungsgruppen unabhängig voneinander erneuern lassen. Ist beispielsweise das Tragwerk unlösbar mit der Fassade verbunden, oder die Fassade Teil des Tragwerks, ist ein Austausch der Fassade nahezu unmöglich, ohne das Tragwerk in Mitleidenschaft zu ziehen. Die Fassade ist gemäß dieser Einteilung (Abb. 15) nach dem Tragwerk die Nutzungsgruppe mit der zweitlängsten Lebensdauer.
Hybridbauweisen können in dieser Hinsicht Vorteile bieten, da die Nutzungsgruppe »Fassade« ein vom Tragwerk unabhängiges Element darstellt. Um eine spätere Austauschbarkeit zu gewährleisten, muss das Fassadenelement mit dem Tragwerk allerdings so verbunden sein, dass es sich mit geringem Aufwand lösen lässt.
Hinzu kommt, dass einzelne Bauteilschichten unterschiedlich lange Lebensdauern haben können. Die tatsächliche Lebensdauer eines Bauteils oder einer Bauteilschicht kann stark von der durchschnittlichen Lebensdauer abweichen, da sie von vielen Faktoren abhängt, nicht zuletzt von der Qualität der Bauausführung. Für eine gute Rezyklierbarkeit muss der Planer darauf achten, dass sich Bauteilschichten mit kürzerer Lebensdauer austauschen lassen, ohne dabei Bauteilschichten mit längerer Lebensdauer zu beschädigen.
Die Recycling- und Rückbaufähigkeit von Gebäuden wird auch im Rahmen von Zertifizierungssystemen zum nachhaltigen Bauen, wie dem DGNB- oder BNB-System, berücksichtigt. In beiden Systemen ist dieses Kriterium der Beurteilung der technischen Qualität zugeordnet. Das DGNB-System unterscheidet zwischen konstruktiver (Gebäude und Bauteile) und stofflicher Ebene (Baumaterialien), das BNB-System hingegen zwischen Rückbaufähigkeit, Sortenreinheit und Verwertbarkeit.
Für die Konstruktion spielen die Verbindungen zwischen Nutzungsgruppen, Bauteilen und Bauteilschichten eine entscheidende Rolle. Für eine gute Demontierbarkeit und sortenreine Trennung sind lösbare Verbindungen Voraussetzung: Permanente Verbindungen zwischen Stoffen, die nicht wieder zusammen ge-

nutzt werden können, sind ein Hindernis. Der Einsatz von geschraubten Verbindungen zwischen Stahlbetontragwerk und Holzfassadenelement ermöglicht eine im Vergleich zur Massivbauweise sehr einfache Demontage der Fassade. Die Fassadenelemente lassen sich im Ganzen zu Aufbereitungsunternehmen oder Werkstätten transportieren, sodass die Trennung der Schichten nicht unbedingt auf der Baustelle erfolgen muss. Ob sich die Materialgruppen sortenrein voneinander trennen lassen, hängt vom Aufbau des Elements ab. Für die Verbindung der Bauteilschichten im Kernelement und in der Installationsebene kommen, soweit möglich, Nägel oder Schrauben zum Einsatz, also jeweils lösbare Verbindungen. Problematisch für das Recycling kann die luftdichte Ebene werden: Für die Montage von Dampfbremsfolien werden Klammern verwendet, die nur mit etwas größerem Aufwand lösbar sind. Im Bereich der Anschlüsse und für die Verklebung von OSB-Platten untereinander, wenn diese die Dampfbremse bilden, sind meist Klebebänder üblich, die auf den Bauteilschichten haften. Im Vergleich zu vor Ort verputzten Massivaußenwänden haben vorgehängte Fassadenelemente jedoch – abgesehen von solchen Klebeverbindungen – generell den Vorteil, dass die Schichten nicht permanent miteinander verbunden, d.h. grundsätzlich sortenrein trennbar sind, auch wenn dies mit einigem Aufwand verbunden sein kann.
Bei den Außenwandbekleidungen bieten hinterlüftete Bekleidungen den Vorteil, dass sie ebenfalls mit lösbaren Verbindungen (Schrauben oder Clips) befestigt und somit einfach demontierbar sind (Abb. 13). WDVS (Wärmedämmverbundsysteme) dagegen werden aufgeklebt. Möglichkeiten der schnellen und einfachen Ablösung des WDVS von seinem Untergrund und der sortenreinen Tren-

Umweltwirkung	Wirkungskategorie (deutsch)	Wirkungskategorie (englisch)	Abkürzung	Einheit
globale Erwärmung	Treibhausgaspotenzial	Global Warming Potential	GWP	[kg CO_2-Äqv.]
Zerstörung der stratosphärischen Ozonschicht »Ozonloch«	Ozonschichtabbaupotenzial	Ozone Depletion Potential	ODP	[kg R11-Äqv.] [kg FCKW-Äqv.] [kg CFC11-Äqv.]
Bildung von bodennahem Ozon »Sommersmog«	Ozonbildungspotenzial	Photochemical Ozone Creation Potential	POCP	[kg Ethen-Äqv.] [kg C_2H_4 Äqv.]
Versauerung von Boden und Wasser z.B. »saurer Regen«	Versauerungspotenzial	Acidification Potential	AP	[kg SO_2-Äqv.]
Überdüngung von Boden und Wasser z.B. »Algenblüte«	Eutrophierungspotenzial	Eutrophication Potential	EP	[kg Phosphat-Äqv.] [kg PO_4-Äqv.]
Verknappung von abiotischen Ressourcen (fossile Energieträger)	abiotisches Ressourcenabbaupotenzial für fossile Brennstoffe	Abiotic Depletion Potential (fossil fuels) for fossil resources	ADPF	[MJ]
Verknappung von abiotischen Ressourcen (Stoffe)	abiotisches Ressourcenabbaupotenzial für Elemente	Abiotic Depletion Potential (elements) for non-fossil resources	ADPE	[kg Sb-Äqv.]

14

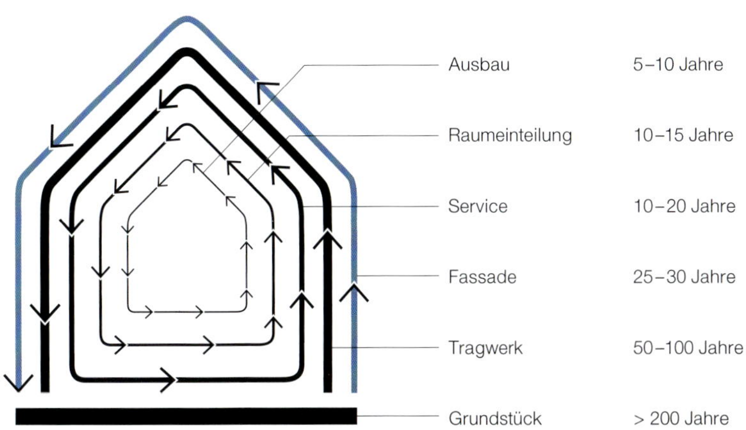

15

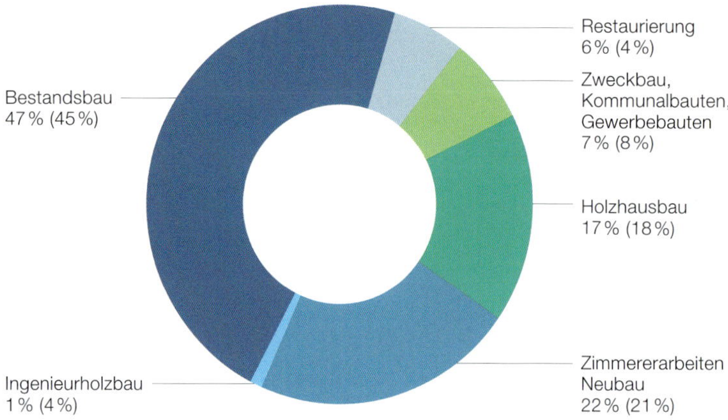

16

nung von Dämmstoffen und Putz sind derzeit noch nicht marktreif. Deswegen ist ein WDVS in Bezug auf die Trennbarkeit der Schichten nicht zu empfehlen.
Auf Materialebene werden die Möglichkeiten des Recyclings der einzelnen Stoffe beurteilt (End-of-Life-Szenarien). Man spricht in diesem Zusammenhang auch von einer Recycling-Kaskade, d.h. einer Bewertung verschiedener End-of-Life-Szenarien in absteigender Qualität. Prozesse mit weniger Energie- oder Herstellungs- bzw. Aufbereitungsaufwand, die zu gleich- oder höherwertigen Produkten führen, werden höher eingestuft als aufwendige Prozesse, die minderwertigere Produkte hervorbringen (Abb. 17). Die höherwertigen Prozesse bezeichnet man als Verwendung, minderwertigere Prozesse als Verwertung. Ist das Material nicht mehr nutzbar, spricht man von Beseitigung.
Da sich Außenwandelemente in Holztafelbauweise in der Regel einfach vom Tragwerk demontieren lassen, wäre eine Aufbereitung und Wiederverwendung als Fassadenelemente durchaus denkbar. Wahrscheinlicher ist allerdings die Wiederverwendung einzelner Bestandteile, z.B. der Fassadenbekleidung oder der Kernelemente.
Holz als nachwachsender Rohstoff eignet sich sehr gut für eine langfristige Kaskadennutzung und hat entscheidende Vorteile in der End-of-Life-Phase, da es vollständig im ökologischen Kreislauf geführt werden kann. Es bindet im Wachstum CO_2, das möglichst lange gebunden bleiben kann, indem das Holz aus dem Rückbau von Gebäuden, etwa als Grundstoff für Holzwerkstoffe, wiederverwertet und lange nutzbar gemacht wird. Am Ende der Kaskade lässt sich Holz zur Energiegewinnung nutzen. Hybride Bauweisen ermöglichen einen Einsatz von Holz auch an Gebäuden, für die es derzeit beispielsweise aus Brandschutzgründen nicht als Baustoff für das Tragwerk infrage kommt.

Ökonomie

Die ökonomischen Vorteile der Hybridbauweise lassen sich derzeit nur sehr schwer verallgemeinernd beziffern. Dies liegt u.a. daran, dass sie aufgrund ihres bisher begrenzten Bekanntheits- und damit Verbreitungsgrads noch nicht im Rahmen der deutschlandweit geltenden Baukostenindizes berücksichtigt wird. Grundsätzlich kann die Wirtschaftlichkeit von Bauweisen vor allem dann gewährleistet werden, wenn die gewählte Konstruktionsweise auf die Nutzungsanforderungen abgestimmt ist und die ausführenden Firmen mit den entsprechenden Besonderheiten hinreichend vertraut sind.
Bei der in diesem Buch vorgestellten Hybridbauweise sind die ausführenden Firmen meist mittelständische Unternehmen, die an regionalspezifische Rahmenbedingungen gebunden sind. Transportdistanzen beeinflussen dabei die Wirtschaftlichkeit jedoch nur gering. Größere Entfernungen sollten vielmehr hinsichtlich der Nachhaltigkeit überdacht werden.
Vor dem Hintergrund dieser Rahmenbedingungen ist im Holzbau nach wie vor eine gute Auftragslage zu beobachten. Die Umsatzanteile in den Jahren 2015 und 2016 je Leistungsbereich sind in Abb. 16 dargestellt. In seinem Lagebericht 2018 veröffentlicht der Berufsverband Holzbau Deutschland erneut steigende Umsatzzahlen. Dabei ist der Umsatz pro Beschäftigtem stark angestiegen, was auf eine erhebliche Produktivitätssteigerung schließen lässt. Im Jahr 2016 wurden 5603 von 29095 (19,3 %) und im Jahr 2017 4605 von 26952 (17,1 %) Nichtwohngebäuden in Holzbauweise genehmigt [6]. Dies stellt einen erheblichen Marktanteil dar und zeigt die Leistungsfähigkeit der Holzbaufirmen als Bauindustriezweig (Abb. 16). Hybridbauweisen werden zwar nicht getrennt erfasst, aber die Zahlen verdeutlichen, dass der Hybridbau, gerade als Kombination aus Massiv- und Holzbau, hohes Potenzial hat, die ökonomischen Vorteile beider Bauweisen zu

Vermeidung
Maßnahmen zur Verringerung von Abfallmengen, schädlichen Auswirkungen auf Umwelt und Gesundheit oder Schadstoffgehalten

↓ geht vor

Wiederverwendung
von Erzeugnissen oder Bestandteilen für denselben Zweck in Bezug auf die ursprüngliche Bestimmung

↓ geht vor

Recycling
Aufbereitung von Abfällen zu Erzeugnissen, Materialien oder Stoffen für den ursprünglichen Zweck oder andere Zwecke

↓ geht vor

sonstige Verwertung
insbesondere energetische Verwertung und Verfüllung

↓ geht vor

Beseitigung
Verfahren, das keine Verwertung ist, auch wenn Stoffe oder Energie als Nebenfolge zurückgewonnen werden

17

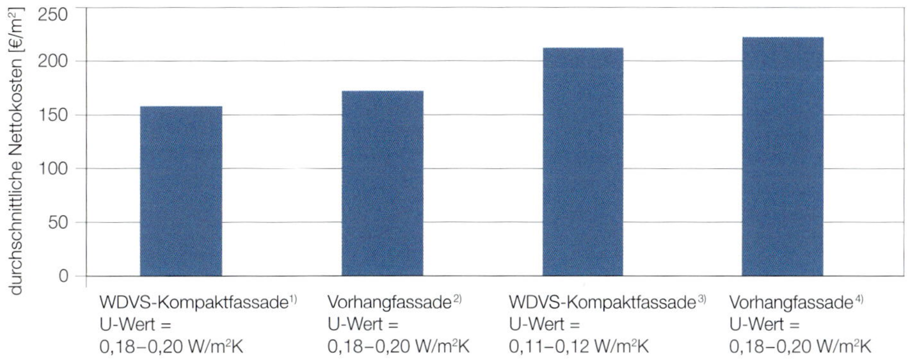

18

1) aus Mineralfaserplatten, Mineralwollegefachdämmung; ohne Installationsebene
2) aus Wechselfalzschalung, Mineralwollegefachdämmung; ohne Installationsebene
3) aus Holzwolle-Mehrschichtplatten mit Steinwollkern, Zellulosegefachdämmung; Installationsebene entkoppelt
4) aus farbbeschichteten Faserzementplatten, Zellulosegefachdämmung; ohne Installationsebene

nutzen. Folgende Punkte führen zu ökonomischen Vorteilen der Hybridbauweise:

- Die Außenwände in Holztafelbauweise lassen sich parallel zum Rohbau fertigen. Daraus resultieren letztlich eine schnellere Bauzeit und somit geringere Personalkosten. Die Lohnkosten (Muster-Verrechnungslöhne/-kalkulationslöhne) von Zimmerer- und Massivbaubetrieben sind annähernd gleich, da sie Betriebe des Bauhauptgewerbes sind und dieselben Tarifverträge zugrunde liegen. Im Jahr 2018 betrugen diese 60,75 €/h in einem Musterbetrieb des Massivbaus und 61,40 €/h in einem Zimmereimusterbetrieb [7]. Dabei kann der Holzfacharbeiter durch die gleichbleibenden Arbeitsbedingungen in der Vorfertigungshalle wesentlich effizienter arbeiten als ein Facharbeiter des Massivbaus, der sich täglich neu an die logistischen und witterungsbedingten Gegebenheiten auf der Baustelle anpassen muss.
- Ein weiterer Vorteil der Fertigung im Werk sind die routinierten Arbeitsabläufe, die Flüchtigkeitsfehler erheblich reduzieren und eine hohe Ausführungsqualität gewährleisten. Bauschäden, die nach der Erstellung Mehrkosten zur Folge haben können, lassen sich dadurch verringern.
- Grundsätzlich kann die Hybridbauweise flexibel auf Fassadensprünge oder komplexe Geometrieverhältnisse reagieren, was beim Massivbau möglicherweise zu einem erheblichen Mehraufwand (z.B. bei Schalungsarbeiten) führt. Doch auch im Hybridbau bewirken einheitliche Außenwandflächen mit einfacher Geometrie und gleichen Bauteilaufbauten eine Reduktion der Einheitspreise, wodurch sich weitergehende Kostenvorteile ergeben können.
- Die Hybridbauweise erfordert bereits in frühen Planungsphasen eine integrale Planung. Damit es später bei der Montage nicht zu Problemen kommt, müssen Anschlussdetails vor der Fertigung der Wandelemente durchdacht und konzipiert werden. Dies vermeidet von Beginn an Planungs- und Ausführungsfehler und spart somit Zeit und Kosten.
- Bei geringerer Gesamtdicke gegenüber dem Massivbau besitzen die Holztafelbauelemente einen höheren Dämmstandard. Das reduziert nicht nur Energiekosten, sondern liefert bei gleichen Außenabmessungen höhere Nettogrundflächen. Besonders für Mietobjekte kann dies attraktiv sein.

Wie bereits erwähnt ist es schwierig, allgemeingültige Einheitspreise je Quadratmeter Außenwand darzustellen, da sie stark vom Individualprojekt abhängen. Die Auswertung von verschiedenen Projekten ergibt Quadratmeterpreise von ca. 155 bis 220 € netto (Abb. 18).
Für eine erste Kostenschätzung in der Entwurfsphase können diese Vergleichswerte herangezogen werden. Großen Einfluss hat dabei die Ausführung der Fassade. Wärmedämmverbundsysteme sind grundsätzlich kostengünstiger als Vorhangfassaden. Als Dämmmaterialien kommen standardmäßig Mineralwolle, Holzfaser und Zellulose zum Einsatz. Der Mehrpreis von Holzfaser gegenüber Mineralwolle liegt beispielsweise zwischen 5 und 8 €/m². Bei den Preisen sind Transportkosten berücksichtigt, Montagekosten hingegen nicht. Diese belaufen sich auf ca. 15 €/m² netto zzgl. Krankosten. In der Regel unterstützt hier der bereits vorhandene Baustellenkran (inklusive Kranfahrer) des Rohbauunternehmers. Die Installationsebene (Vorsatzschale) wird üblicherweise bauseits ausgeführt, ihre Vergabe lässt sich individuell gestalten. Lieferung und Einbau einer frei stehenden, einseitig beplankten Vorsatzschale kosten dabei z.B. 38 €/m² (Wanddicke 75 mm, Mineralwolldämmung).

Anmerkungen:

[1] Enquete-Kommission von 1998: »Schutz des Menschen und der Umwelt – Ziele und Rahmenbedingungen einer nachhaltig zukunftsverträglichen Entwicklung«

[2] Lucon, O.; Urge-Vorsatz, D.; Zain Ahmed, A.; Akbari, H.; Bertoldi, P.; Cabeza, L. F.; Eyre, N.; Gadgil, A.; Harvey, L. D. D.; Jiang, Y.; Liphoto, E.; Mirasgedis, S.; Murakami, S.; Parikh, J.; Pyke, C.; Vilarino, M. V.: Buildings. In: Climate Change 2014: Mitigation of Climate Change. Contribution of Working Group III to the Fifth Assessment Report of the Intergovernmental Panel on Climate Change [Edenhofer, O.; Pichs-Madruga, R.; Sokona, Y.; Farahani, E.; Kadner, S.; Seyboth, K.; Adler, A.; Baum, I.; Brunner, S.; Eickemeier, P.; Kriemann, B.; Savolainen, J.; Schlomer, S.; von Stechow, C.; Zwickel, T.; Minx, J.C. (Hrsg.)]. Cambridge/New York 2014

[3] Bundesministerium für Wirtschaft und Energie (Hrsg.): Energieeffizienzstrategie Gebäude. Wege zu einem nahezu klimaneutralen Gebäudebestand. Berlin 2015

[4] Bundesministerium des Innern, für Bau und Heimat (BMI): Ökobaudat. http://www.oekobaudat.de

[5] Deutsches Ressourceneffizienzprogramm (ProgRess II). Fortschrittsbericht 2012–2015 und Fortschreibung 2016–2019. Berlin 2015. www.bmub.bund.de/fileadmin/Daten_BMU/Download_PDF/Ressourceneffizienz/progress_II_broschuere_de_bf.pdf; Download vom 06.02.2016

[6] Holzbau Deutschland – Bund Deutscher Zimmermeister im Zentralverband des Deutschen Baugewerbes e.V. (Hrsg.): Lagebericht 2018. Berlin Juli 2018. www.holzbau-deutschland.de/fileadmin/user_upload/eingebundene_Downloads/Lagebericht_2018.pdf; Download vom 07.11.2018

[7] Zentralverband Deutsches Baugewerbe (Hrsg.): Ermittlung lohnbasierter Kalkulationsansätze im Bauunternehmen. Berechnung von Stundenverrechnungssätzen für Kalkulation und Stundenlohnarbeiten sowie Erläuterungen zum Ausfüllen der Vergabeformblätter 221, 222 und 223. Merkblatt. Berlin 2018
Zentralverband Deutsches Baugewerbe (Hrsg.): Rundschreiben vom 04.06.2018 (Auszüge). Lohngebundene Kosten. Neuberechnung nach Tarifabschluss. Berlin 2018

16 Umsatzanteile der Leistungsbereiche der deutschen Holzbauwirtschaft im Jahr 2016, Vorjahreswert in Klammern

17 Abfallhierarchie nach Abfallrahmenrichtlinie

18 durchschnittliche Nettokosten verschiedener Außenwandausführungen in Holztafelbauweise (eigene Darstellung nach Herstellerangaben, Stand 2018)

SOLL
SOLL
SOLL

Tragwerk und Außenwand

Christof Volz
Stefan Winter

Neben den bauphysikalischen und schallschutztechnischen Anforderungen gehören die konstruktive Konzeption sowie die Statik des Hybridbaus zu den wesentlichen Aspekten der Planung. Sowohl das Stahlbetontragwerk als auch die Holztafelbauelemente bedürfen einer statischen Berechnung, für die der Tragwerksplaner detaillierte Ausführungspläne erstellt. Für den Massivbau sind Schal- und Bewehrungspläne notwendig, die die Geometrie aller Stahlbetonbauteile sowie die gewählte Bewehrung mit der Verlegeanordnung aufzeigen. Ausführliche Werkpläne stellen die Geometrie, die verwendeten Holzbaustoffe und Verbindungsmittel der Fassadenelemente dar. Ergänzend ist die Herstellung der Holztafelbauelemente, der Transport zur Baustelle sowie die Montage zu planen, da ein reibungsloser Herstellungsprozess Kosten- und Terminsicherheit garantiert. Dabei kommt der Schnittstelle zwischen der tragenden Stahlbetonstruktur und den primär raumschließenden Holztafelbauelementen besondere Bedeutung zu, da innovative Anschlussdetails eine rasche Montage ermöglichen und zugleich den konstruktiven Anforderungen genügen müssen.

Tragwerk

Im Folgenden werden die Besonderheiten von Hybridbauten hinsichtlich statisch-konstruktiver Aspekte erläutert, die im Zuge der Planung und Ausführung zu beachten sind.

Grundlagen der Tragwerksbemessung

Die Planung von Hybridbauten unterliegt den derzeit gültigen europäischen Nomen (Eurocodes). Grundsätzlich sind für die Tragwerksbemessung DIN EN 1990 bis DIN EN 1999 als maßgebende Grundlagen relevant. Die Grundlagen der Tragwerksplanung werden durch den Eurocode 0 bzw. durch DIN EN 1990 geregelt. Darin sind die Basisbegriffe einheitlich definiert, die in den weiteren baustoffspezifischen Bemessungsnormen verwendet werden, sowie die grundsätzlichen Anforderungen an die Tragsicherheit, Zuverlässigkeit, Wirtschaftlichkeit und Lebensdauer. Wesentlicher Inhalt des Eurocodes 0 ist die Darstellung des Bemessungskonzepts mit Teilsicherheitsbeiwerten und die Aufzählung der jeweiligen Bemessungssituationen (Einwirkungskombinationen). Diese Teilsicherheitsbeiwerte erhöhen die normativen Einwirkungen bzw. reduzieren die Baustofffestigkeiten. Somit wird ein ausreichendes Sicherheitsniveau gewährleistet. Eurocode 0 beschreibt außerdem die zwei grundlegenden Grenzzustände: Im Grenzzustand der Tragfähigkeit (GZT) wird die Standsicherheit sichergestellt, im Grenzzustand der Gebrauchstauglichkeit (GZG) die Funktion des Tragwerks. Der Grenzzustand der Gebrauchstauglichkeit begrenzt unter anderem die Verformungen von Bauteilen. Das Nachweisformat nach Eurocode 0 lautet:

Grenzzustand der Tragfähigkeit (GZT)
$E_d \leq R_d$
E_d = Bemessungswert der Auswirkung der Einwirkungen
R_d = Bemessungswert der Tragfähigkeit

Grenzzustand der Gebrauchstauglichkeit (GZG)
$E_d \leq C_d$
E_d = Bemessungswert der Auswirkung der Einwirkungen
C_d = Bemessungswert der Grenze für das maßgebliche Gebrauchstauglichkeitskriterium

Für die Nachweisführung werden unterschiedliche Einwirkungskombinationen herangezogen, um die Häufigkeit des Auftretens einer Last während der Lebensdauer eines Bauteils zu erfassen. Die ständigen Lasten wie das Eigengewicht werden mit »G« gekennzeichnet, die veränderlichen Lasten wie Nutz-, Wind-, Schnee- oder Erdbebenlasten hingegen mit »Q«, »S« bzw. »A«. Neben der außergewöhnlichen Einwirkung »Erdbeben« ist zusätzlich der außergewöhnliche Lastfall »Brandeinwirkung« zu nennen. Dieser wird für die Heißbemessung von Bauteilen benötigt, sodass das Tragwerk für eine definierte Feuerwiderstandsdauer standsicher bleibt. Die Teilsicherheitsbeiwerte γ_G und γ_Q werden entsprechend der Bemessungssituation gewählt. Verschiedene veränderliche Lasten werden in Abhängigkeit von ihrer Auftretenswahrscheinlichkeit mit Kombinationsbeiwerten ψ_i gewichtet, da z. B. das gleichzeitige Auftreten der vollen Schnee- und Verkehrslast unwahrscheinlich ist. Zum Nachweis der Standsicherheit (Bauteilbemessung) verwendet man im Grenzzustand der Tragfähigkeit (GZT) die »ständige und vorübergehende« Bemessungssituation. Für Verformungsberechnungen im Grenzzustand der Gebrauchstauglichkeit (GZG) wählt man die »quasiständige« Einwirkungskombination. Der Nachweis der jeweiligen Bauteile wird entsprechend folgender baustoffspezifischer europäischer Normen durchgeführt:

- Eurocode 1: Einwirkungen (DIN EN 1991-1-1)
- Eurocode 2: Betonbau (DIN EN 1992-1-1)
- Eurocode 3: Stahlbau (DIN EN 1993-1-1)
- Eurocode 4: Verbundbau (DIN EN 1994-1-1)
- Eurocode 5: Holzbau (DIN EN 1995-1-1)
- Eurocode 7: Mauerwerksbau (DIN EN 1997-1-1)
- Eurocode 8: Erdbeben (DIN EN 1998-1-1)
- Eurocode 9: Aluminiumbau (DIN EN 1999-1-1)

1

2

Konstruktionselement (KE)	Abmessungen $b_{KE} \times h_{KE}$
Ständer	
KVH	60–140 mm × 120–240 mm
BSH	60–180 mm × 120–400 mm
Ständerraster	625/833 mm
Standardlänge	12–20 m
Rähm/Schwelle	
KVH	60–140 mm × 120–240 mm
BSH	60–180 mm × 120–400 mm
Standardlänge	12–20 m
Platten	1250 × 2500 mm
	2500 × 5000 mm
Plattenstärke	12,5–15 mm

Für jeden aufgeführten Eurocode sind weitere Teile und nationale Anhänge vorhanden. Neben den statischen Nachweisformaten sind in den Eurocodes 1–9 Konstruktionsregeln festgelegt, die ein dauerhaftes und robustes Tragwerk gewährleisten.

Statischer und geometrischer Entwurf der Holzfassadenelemente

Das Kapitel »Aufbau der Holztafelbauelemente« (S. 8) zeigt den konstruktiven Aufbau von Holzfassadenelementen. Zur statischen Bemessung wird im Folgenden auf das tragende Kernelement eingegangen.
Neben den bauphysikalischen Anforderungen muss das Kernelement standsicher ausgebildet sein; die Fassadenelemente werden zur Gewährleistung der globalen Standsicherheit des Gesamttragwerks meist nicht herangezogen. Aber auch bei sogenannten nicht tragenden Außenwänden sind Vertikallasten (Eigengewicht) und Horizontallasten zu berücksichtigen. Bei der vorgestellten Ausführungsvariante ist infolge der Lastdurchleitung die Stabilität der Bauteile (Knicken) zu untersuchen. Horizontalbelastungen (Biegung und Querkraft) entstehen überwiegend durch Windlasten (Druck- und Sogwirkung), wobei in Einzelfällen auch horizontale Holmlasten (Absturzsicherung) auftreten.
Die tragenden Bestandteile eines Holztafelbauelements sind die vertikalen Ständer sowie – beide horizontal angeordnet – Schwelle und Rähm. Diese Haupttragelemente bestehen überwiegend aus Konstruktionsvollholz (KVH), gegebenenfalls aus Brettschichtholz (BSH) oder Stegträgern aus Holzwerkstoffen. Zur Aufnahme der Vertikal- und Horizontallasten ist im Regelfall eine Mindestquerschnittshöhe der Ständer von 140 mm erforderlich. Aufgrund von Wärmeschutzanforderungen und entsprechend geforderter Dämmschichtstärken wird die Ständerhöhe oft größer gewählt. Die Ständer werden vorwiegend hinsichtlich Biegung und Normalkraft beansprucht. Hauptbeanspruchungskriterium der Schwelle ist die Querdruckbeanspruchung, die aus den Ständerhölzern resultiert.
Holztafelbauelemente können unter bestimmten Voraussetzungen ergänzend zur räumlichen Gebäudeaussteifung genutzt werden. Wesentliche Komponenten der Holztafeln sind hierbei die zwingend umlaufende Randrippe, die Beplankung und die Verbindungsmittel. Bei der konstruktiven Durchbildung der Holztafelbauelemente ist es wichtig, dass die mechanischen Verbindungsmittel (z. B. Klammern) einen kontinuierlichen Verbund zwischen Rippe und Beplankung gewährleisten und dass die auftretenden Lasten gleichmäßig in die Holztafeln eingeleitet werden. Aufgrund der sehr unterschiedlichen Verschiebungssteifigkeiten der Bauteile (Holztafelbauelemente und Stahlbetonwände) wird ein Zusammenwirken zur Aussteifung jedoch die Ausnahme bleiben. Die Bemessung von Holztafelbauelementen zur Gebäudeaussteifung regelt DIN EN 1995-1-1 [1]. Die zusätzlichen Regeln des nationalen Anhangs sind zu berücksichtigen.
Zusätzlich zum statischen Nachweis beeinflussen Vorfertigungsmöglichkeiten und Montage den geometrischen Entwurf (siehe »Vorfertigung«, S. 22 und »Montageablauf und -methoden«, S. 25ff.). Darüber hinaus sind auch Bauphasen zu beachten, da während des Einbaus die Elemente durch die Anschlagseile bzw. -ketten eine vom Endzustand abweichende Beanspruchung (vorwiegend infolge Eigengewicht) erfahren. Werden die Holztafelbauelemente liegend zur Baustelle transportiert, sind ebenfalls die Auswirkungen von Dreh-Kippvorgängen statisch relevant.

Statischer und geometrischer Entwurf des Stahlbetontragwerks

Die tragende Stahlbetonstruktur wird in der Regel als Skelett- oder als Schottenbau realisiert, wesentliche Vor- und Nachteile dieser Bauweisen sind unter »Aufbau der Tragkonstruktion« (S. 7) aufgezeigt.

Bewehrung

Je schlanker eine Deckenplatte ausgebildet wird, desto mehr Biegezugbewehrung ist erforderlich. Neben der Schlankheit der Deckenplatte bewirkt eine wachsende Feldweite einen erhöhten Bewehrungsgrad. Exemplarisch wurde für ein Plattensystem (Durchlaufwirkung), das analog zu jenem unter »Lastabhängige Verformungen« (S. 26ff. und Abb. 19, S. 28 und Abb. 20, S. 29) ist, die erforderliche Bewehrungsmenge für den Randbereich (ca. 1 m, ohne Randunterzug) ermittelt. Bei der Parameterstudie (siehe S. 27ff.) wurden Plattenstärken von 20, 25 und 30 cm mit einer Ausbaulast von 200 kg/m² und einer Nutzlast von 230 kg/m² (gemäß Eurocode 1 Teil 1-1 bzw. DIN EN 1991-1 Kategorie A: Wohnungsbau inkl. Trennwandzuschlag) und einer Nutzlast von 500 kg/m² (gemäß Eurocode 1 Teil 1-1 Kategorie B, Bürogebäude) untersucht und ausgewertet. Man kann erkennen, dass aus einer Verdopplung der Feldweite eine Vervierfachung der erforderlichen Betonstahlbewehrung resultiert. Neben dem erhöhten Baustoffbedarf und der damit verbundenen Steigerung der Materialkosten verschlechtert sich die Ökobilanz entsprechend. Durch eine Steigerung der Deckenfeldweiten werden tragende Elemente wie Stützen und Wände stärker beansprucht, wodurch sich auch hier die erforderliche Bewehrungsmenge tendenziell erhöht (Abb. 4 und 5).

Verformungsverhalten

Neben den Auswirkungen hinsichtlich der erforderlichen Betonstahlbewehrung wird

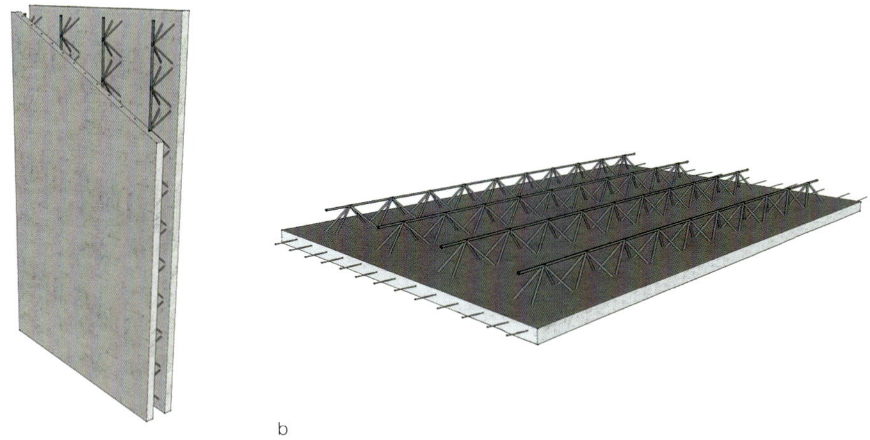

3a b

durch die Deckenschlankheit und die jeweilige Feldweite auch das Verformungsverhalten beeinflusst. Der Abschnitt »Lastabhängige Verformungen« (S. 26f.) erläutert die Ergebnisse einer Parameterstudie zum Verformungsverhalten, die auch als Grundlage für den Tragwerksentwurf herangezogen werden kann. Wichtig ist in diesem Zusammenhang, dass die sich einstellenden Verformungen mit der gewählten Ausführungsvariante des Fassadensystems in Einklang stehen müssen. Durch die Verformungen der Stahlbetontragkonstruktion dürfen keine Zwängungen auf die Holztafelbauelemente der Fassade entstehen, da sonst die Elemente beschädigt bzw. die Funktionalität – insbesondere von Verglasungen – eingeschränkt werden kann.

Verschiedene Bauweisen des Stahlbetontragwerks

Das Stahlbetontragwerk kann durch verschiedene Bauweisen realisiert werden, wobei überwiegend die Ortbetonbauweise zum Einsatz kommt. Hierfür wird zunächst eine Schalung aufgestellt und anschließend die Bewehrung verlegt. Nach Betonage und Erhärten des Betons erhält man ein monolithisches Bauteil. Vorteil der Ortbetonbauweise ist, dass nahezu alle Geometrien möglich sind. Von Nachteil ist der im Vergleich zu anderen Stahlbetonbauweisen (z.B. Fertigteilbauweise) meist aufwendigere Herstellungsprozess auf der Baustelle.

Jedoch lässt sich beispielsweise durch den Einsatz von Halbfertigteilen eine Zeitersparnis gegenüber der Ortbetonbauweise erzielen. Hierbei werden vorgefertigte Stahlbetonplatten mit einer Dicke von ca. 6 cm verlegt, wodurch eine gesonderte Deckenschalung entfällt. Lediglich während des Betoniervorgangs und der Aushärtezeit muss die Decke partiell unterstützt werden. Die ergänzende Querbewehrung sowie die komplette obere Bewehrungslage erfolgt bauseits. Wärmegedämmte Bewehrungsanschlüsse für auskragende Bauteile können wie bei der Ortbetonbauweise auch bei der Halbfertigteilbauweise verwendet werden, da die zu verankernde Bewehrung meist in der Ortbetonergänzung liegt.

In sogenannten Halbfertigteildecken sind werkseitig Gitterträger einbetoniert, die den Verbund zur Ortbetonergänzung mechanisch sichern. Auch zur Herstellung von Wänden eignet sich die Halbfertigteilbauweise. In diesem Fall gibt es zwei Betonschalen, die mit einbetonierten Gitterträgern verbunden sind und als Doppelwände bezeichnet werden. Beide Halbfertigteilvarianten zeigt Abb. 3. Diese Bauweise ist sehr effektiv, da während des Ausbetonierens lediglich Abstützungen zur Lagesicherung notwendig sind. Die Kopplung der einzelnen Elemente untereinander erfordert nachträglich eingebrachte Bewehrungskörbe, wodurch sich die Schal- und Bewehrungsarbeiten auf ein Minimum reduzieren lassen. Durch das Einbringen des Kernbetons entsteht wiederum ein monolithisches Bauteil.

Im ausgehärteten Zustand gelten Bauteile der Halbfertigteilbauweise als gleichwertig zur Ortbetonbauweise. Sie können auch erhöhte Anforderungen, wie z.B. Wasserundurchlässigkeit und Rauchdichtheit, erfüllen. Wesentlicher Vorteil der Halbfertigteilbauweise liegt in der reduzierten Herstelldauer auf der Baustelle aufgrund der Vorfertigung im Werk. Nachteilig ist, dass keine durchgängige variable Geometrie wie bei der Ortbetonbauweise gegeben ist. Zudem bedarf es eines zusätzlichen Planungsaufwands für die Vorfertigung.

Stahlbetonbauwerke lassen sich auch mit Betonfertigteilen – ohne nennenswerte Ortbetonergänzung – herstellen. Balkonplatten und Treppenläufe werden häufig

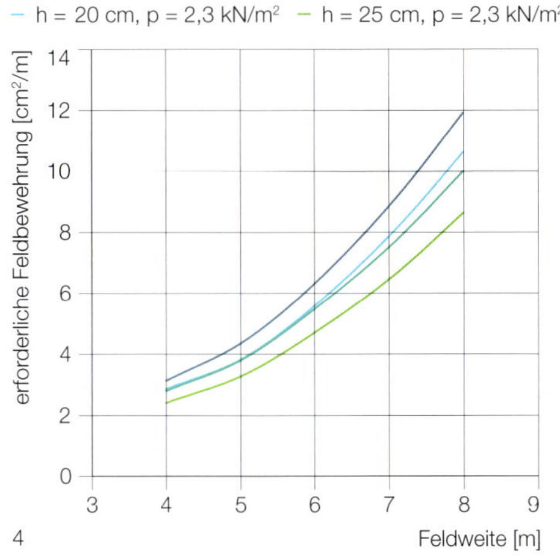

4

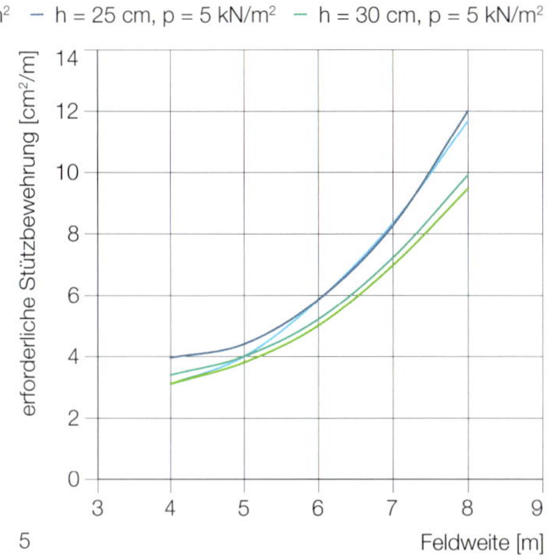

5

1 Gegenüberstellung der Hybrid- (hinten rechts) und Massivbauweise (vorne links). Beide Gebäude erhalten eine Putzfassade (vorne rechts), sodass nach Fertigstellung optisch die Unterschiede kaum erkennbar sind.
2 Abmessungen der Konstruktionselemente einer Holztafelbauwand
3 Halbfertigteilelemente
  a Wandelement
  b Deckenelement
4 erforderliche Feldbewehrung (untere Bewehrungslage)
5 erforderliche Stützbewehrung (obere Bewehrungslage)

6a 

b 

c 

als Betonfertigteile ausgeführt, auch Industriebauten werden oftmals zu einem großen Anteil mit Fertigteilen realisiert. Bei regelmäßigen Grundrissen und großen Deckenspannweiten lässt sich diese Bauweise besonders effizient nutzen. Dabei bietet sich ebenso der Einsatz von Spannbetonhohldielen an. Da die Bauweise mit Betonfertigteilen im allgemeinen Hochbau allerdings kaum zum Einsatz kommt, wird diese hier nicht weiter erläutert, wäre bei der Hybridbauweise grundsätzlich jedoch denkbar.

Fertigungs- und montagetechnische Anforderungen

Die Abmessungen vorgefertigter Holztafelbau-Außenwandelemente werden im Wesentlichen von den Transport- und Montagebedingungen bestimmt. Für den Transport und die Montage stellt das Eigengewicht der Holzwände in der Regel einen – insbesondere im Vergleich zu Betonbauteilen – eher zu vernachlässigenden Faktor dar. Lediglich beim bereits werkseitigen Einbau großer verglaster Elemente sind die Transport- und Hebelasten besonders zu untersuchen. Vor allem beim Einsatz vorgefertigter Bausysteme sind definierte Toleranzen unerlässlich. In enger Abstimmung mit den ausführenden Firmen müssen die Bauelemente und insbesondere die Schnittstelle zwischen den Holztafelbauelementen und dem Stahlbetontragwerk so geplant werden, dass ein problemloser Transport, eine einfache Montage sowie möglichst einheitliche Bauteilanschlüsse garantiert sind (siehe »Schnittstelle«, S. 26ff.).

Vorfertigung

Holztafelbauelemente im Hybridbau entfalten ihre Vorteile vor allem dann, wenn sie weitgehend vorgefertigt sind. Das Stützenraster und die daraus resultierenden Abmessungen der Einzelelemente werden so gewählt, dass sich handelsübliche Baustoffe und Formate (z. B. Holzwerkstoffplatten) in ihren Standardabmessungen mit wenig Verschnitt einbauen lassen.

Die Platten zur Bekleidung der Fassadenelemente weisen normalerweise eine Breite von 1,25 bzw. 2,50 m auf, wodurch sich das übliche Rastermaß der Holzständer von 0,625 m (bzw. 0,833 m) ergibt. Die Beplankung sollte sich im Regelfall über mindestens zwei Felder erstrecken. Dabei werden zusätzliche Ständer zur seitlichen Begrenzung notwendig, sofern Türen und Fenster vorhanden sind [2]. Werden die Holztafelbauelemente zur Gebäudeaussteifung herangezogen, sind weitere konstruktive Anforderungen notwendig. Hier wird auf DIN EN 1995-1-1 [3] verwiesen.

Meist haben die Platten eine Höhe von bis zu 3,50 m, auch Sonderlängen bis 5 m oder mehr sind lieferbar. Da die Holztafelbauelemente im Hybridbau in der Regel keine aussteifende Funktion haben, können horizontale Plattenstöße innerhalb des Elements angeordnet werden. Die Plattenformate von Baufurniersperrholz-, OSB-, Span- und MDF-Platten sowie von Gipsfaser- und Gipskartonfeuerschutzplatten sind aufeinander abgestimmt, wobei es möglich ist, Sonderformate bei den verschiedenen Herstellern anzufragen.

KVH- und BSH-Elemente sind üblicherweise in Längen zwischen 12 und 20 m verfügbar, was die Längen von Schwelle und Rähm entsprechend begrenzt, sofern auf einen Stoß verzichtet werden soll. Auch die eingesetzten Transportmittel und Hebezeuge können die möglichen Herstellungsabmessungen gegebenenfalls einschränken. Da der hohe Vorfertigungsgrad einen schnellen Montageablauf garantiert, ist die Gefahr der Durchfeuchtung während des Baus minimiert. Gleichzeitig steigt der Planungsaufwand bei größeren Elementabmessungen in Bezug auf die Transportmittel, Hebezeuge, Anschlagmittel und Gerüststellungen [4].

Transport

Für den Transport zur Endmontage auf die Baustelle müssen die vorgefertigten Holztafelbauelemente stets vor äußeren Einflüssen (Witterung) geschützt werden. Da der Werkstoff Holz im Vergleich zu anderen Baustoffen wie Stahl oder Beton eine relative geringe Wichte (spezifisches

7 

6 Montagesequenz der Holztafelbauelemente: Mithilfe eines Baukrans wird das Außenwandelement vor der Tragkonstruktion platziert.
7 Vorfertigung von Holztafelbauelementen in einem Holzbauunternehmen
8 maximal zulässige Abmessungen von Fahrzeug und Ladung gemäß StVO § 22
9 maximal zulässige Einzelfahrzeuglänge gemäß StVZO § 32

Gewicht/das Verhältnis von Gewicht eines Körpers zu seinem Volumen) aufweist, sind die Transporte in der Regel durch die Dimensionen der Ladung begrenzt, nicht durch das Gewicht. Daher stehen beim Bau mit Holztafelbauelementen Großraumtransporte (im Gegensatz zu Schwertransporten) im Vordergrund, bei denen die Gesamtabmessungen maßgebend sind. Die nachfolgenden Ausführungen stellen detailliert die Rahmenbedingungen von Großraumtransporte in Deutschland dar. Für Transporte innerhalb der Europäischen Union wird auf die Richtlinie 96/53/EG [5] verwiesen, wobei die zulässigen Transportabmessungen des Kraftfahrzeugs, Sattel- oder Lastzugs sowie die Fahrzeugbreiten und -höhen übereinstimmen. Dennoch sollten die Vorgaben der Richtlinie 96/53/EG bei Transporten innerhalb der EU berücksichtigt werden. Ob ein genehmigungspflichtiger Großraumtransport vorliegt, lässt sich anhand der Vorgaben der Straßenverkehrs-Ordnung (StVO) sowie der Straßenverkehrs-Zulassungs-Ordnung (StVZO) beurteilen, die zwischen Fahrzeugen mit und ohne Ladung unterscheiden. In der StVO sind die Abmessungen von Fahrzeug und Ladung (ladungsbedingte Grenzwerte) festgelegt, die maximal zulässigen Abmessungen von Fahrzeugen (fahrzeugbedingte Grenzwerte) hingegen in der StVZO. Werden die Grenzwerte beider Verordnungen eingehalten, gilt der Transport als genehmigungsfrei. Bei einer Überschreitung der Grenzwerte sind zunächst Ausnahmegenehmigungen erforderlich, wobei je nach Bundesland sogar eine polizeiliche Begleitung notwendig werden kann. Beim Entwurf der Holzfassadenelemente sollten also frühzeitig die zulässigen Elementabmessungen und potenzielle Transportgenehmigungen bedacht werden, woraus Mehrkosten resultieren können.
Die nutzbaren Grenzwerte der Fahrzeugabmessungen nach StVO variieren je nach Einsatzfahrzeug. Begrenzende Faktoren sind im Wesentlichen die Unterfahrtshöhen durch Brücken, Tunnel und Unterführungen, aber auch die allgemeinen Straßendimensionen.
Gemäß der StVO §22 dürfen Fahrzeug und Ladung eine Breite von 2,55 m sowie eine Höhe von 4,00 m nicht überschreiten, wobei die Gesamtlänge geringer als 20,75 m sein muss. Zulässige Grenzwerte für die Überstände der Ladung zeigt Abb. 8.
Größenbezogene Grenzwerte bezüglich Fahrzeugen und Fahrzeugkombinationen sind in StVZO §32 aufgeführt und entsprechen mit einer Breite von 2,55 m sowie einer Höhe von 4,00 m den Grenzwerten für ein Fahrzeug mit Ladung. Gemäß StVZO wird die Fahrzeugbreite »(…) bei geschlossenen Türen und Fenstern und bei Geradeausstellung der Räder« [6] gemessen, ohne »Spiegel und andere Systeme für indirekte Sicht« [7] zu berücksichtigen. Jedoch bestehen für das Einzelfahrzeug und je nach Fahrzeugkombination Grenzwerte für Fahrzeuglängen. Abb. 8 zeigt die in der StVO angegebene Grenzlänge eines Einzelfahrzeugs. Abb. 9 und Abb. 11 (S. 24) fassen die in der StVZO beschriebenen maximalen Grenzlängen für die Fälle Lastzug (Zugmaschine bzw. Lastkraftwagen mit Anhänger) und Sattelkraftfahrzeug zusammen.
Diese Grenzabmessungen charakterisieren einen genehmigungsfreien Transport. Werden die Grenzabmessungen überschritten, handelt es sich folglich um Großraum- oder Schwertransporte. Im Wesentlichen unterscheidet man drei Fälle in Bezug auf eine Überschreitung [8].

alle Maßangaben in m

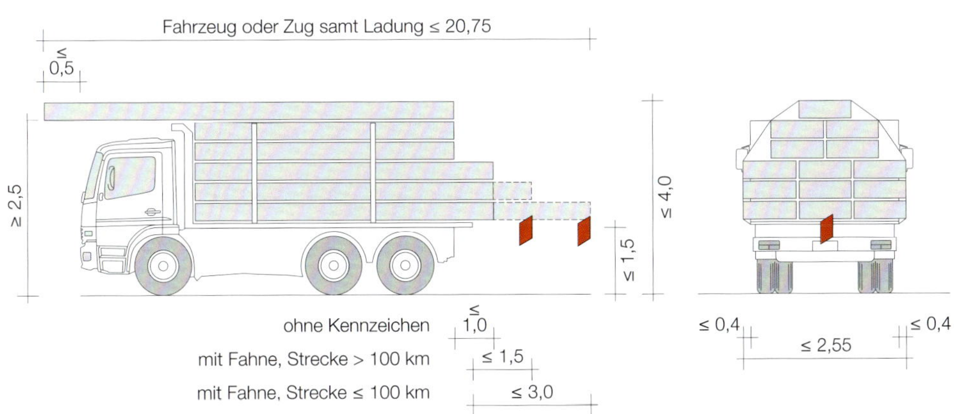

8

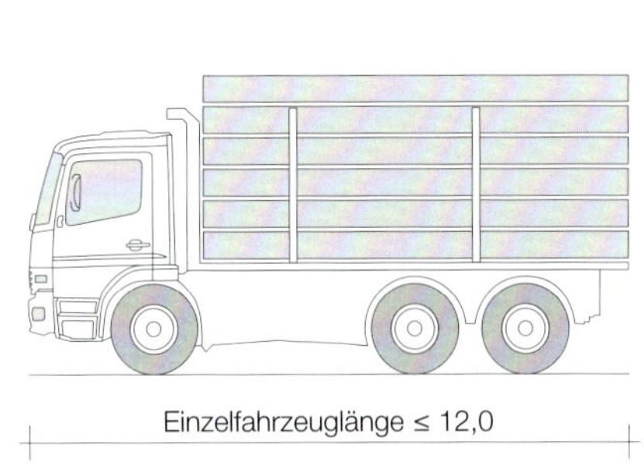

9

10

11

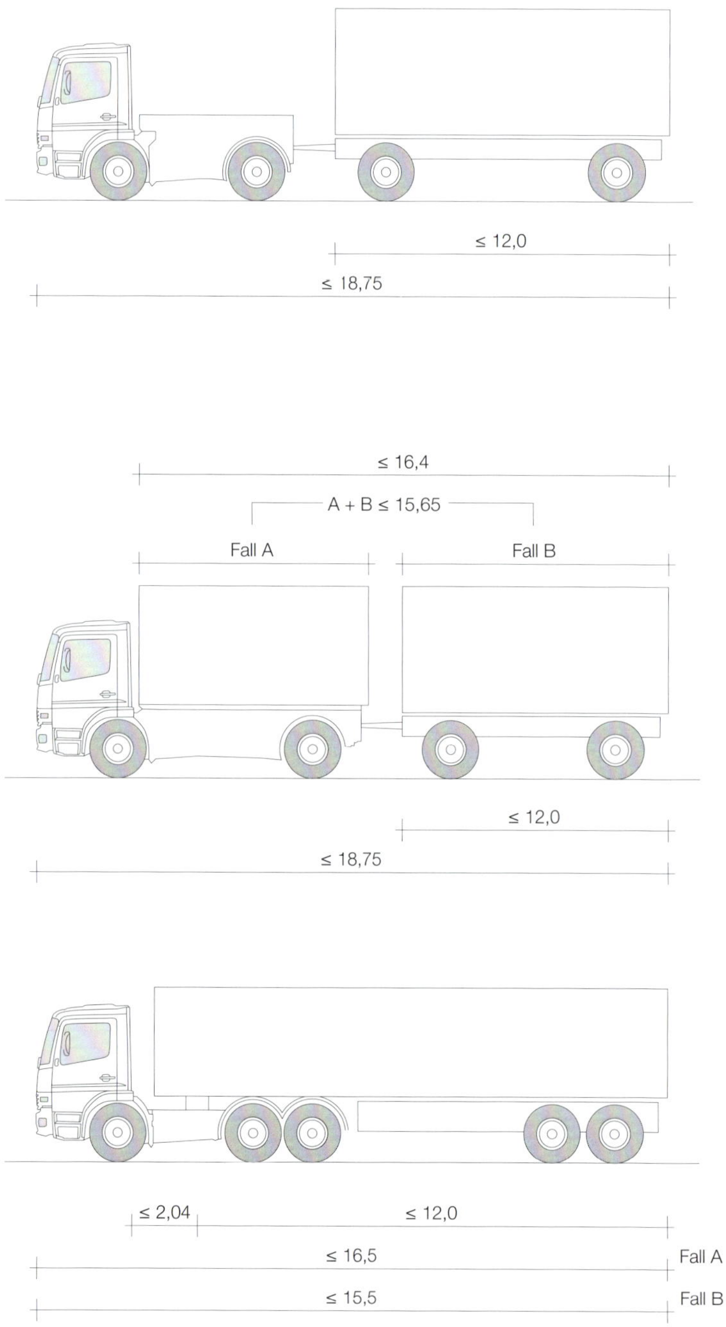

alle Maßangaben in m

1. Fall: Überschreitung der Fahrzeugabmessungen:
Das Fahrzeug überschreitet die fahreugbedingten Grenzwerte gemäß StVZO §32 und 34, wodurch eine übermäßige Straßennutzung vorliegt. Folglich ist eine (Fahrer-)Erlaubnis nach StVO §29 (3) sowie eine Ausnahmegenehmigung für das Fahrzeug nach StVZO §70 erforderlich, die im Allgemeinen von der Bezirksregierung genehmigt wird (z. B. für München: Regierung von Oberbayern). Beide Dokumente sind notwendig und erteilen eine fahrzeuggebundene Erlaubnis der Straßennutzung. Zusätzlich können Auflagen bezüglich der Fahrtroute sowie des Zeitfensters vorgegeben werden [9].
2. Fall: Überschreitung der Ladungsabmessungen:
Werden die ladungsbedingten Grenzwerte für Breite, Höhe oder Länge nach StVO §22 überschritten, ist eine Ausnahmegenehmigung für die Ladung im Einzelfall nach StVO §46 [10] notwendig. Diese erteilt die zuständige oberste Landesbehörde oder eine nach Landesrecht bestimmte Stelle. Dabei wird im Einzelfall geprüft, ob bezüglich der vorgesehenen Fahrtroute und den gegebenen Transportabmessungen zusätzliche Maßnahmen zu berücksichtigen sind. Je nach Abmessungen des Fahrzeugs sind für den spezifischen, genehmigungsbedürftigen Transport Auflagen in Form von Begleitfahrzeugen und/oder Bauwerksabsicherungen erforderlich [11].
3. Fall: Kombination aus Fall 1 und Fall 2:
Für den Fall einer Kombination aus einer Überschreitung der fahrzeug- sowie ladungsbedingten Grenzwerte sind beide vorgenannten Maßnahmen zu berücksichtigen.
Für den Transport von Holztafelbauelementen ist besonders der zweite Fall interessant.
Wird eine Überschreitung der zulässigen Transportbreite bzw. -länge notwendig,

Transporttyp	max. Gesamtgewicht gem. StVZO [t]	Besonderheiten und Anmerkungen
Sattelzug	40 [1)]	Rückwärtsfahren einfacher
Lastzug: Lastkraftwagen mit Anhänger	36	Wendigkeit
Lastzug: Zugmaschine mit Anhänger	24	geringere Zuladung als bei Lastkraftwagen mit Anhänger
Lastzug mit Tieflader	24	geringe Bodenfreiheit

12 [1)] abhängig von der Achszahl

führen feststehende Fahrbahnbreiten sowie Abbiegelängen zu Schwierigkeiten und damit zu einem erheblichen Mehrkostenaufwand. Bei einer Fahrspurbreite von 3,50 m kann man mit einer Gesamtbreite des Transportfahrzeugs von 3 m (statt 2,55 m) sowie einem Längenüberhang von 4,00 m (statt 3,00 m) kalkulieren. Durch diese Überschreitung ist jedoch neben der Ausnahmegenehmigung das Mitführen eines Begleitfahrzeugs oder unter Umständen auch eine polizeiliche Begleitung zur Absicherung des Verkehrs erforderlich.
Die lichte Durchfahrtshöhe über Straßen beträgt im Regelfall 4,50 m. Somit liegt ein Sicherheitsabstand von 0,50 m zwischen dem Fahrzeug und einem Ingenieurbauwerk (z. B. Überführungsbauwerk) vor [12]. Sie kann mit einem minimalen Sicherheitsabstand von 0,20 m auf 4,30 m erhöht werden, wozu jedoch eine gesonderte Genehmigung notwendig ist. Ausgenommen sind jedoch Durchfahrtshöhen von Ingenieurbauten, u. a. von älteren Bauwerken, mit einer lichten Höhe von weniger als 4,50 m, die gemäß Verkehrsblatt [13] durch Zeichen und Leitmale gekennzeichnet sind.
Für Großraum- und Schwertransporte kommen häufig Spezialtieflader mit niedrigerer Ladekante zum Einsatz, womit sich Ladungen mit größeren Abmessungen transportieren lassen.
Bei der Planung des Transports ist neben den Abmessungen auch das Gesamtgewicht der Fracht zu berücksichtigen. Dies ist besonders bei Betonhalb- bzw. Betonfertigteilen zu berücksichtigen. Abb. 12 gibt einen Überblick über die zulässigen Gesamtgewichte nach StVZO.

Montageablauf und -methoden

Die Bauteilanordnung von großflächigen Holzfassadenelementen kann grundsätzlich vertikal oder horizontal erfolgen. In der Praxis wird häufig die horizontale Anordnung je Geschoss gewählt, da dieser Baufortschritt eine Fertigstellung je Etage sicherstellt. Somit können weitere Ausbaugewerke nach Herstellung des Raumabschlusses folgen. Die Montage der Fassadenelemente kann mit einem zeitlichen Versatz zum Rohbau schrittweise erfolgen. Um den Montageablauf von vertikal ausgerichteten Fassadenelementen effizient zu gestalten, ist ein Vorlauf des Rohbaus von mindestens zwei Geschossen notwendig.
Vertikal ausgerichtete Fassadenelemente werden immer vorgestellt, bei horizontal ausgerichteten Elementen ist sowohl die eingestellte oder vorgestellte Variante möglich.
Zur Montage ist eine detaillierte Baustellenlogistik erforderlich, die geeignete und leistungsstarke Hebewerke vorsieht, um die Fassadenelemente effizient zum Montageort zu versetzen. Besonders muss hierbei die zulässige Last des Krans in Bezug zur Ausladung beachtet werden. Dies beeinflusst die Wahl des Auto- bzw. Standkrans. Oftmals reicht auch ein konventioneller Baustellenkran aus, wobei dies im Einzelfall zu prüfen ist. Zum Einbau der Elemente sollte ein Drehen oder Kippen in die geforderte Einbauausrichtung vermieden werden. Am geeignetsten erscheint ein stehender Transport (Belastung in Tragrichtung) von horizontal ausgerichteten, vorgefertigten Elementen, die direkt vom Transportfahrzeug an den vorgesehenen Montageort gehoben werden (kein Drehen oder Kippen der Elemente). Ein Drehen oder Kippen hätte eine kurzzeitige Belastung quer zum Fassadenelement zur Folge, wodurch zur Hauptbeanspruchung ein zusätzlicher Biege-Bemessungslastfall (Bauzustand) für die Ausrichtung des Elements möglich wäre, der somit bei der Planung zu berücksichtigen ist.
Die Fertigung, Verladung und Anlieferung der Holztafelbauelemente sollte mit der

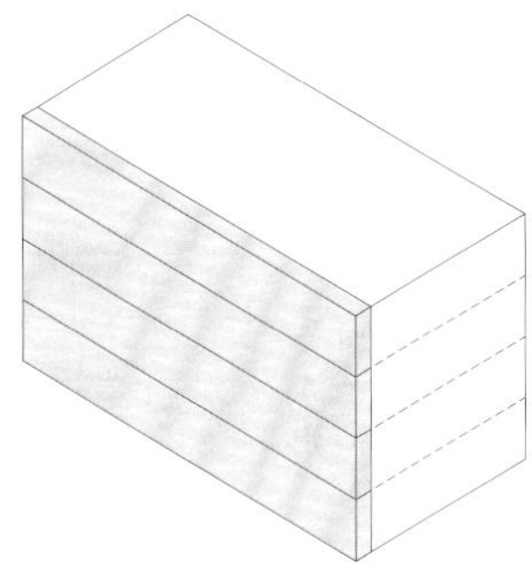

13a

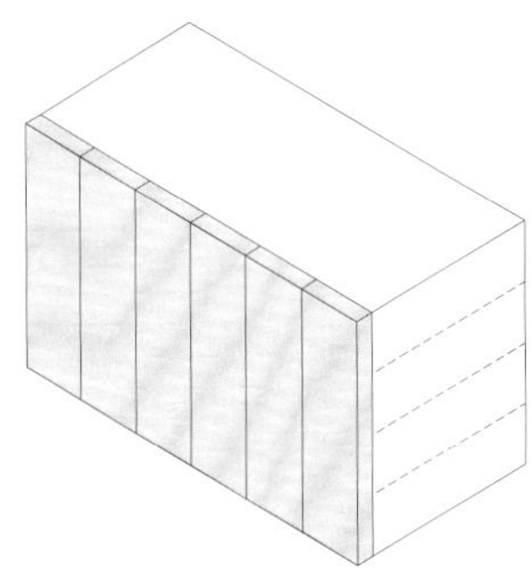

13b

10 Tiefbett-Tieflader
11 maximal zulässige Fahrzeugkombinationslängen gemäß StVZO § 32,1: Lastzug (Zugmaschine mit Anhänger) gemäß StVZO § 32 Abs. 4.3., 2: Lastzug (Lastkraftwagen mit Anhänger) gemäß StVZO § 32 Abs. 4.4., 3: Sattelzug (Sattelzugmaschine mit Sattelanhänger) unterteilt in Fall »A« und »B« gemäß StVZO § 32 Abs. 4.1. + 2.
12 Übersicht der Transportmittel mit Eigenschaften
13 Ausrichtung der großflächigen Holztafelbauelemente in
a horizontaler Anordnung
b vertikaler Anordnung

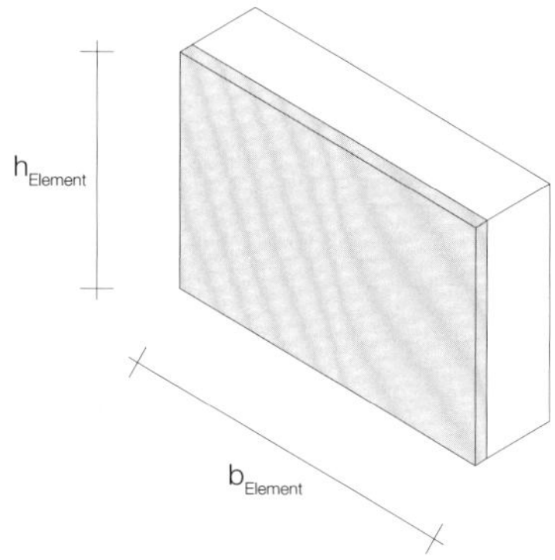

14

14 Definition Abmessungen der Holztafelbauelemente
15 Rohbautoleranzen nach DIN EN 13670
16 Grenzabweichungen für Wände nach DIN 18202-3
17 Wahrscheinlichkeit des rechnerischen Werts der Verformung f in Abhängigkeit der Zeit t
18 empfohlene Werte zur Begrenzung der Verformung nach DIN EN 1992-1-1

Montagereihenfolge auf der Baustelle übereinstimmen, um eine Zwischenlagerung vor Ort zu vermeiden. Neben Angaben bezüglich Gewicht und Lagerungsart der Elemente sollte eine Montageanweisung auch Informationen über die Anschlagspunkte (Befestigungselemente zum Einhub der Elemente) beinhalten.
Die horizontale Ausrichtung der Holzfassadenelemente wirkt sich vorteilhaft aus, da diese unabhängig von der geplanten Anschlussvariante realisiert werden kann. Die Stöße zwischen den Holztafelbauelementen sind kraftschlüssig und luftdicht auszuführen, um alle statischen und bauphysikalischen Funktionen auch in der Elementfuge sicherzustellen.
Für eine reibungslose Anlieferung und Montage und um Mehrkosten zu vermeiden, sollten die Abmessungen der Holztafelbauelemente die Größe von $h_{Element} \times b_{Element}$ = 3,70 m × 15,00 m nicht überschreiten. Unter Berücksichtigung von Ausnahmegenehmigungen für die Ladung im Einzelfall können Abmessungen in der Größe $h_{Element} \times b_{Element}$ = 4,00 m × 16,00 m erreicht werden.
Bei einer vertikalen Ausrichtung der Holzfassadenelemente kommt nur die vorgestellte Ausführungsvariante infrage. Die vorgenannte Beschränkung der Abmessungen ist auch bei der vertikalen Ausrichtung der Holztafelbauelemente zu beachten. Meist können, je nach Geschosshöhen, drei bis vier Geschosse bedient werden.

Schnittstelle

Die Schnittstelle zwischen Stahlbetontragwerk und Fassadenelementen ist ein maßgebliches Entwurfskriterium. Fertigungstoleranzen und lastabhängige Verformungen müssen aufeinander abgestimmt werden, damit die Montage reibungslos und effizient ablaufen kann.

Fertigungstoleranzen

Bei der Realisierung von Baumaßnahmen sind die Fertigungstoleranzen stets wichtiger Bestandteil der Planung, da die zu erstellenden Elemente bzw. Bauteile nach der Fertigstellung von dem angestrebten Maß, dem Nennmaß, abweichen können. Diese Abweichung wird als Abmaß bezeichnet. Daher sind Ausgleichsmaßnahmen für Ungenauigkeiten zu berücksichtigen. Für die Herstellung wird ein Spielraum (Toleranz) für das Maß (Grenzabmaß) des zu fertigenden Werkstücks vorgegeben.
Die Maßtoleranzen können in folgende Toleranzarten eingeteilt werden:

- Maßtoleranzen der Fertigung
- Maßtoleranzen der Montage
- Maßtoleranzen der Absteckung oder Aufmaß am Bau
- Maßtoleranzen durch Formänderungen von Bauteilen

DIN 18202 legt baustoffunabhängig Toleranzen fest, die beim Einsatz in Bauwerken eingehalten werden müssen, was ein funktionsgerechtes Zusammenfügen von Bauelementen des Roh- und Ausbaus ohne nachträgliche Anpassungsarbeiten ermöglicht. Die normativ angegebenen Toleranzen stellen die für Standardleistungen erreichbare Genauigkeit dar. Andere Genauigkeiten können zusätzlich festgelegt werden. Allerdings führt die Einhaltung hoher Genauigkeitsanforderungen zu einem erhöhten Herstellungsaufwand, der technisch begründbar sein muss. Werte für zeit- und lastabhängige Verformungen sowie aus Temperatureinwirkungen sind nicht Gegenstand der DIN 18202 [14] und daher zusätzlich zu beachten.
DIN 18203-3 enthält die Fertigungstoleranzen für vorgefertigte Holzbauteile, Maßtoleranzen hinsichtlich Winkelabweichungen in der Länge, Breite und Dicke von Holztafeln hingegen DIN 18202 (Abb. 16).

Für das Stahlbetontragwerk gelten zunächst die Herstellungstoleranzen nach DIN EN 13670 und DIN EN 13369 (Abb. 15).

Lastabhängige Verformungen

Biegetragglieder aus Stahlbeton wie Platten und Balken verhalten sich in Bezug auf Verformungen je nach Lastniveau unterschiedlich. Der Grund hierfür liegt darin, dass Beton unter Druckbeanspruchung eine hohe Widerstandsfähigkeit (hohe Druckfestigkeit), unter Zugbeanspruchung hingegen eine geringe Zugfestigkeit besitzt und unter dauerhafter Druckbeanspruchung kriecht. Ergänzend ist das Schwindverhalten des Betons bei der Erhärtung zu berücksichtigen.
Die Druckfestigkeit von Beton ist im Vergleich zur Zugfestigkeit in der Regel um den Faktor zehn höher. Daher wird eine Betonstahlbewehrung vorgesehen, die die Zugspannungen aufnehmen kann. Dies ist beispielsweise bei Balken an der Unterseite in Feldmitte der Fall. Bei einer geringen Beanspruchung befinden sich Biegebauteile im Zustand I (Abb. 17), da der Beton alleine die vorhandene Zugspannung infolge der Belastung aufnimmt.
Steigt die Belastung an, kann der Beton allein die Zugspannungen nicht mehr aufnehmen und es kommt zur Bildung von feinen, für das Tragverhalten unerheblichen Rissen. Das Tragelement geht damit in den gerissenen Zustand II über. Risse sind für Stahlbetontragwerke nichts Ungewöhnliches, denn erst dadurch wird die Betonstahlbewehrung bei Biegeelementen aktiviert.
Zur Steuerung der Rissbildung ist eine entsprechende Mindestbewehrung vorzusehen, damit das Erscheinungsbild ästhetischen Ansprüchen genügt. Mit der Rissbildung geht auch eine Zunahme der Verformungen einher. Die Verformungen im gerissenen Zustand II sind im Ver-

vertikale Toleranzen zwischen Balken und Platten	horizontale Toleranzen zwischen Stützen und Wände	Öffnungen
± 20 mm	± 20 mm[1)] oder ± l / 600 max. 60 mm	± 25 mm

l = lichte Weite
[1)] Für Stützen und Wände, die Fertigteile tragen, können je nach Längentoleranz für das gestützte Bauteil und erforderlicher Auflagerlänge strengere Werte erforderlich sein.

15

gleich zum ungerissenen Zustand I deutlich größer. Zutreffende Verformungsprognosen sind schwierig zu erstellen. Oft wird das normative Lastniveau nicht erreicht und die Baustoffe weisen tatsächlich höhere Festigkeiten auf, als es die Norm vorsieht. Genaue Eingangsparameter, die das individuelle betonspezifische Schwind- und Kriechverhalten charakterisieren, sind ebenfalls schwer objektspezifisch zu definieren. All diese Parameter unterliegen einer gewissen Streuung, wodurch man meist auf Grenzwertbetrachtungen angewiesen ist.
Als unterer Grenzwert können die Verformungen im Zustand I betrachtet werden. Die maximal zu erwartenden Verformungen werden durch den Zustand II gekennzeichnet. Der wahrscheinliche Wert der Verformungen wird sich zwischen den beiden Grenzwerten einstellen. Abb. 17 verdeutlicht, dass die Verformung f aufgrund der Eingangsparameter Belastung und tatsächliche Materialwiderstände einer stochastischen Streuung unterliegt, die im Zuge der Nutzungsdauer infolge Kriechen und Schwinden auch noch weiter ansteigen kann.
Verformungsberechnungen unterliegen oftmals einer ingenieurtechnischen Abschätzung. Das normative Lastniveau in Bezug auf die Nutzlasten liegt meist auf der sicheren Seite. Um zutreffende Verformungsberechnungen erstellen zu können, sollte ein Ansatz der Nutzlasten gewählt werden, der der späteren Nutzung am ehesten entspricht. Solche Festlegungen sollten in enger Abstimmung mit dem Bauherrn getroffen werden. Im Zweifelsfall sind Biegetragglieder unter der maßgebenden Belastung im gerissenen Zustand und unter Berücksichtigung der Langzeiteffekte Kriechen und Schwinden des Betons zu untersuchen, damit auch im Endzustand keine Zwängungen auf sekundäre Tragelemente entstehen. Als weitere Eingangsparameter müssen die vertikalen Lasten der Fassade beispielsweise infolge Eigengewicht, Ausbau- und Nutzlast und deren Belastungspunkte bekannt sein. Empfohlene Werte zur Begrenzung der Verformung gemäß DIN EN 1992-1-1 [15] zeigt Abb. 18.

Weiterhin gibt DIN EN 1992-1-1 die Möglichkeit vor, eine Schalungsüberhöhung von maximal l/250 auszuführen, um den Durchhang teilweise oder zur Gänze zu kompensieren. Für die Randausbildung von Decken, an die Holztafelbauelemente als Fassadenbauteile angeschlossen werden, empfiehlt sich generell eine Begrenzung auf maximal $f \leq l/500$. Verformungsberechnungen für den ungerissenen Zustand I können mithilfe der Elastizitätstheorie durchgeführt werden. Analysen für den gerissenen Zustand II erfolgen vermehrt anhand moderner baustatischer Softwarelösungen. Durch die stetig wachsenden Möglichkeiten der numerischen Berechnungsmethoden lassen sich mit relativ geringem Aufwand Verformungsberechnungen im gerissenen Zustand II mithilfe der Finiten-Element-Methode erstellen. Die Berechnungen werden standardmäßig sowohl im Massiv- als auch im Hybridbau durchgeführt. Zur Gewährleistung der Verformungstoleranzen des Stahlbetontragwerks muss der Tragwerksplaner allerdings ein besonderes Augenmerk auf den Zustand II legen. Die Berechnungsergebnisse sollten immer durch den Tragwerksplaner verifiziert werden.

Parameterstudie

Eine Parameterstudie [16], die als Entwurfshilfe durchgeführt wurde, wertet die Randverformungen eines Deckenfelds aus. Damit kann eine erste Abschätzung erfolgen, ob sich bei einem gewählten Stützen- bzw. Wandraster akzeptable

	Nennmaße [m]	Grenzabweichungen [mm]
Breite, Höhe (Kantenlänge), Öffnung	bis 1,00 m	± 2 mm
	über 1,00 m	± 0,2 % des Nennmaßes maximal ± 5 mm

16

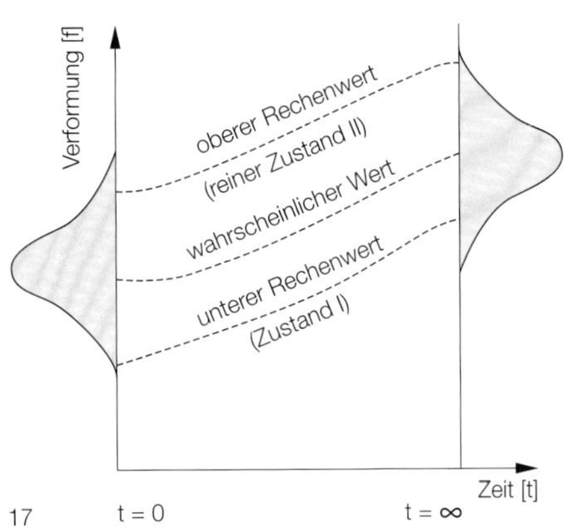

17

maßgebende Betrachtung	maximaler Durchhang
Beeinträchtigung von Erscheinungsbild und Gebrauchstauglichkeit für Platten und Balken	l/250
Beschädigung angrenzende Bauteile infolge Verformungen	l/500

18

19

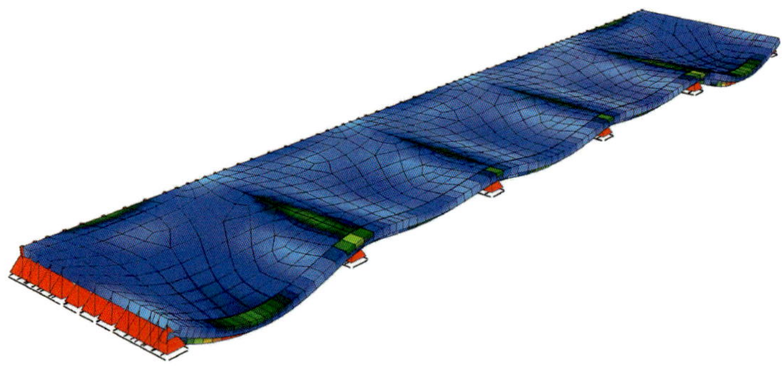

19 verformtes Deckensystem
20 Verformung im Zustand II in Abhängigkeit von der Feldweite
a Feldweite (Randfeld) bei einer Deckenstärke von 20 cm und einer Verkehrslast von 230 kg/m²
b Feldweite (Innenfeld) bei einer Deckenstärke von 20 cm und einer Verkehrslast von 230 kg/m²
c Feldweite (Randfeld) bei einer Deckenstärke von 25 cm und einer Verkehrslast von 230 kg/m²
d Feldweite (Innenfeld) bei einer Deckenstärke von 25 cm und einer Verkehrslast von 230 kg/m²
e Feldweite (Randfeld) bei einer Deckenstärke von 25 cm und einer Verkehrslast von 500 kg/m²
f Feldweite (Innenfeld) bei einer Deckenstärke von 25 cm und einer Verkehrslast von 500 kg/m²
g Feldweite (Randfeld) bei einer Deckenstärke von 30 cm und einer Verkehrslast von 500 kg/m²
h Feldweite (Randfeld) bei einer Deckenstärke von 30 cm und einer Verkehrslast von 500 kg/m²

Verformungen ergeben. Das Deckensystem wurde jeweils mit freiem Rand sowie mit Randunterzug modelliert und mit dem Programm SOFiSTiK 2014 berechnet. Es erfolgte eine physikalisch nicht lineare Analyse im Grenzzustand der Gebrauchstauglichkeit mit den entsprechenden Lastfallkombinationen. In einer Vorlaufrechnung (siehe »Statischer und geometrischer Entwurf des Stahlbetontragwerks«, S. 20ff.) wurde die statisch erforderliche Bewehrung ermittelt und im Anschluss in praxisüblichen Verlegeabständen vorgegeben. Kriech- und Schwindbeiwerte wurden entsprechend der jeweiligen Situation berechnet. Die mitwirkende Plattenbreite b_{eff} sowie die Biegesteifigkeit der Randunterzüge wurde gemäß Grasser / Thielen [17] angesetzt.
Folgende Systemparameter wurden als konstant angenommen:

- Baustoffe: Beton C25/30, Zement CEM32,5N (S), Betonstahl B500
- Dauerhaftigkeit, Kriechen und Schwinden: Expositionsklasse XC1, c_{nom} = 2,5 cm, RH = 50 %, Belastungsbeginn t_0 = 28 d
- ständige Lasten:
  $g_{Decke} = h_{Decke} \cdot 25$ kN/m³
  g_{Ausbau} = 2,00 kN/m²
  $g_{Fassade} = h_{Fassade} \cdot 2{,}00$ kN/m

Folgende Parameter wurden variiert:

- System: Durchlaufsystem mit freiem Deckenrand und Randunterzug
- Nutzlast 1: p_k = 1,50 + 0,80 kN/m² (gemäß DIN EN 1991-1 Kategorie A (Wohngebäude) inklusive Trennwandzuschlag)
- Nutzlast 2: p_k = 5,00 kN/m² (gemäß DIN EN 1991-1 Kategorie B, Bürogebäude)
- Feldweiten: l_{eff} = 4,00 m, 5,00 m, 6,00 m, 7,00 m und 8,00 m
- Plattendicke: h_{Decke} = 0,20 m, 0,25 m und 0,30 m
- Randunterzug: Höhe des Randunterzugs $h_{UZ} = 2 \times h_{Decke}$
  Breite des Randunterzugs $b_{UZ} = h_{Decke}$
  mitwirkende Plattenbreite $b_{eff} = l_{eff}/6$

Insgesamt wurden 80 Berechnungen zur Ermittlung der Verformungen durchgeführt. Die Ergebnisse inklusive Grenzfunktionen für die zulässige Verformung von l/250 und l/500 zeigt Abb. 20.
Anhand der numerischen Analysen ist das Verformungsverhalten an den Deckenrandbereichen unter konkreten Randbedingungen angegeben, wobei die berechneten Verformungen als Entwurfsempfehlung dienen sollen. Die ermittelten Durchsenkungen sind nicht allgemein gültig und ersetzen nicht eine statische Berechnung. Anhand der variierenden Feldweite können Achsabstände von Stützen und Wänden festgelegt werden. Hierbei ist eine direkte Kontrolle zur Einhaltung der zulässigen Verformungen (l/250, l/500) möglich. Da die Berechnung der Verformungen für den ausgeprägten Zustand II erfolgte, lassen sich diese als oberer Grenzwert betrachten.

Befestigung der Holztafelbauelemente

Bei der Befestigung der Holztafelbauelemente an das Stahlbetontragwerk sind verschiedene Anschlussvarianten möglich, vereinfacht drei Anschlussvarianten: vorgestellt, vorgehängt und eingestellt (Abb. 5, S. 9). Dabei wird zwischen der Lage des Fassadenelements und des planmäßigen vertikalen Befestigungspunkts, also ihrer Lastweiterleitung unterschieden. Die horizontale Lagerung infolge angreifender Windlasten wie Sog und Druck erfolgt in der Regel geschossweise, wodurch die Verbindungsmittel in horizontaler Richtung bei allen Ausführungsvarianten auf die volle Horizontallast zu bemessen sind.
Bei der vorgestellten Variante befindet sich die nicht tragende Außenwand vor dem Tragwerk, sodass die Fassadenelemente ein unabhängiges und selbsttragendes Bauteil darstellen. Die vertikalen Eigenlasten werden über die einzelnen Elemente hinweg nach unten in die Konstruktion bzw. in ein eigenes Fundament weitergeleitet.
Bei der vorgehängten Variante liegen die Fassadenelemente ebenfalls außerhalb des Tragwerks. Diese werden jedoch geschossweise mittels eines stählernen Verbindungselements (meist Stahlwinkel) an die massiven Decken angehängt.
Die eingestellte Variante ist durch Fassadenelemente gekennzeichnet, die geschossweise direkt auf den massiven Decken des Tragwerks stehen und somit in einer Ebene mit dem Tragwerk liegen. Der vertikale Lasteintrag erfolgt mittels Kontaktpressung. Die Holztafelbauelemente werden am Deckenrand platziert, wodurch keine Verbindungsmittel zum vertikalen Lastabtrag notwendig sind, da die Lastweiterleitung durch Kontaktpressung vollzogen wird.

Verbindungsmittel

Die Lasteinleitungspunkte wurden zuvor bereits für die verschiedenen Ausführungsvarianten erläutert, wobei die Lastpfade bei der vorgehängten und eingestellten Ausführungsvariante jeweils eindeutig sind. Die Bemessung erfolgt auf Basis der tatsächlichen Belastung. Bei der vorgestellten Variante wird jedoch das Fassadeneigengewicht in der maßgebenden Bemessungssituation (GZT) mittels Kontaktpressung durch die einzelnen Elemente in die Gründung abgeleitet. Dennoch sind die Verbindungsmittel sowohl für eine horizontale (Wind- und Holmlast) als auch für eine vertikale Belastung (Eigenlast Fassade) zu bemessen. Die Horizontallasten sind komplett anzusetzen, wohingegen die vertikalen Lasten mit einem Teilbetrag berücksichtigt werden sollten. Trotz der angestrebten ver-

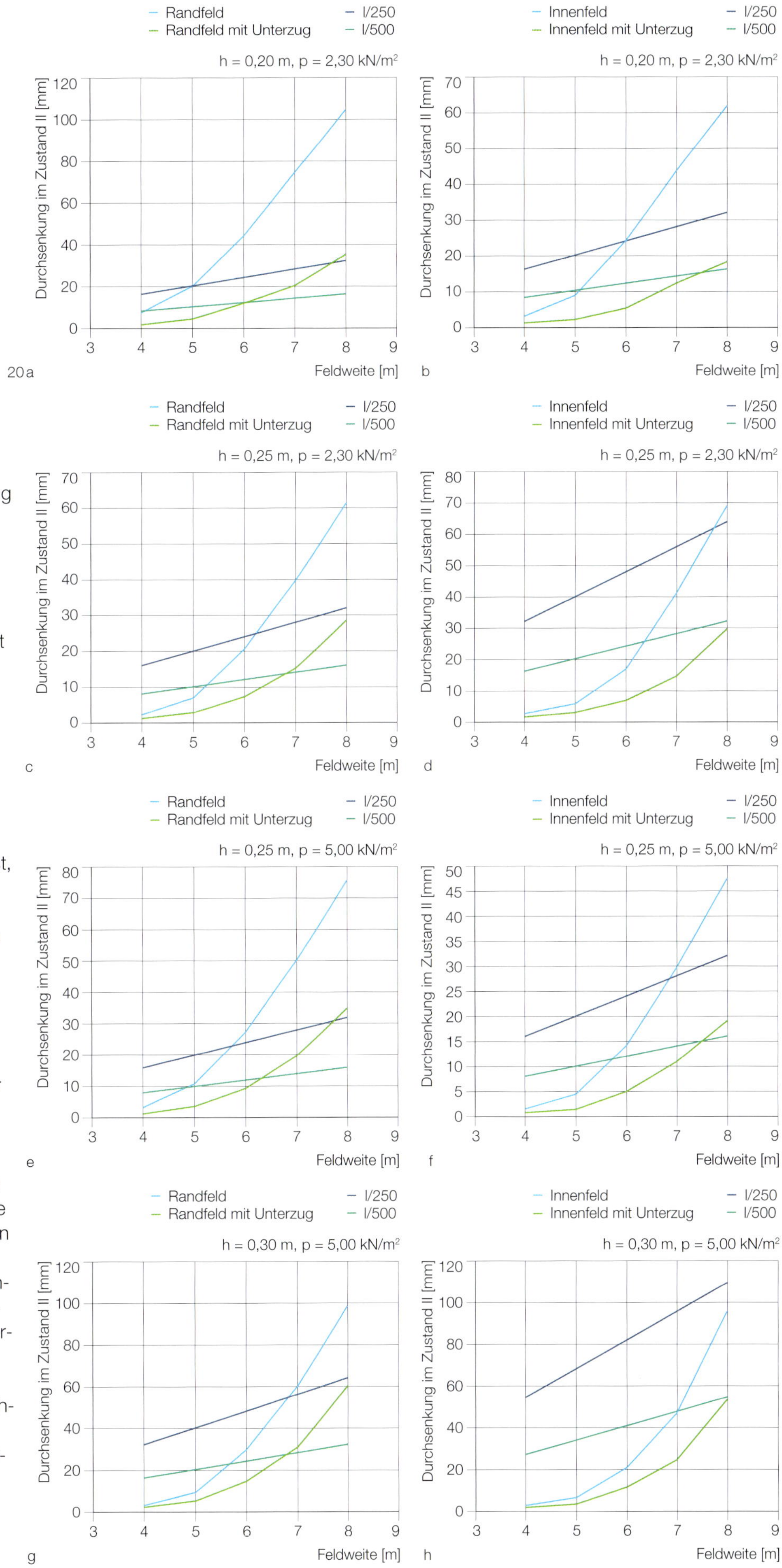

tikalen Verschieblichkeit der Auflager entstehen über Reibungswiderstände vertikale Auflagerkräfte.
Dies bestätigen Versuche zur Bestimmung der Verschiebesteifigkeiten an Wand-Deckenverbindungselementen, die am Materialprüfungsamt für das Bauwesen der Technischen Universität München (MPA BAU) [18] durchgeführt wurden. Dabei wurden Langlochverbindungen mit Gleiteinlagen (Teflon), Trennschichten zur Schallentkopplung (Sylomer) sowie die Anordnungen ohne die genannten Bestandteile untersucht.
Um dieser möglichen Lastübertragung von der Außenwand in das Stahlbetontragwerk Rechnung zu tragen, wird ein Streichlastfaktor vorgeschlagen. Dieser beschreibt den Anteil der Außenwandlast, der rechnerisch beim Verbindungsmittelnachweis zu berücksichtigen ist. Für die quasi-ständige Bemessungssituation (Kaltbemessung) wird $s_f = 0{,}5$ gewählt. Zur Abdeckung des Brandlastfalls wird der Streichlastfaktor zu $s_f = 1{,}0$ gesetzt, da aufgrund des Brands ein tragendes Fassadenelement ausfallen könnte und die vertikale Lastdurchleitung nicht mehr gewährleistet werden kann. Die anzusetzenden Teilsicherheitsbeiwerte zeigt Abb. 23 (S. 31). Für die außergewöhnlichen Brandlastkombinationen betragen die Teilsicherheitsbeiwerte sowohl für die ständigen als auch für die veränderlichen Lasten $\gamma_g = \gamma_q = 1{,}00$.
Die Verbindungsmittel der darüberliegenden Fassadenelemente müssen etagenweise auf die vertikale Last ausgelegt werden. Da die Elemente mittels Langloch montiert sind, ergibt sich ein Abgleiten des Fassadenelements um das Langlochspiel nach unten, wodurch jedoch die Gesamtstandsicherheit der Fassade weiterhin sichergestellt ist (Abb. 22).
Die Bemessung der Verbindungsmittel erfolgt unter Zugrundelegung von Teilsicherheitsbeiwerten (Abb. 23), wobei

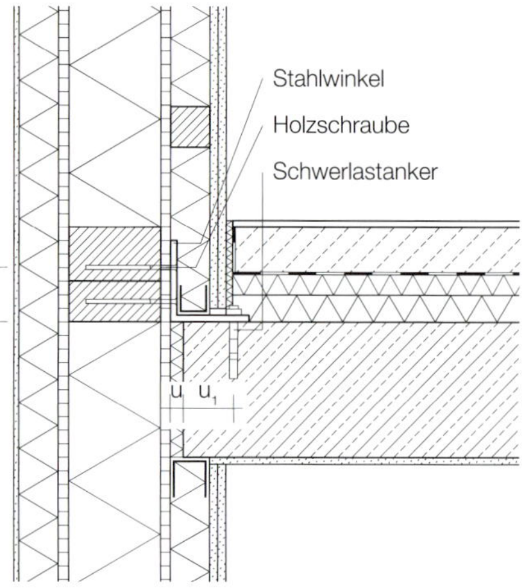

21a

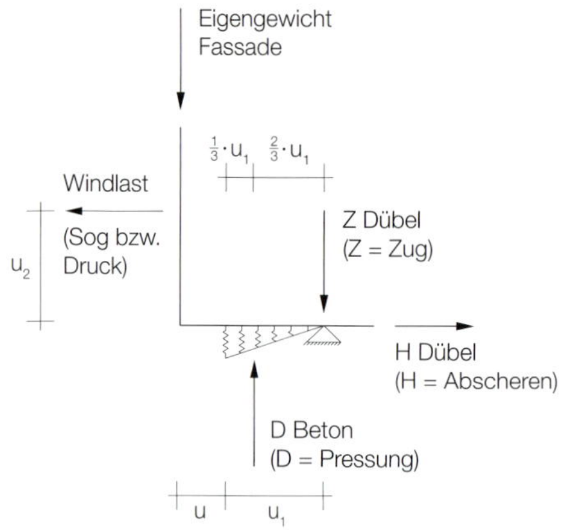

b

21 Schnittdetail
a Schnittdetail eines vorgestellten Holztafelbauelements (Dampfsperrenverlauf, siehe »Geschossdeckenstoß, vorgestellt; mit Installationsebene«, S. 53)
b mögliches statisches System zur Bemessung der Verbindungsmittel
22 statisches System Fassade bei Normal- und Brandbeanspruchung
23 Übersicht von Teilsicherheitsbeiwerten und Lastfaktoren bei der Bemessung von Verbindungsmitteln bei Fassadenelementen
24 Vor- und Nachteile von gängigen Verbindungsmitteln im Stahlbetonbau

sowohl die Normal- als auch die Brandbeanspruchung zu untersuchen sind.
Die (vorgestellten oder vorgehängten) Fassadenelemente werden meist über Stahlwinkel an den Stahlbetondecken befestigt, die mittels Dübel bzw. Schwerlastanker mit der massiven Tragstruktur sowie mit Holzschrauben mit der Ständerkonstruktion des Fassadenelements verbunden sind. Zur Verankerung des Stahlprofils in den Decken stehen mehrere Varianten zur Verfügung (Abb. 23).Zur Bemessung der Verbindungsmittel wird ein Schnittdetail betrachtet (Abb. 21 a), das das Stahlprofil qualitativ darstellt. Abb. 21 b gibt ein vereinfachtes statisches Modell an.
Für das Stahlprofil oder den -winkel sind die maßgebenden Schnitt- und Auflagerkräfte mithilfe der klassischen Stabstatik zu ermitteln. Anhand der Schnittgrößen erfolgen die Stahlbaunachweise in Anlehnung an DIN EN 1993-1-1. Auf Grundlage der berechneten Lagerkräfte erfolgt der Nachweis der Dübel sowie der Holzschrauben, wobei die jeweilige bauaufsichtliche Zulassung (Z-9.1-...) bzw. entsprechende European Technical Assessment (ETA-...) die Bemessungsgrundlage sind. Die Bemessung der Verbindungsmittel zur Stahlbetonstruktur wird zukünftig durch DIN EN 1992-4 geregelt, die gegenwärtig noch als Entwurf vorliegt. Zusätzlich wird für die Verbindung des Stahlwinkels mit dem Holztafelbauelement bei den Holzschrauben auf DIN EN 1995-1-1 verwiesen.
Für den Fall, dass eine komplexe Faltwerkbetrachtung bei der Bemessung des Anschlussprofils erforderlich wird, schlägt Li [19] als Wert für die Betonbettung c folgenden Zusammenhang vor:

$$c_{Beton} = 15 \cdot f_{c,cube}$$

Somit kann ein durchgehender statischer Nachweis der Verbindungsmittel erfolgen.
Die Abmessungen der Verbindungsmittel werden durch die statischen Nachweise vorgegeben. Es ist also anzustreben, dass je Element zwei bis vier Verbindungspunkte ausreichen, wodurch sich der Montageaufwand reduziert. Meist kommen Bolzenanker mit einem Durchmesser von 10 bis 12 mm zum Einsatz, zur Befestigung der Holzfassadenelemente üblicherweise Holzschrauben mit 6 bis 8 mm, die in die Ständerkonstruktion einbinden sollen. Damit die Verbindungsmittel im Endzustand nicht sichtbar sind, sollten die Abmessungen so gewählt werden, dass der Fußboden- bzw. Deckenaufbau diese kaschiert.

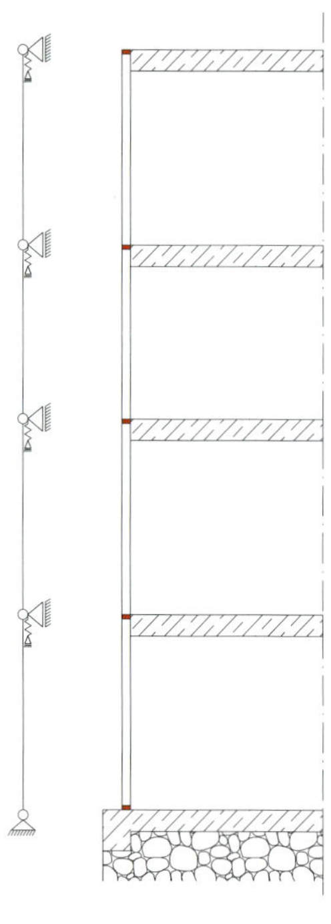

22 Normalbeanspruchung

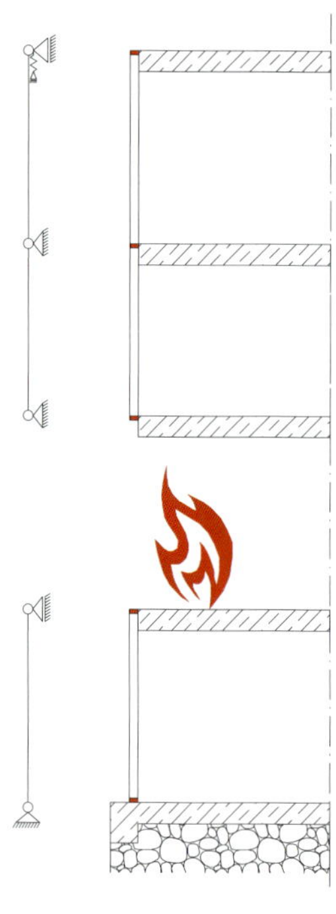

Brandbeanspruchung

Anmerkungen:
[1] DIN EN 1995-1-1:2010-12, Eurocode 5: Bemessung und Konstruktion von Holzbauten – Teil 1-1: Allgemeines – Allgemeine Regeln und Regeln für den Hochbau. Kapitel 9.2.4 (Wandscheiben)
[2] Holzabsatzfonds (Hrsg.): Holzrahmenbau. Informationsdienst Holz. holzbau handbuch, Reihe 1, Teil 1, Folge 7. Bonn 2009, S. 12
[3] wie Anm. 1, Kapitel 9.2.4
[4] Mette, Elmar: Transportieren und Montieren. Holzbau – die quadriga 03/2014, S. 23–27
[5] Amtsblatt der europäischen Union. Richtlinie 96/53/EG zur Festlegung der höchstzulässigen Abmessungen für bestimmte Straßenfahrzeuge im innerstaatlichen und grenzüberschreitenden Verkehr in der Gemeinschaft sowie zur Festlegung der höchstzulässigen Gewichte im grenzüberschreitenden Verkehr. 1996
[6] Straßenverkehrs-Zulassungs-Ordnung (StVZO) in der Fassung des Inkrafttretens vom 11.03.2015. Letzte Änderung durch: Verordnung zur Änderung der Fahrpersonalverordnung, der Straßenverkehrs-Zulassungs-Ordnung und der Verordnung über den grenzüberschreitenden Güterkraftverkehr und den Kabotageverkehr vom 9. März 2015. BGBl. I Nr. 9 S. 243, ausgegeben zu Bonn am 9. März 2015. Bundesministerium für Verkehr, Bau- und Wohnungswesen. § 32 (1), Zeile 31

[7] ebd., § 32 (1), Zeile 26
[8] Komzet Bau Bühl Kompetenzzentrum der Bauwirtschaft (Hrsg.): Transport von Bauteilen. Osnabrück 2011
[9] Informationsquelle: Kreisverwaltungsreferat München
[10] Straßenverkehrs-Ordnung (StVO) in der Fassung des Inkrafttretens vom 26.09.2015. Letzte Änderung durch: Fünfzigste Verordnung zur Änderung straßenverkehrsrechtlicher Vorschriften vom 15. September 2015. BGBl. I S. 1573 Art. 2, ausgegeben zu Bonn am 25. September 2015. § 46 (1) Abs. 5
[11] wie Anm. 9
[12] wie Anm. 6, StVZO § 32 Abs. 2 und StVO § 22 Abs. 2
[13] Verkehrsblatt Dokument-Nr. B. 5756: Kennzeichnung von Ingenieurbauwerken mit beschränkter Durchfahrtshöhe über Straßen. Dortmund 2000, Ziffer 1.2
[14] DIN 18202:2013-04: Toleranzen im Hochbau. S. 5
[15] DIN EN 1992-1-1:2011-01, Eurocode 2: Bemessung und Konstruktion von Stahlbeton- und Spannbetontragwerken – Teil 1-1: Allgemeine Bemessungsregeln und Regeln für den Hochbau. Abschnitt 7.4
[16] Stein, René; Schneider, Patricia; Kleinhenz, Miriam; Dotzler, Christina; Volz, Christof; Hessinger, Joachim: Fassadenelemente für Hybridbauweisen – Vorgefertigte, integrale Fassadenelemente in Holzbauweise zur Anwendung im Neubau hybrider Stahlbetontragwerke. Technische Universität München, Lehrstuhl für Holzbau und Baukonstruktion, Lehrstuhl für energieeffizientes und nachhaltiges Planen und Bauen & Lehrstuhl für Massivbau. München 2016
[17] Grasser, Emil; Thielen, Gerd: Hilfsmittel zur Berechnung der Schnittgrößen und Formänderungen von Stahlbetontragwerken. Nach DIN 1045, In: DAfStb-Heft, Heft 240. Ausg. Juli 1988, Heft 240. Berlin 1991, S. 9 und 14
[18] Merk, Michael: Untersuchungsbericht Belastungsversuche zur Bestimmung der Verschiebesteifigkeiten an Wand-Decken Verbindungselementen. Prüfstelle Holzbau, MPA Bau. Technische Universität München. München 2015
[19] Li, Longfei: Empfehlung zur Betonbettung. E-Mail von Dr. Li, Anchor Profi GmbH Stuttgart. Stuttgart 2015

23

Bemessungssituation	Normalbeanspruchung (quasi-ständig)	Brandbeanspruchung (außergewöhnlich)
Teilsicherheitsbewerte	$\gamma_g = 1,35$ $\gamma_q = 1,50$	$\gamma_g = 1,00$ $\gamma_q = 1,00$ $\psi_1 = 0,00$
Streichlastfaktor	$s_f = 0,5$	$s_f = 1,0$

24

Hinterschnittdübel	Spreizdübel	Verbunddübel mit Injektionsmörtel	Betonschrauben	Ankerschienen
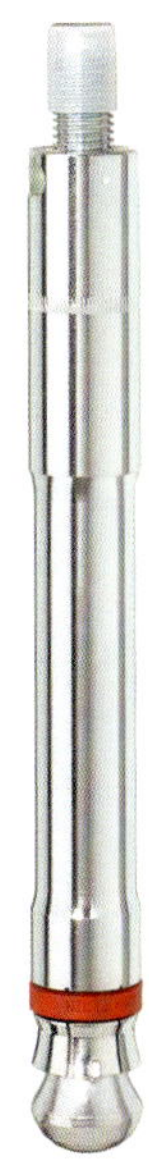				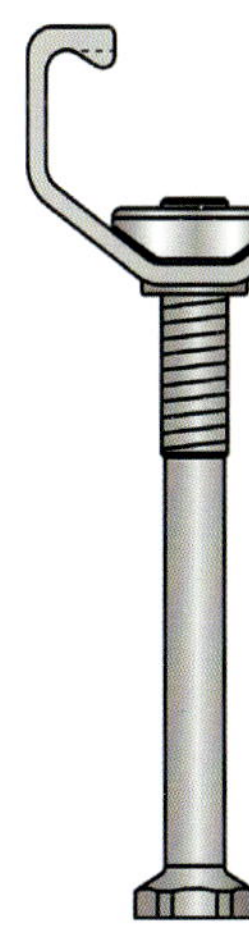
z. B. Hilti HDA-T, Fischer Zykon FZA	z. B. Hilti HST3, Fischer FAZ II	z. B. Fischer Highbond Ankerstange FHB II -A L Inject, Würth WIT-VM & W-WIZ	z. B. Hilti HUS-H 10, Würth W-BS	z. B. Hilti HAC-30, HTA-Halfenschienen
Vorteile				
sofort belastbar	sofort belastbar	keine Sprengwirkung infolge der Dübelmontage	sofort belastbar	kein Bohren notwendig
		vollflächiger Stoffschluss	vollflächiger Stoffschluss	
Nachteile				
Hauptkraftschluss im Bereich der Spreizhülse	Hauptkraftschluss im Bereich der Spreizhülse	belastbar nachdem das Injektionsgut erhärtet ist	hoher Preis	nachträgliches Anpassen der Lage ist nicht möglich
Sprengwirkung infolge Dübelmontage	Sprengwirkung infolge Dübelmontage	hoher Preis		

Bauphysik

Christoph Kurzer
Stefan Winter
Joachim Hessinger

Wärmeschutz

Aspekte der Energieeffizienz führten in den letzten Jahrzehnten zu Entwicklungen im Hochbau, die dem Wärmeschutz verstärkt Bedeutung beimessen. Bestands- und Neubauten benötigen eine hochwertige thermische Gebäudehülle, die effizient und nachhaltig die Wärmeverluste im Winter und den Wärmeeintrag im Sommer begrenzt. Besonders während der Nutzungsphase von Gebäuden prägt der Wärmeschutz den ökologischen Fußabdruck maßgebend.
Der Gesetzgeber hat den Grundstein für den heutigen Standard mit Einführung der Energieeinsparverordnung (EnEV) im Jahr 2002 gelegt. Stetige Novellierungen haben zu den heutigen Anforderungen geführt, die seit Beginn des Jahres 2016 gelten. Das GebäudeEnergieGesetz (GEG) soll in Zukunft die EnEV als gesetzliche Regelung des Wärmeschutzes ablösen. Die Mindestanforderungen an den Wärmeschutz eines Gebäudes regelt in Deutschland die Normenreihe der DIN 4108.
Die Hybridbauweise kombiniert die bauphysikalischen Vorteile eines Stahlbetontragwerks einerseits und der Holztafelbauelementfassade andererseits. Holztafelbauelemente erreichen einen vergleichsweise sehr hohen Wärmedurchlasswiderstand bei schmalen Bauteilaufbauten. Die hohe thermische Speicherkapazität des Stahlbetontragwerks wirkt stabilisierend auf das Raumklima.

Winterlicher Wärmeschutz

Durch die klimatischen Verhältnisse in Deutschland gehört der winterliche Wärmeschutz zu den grundlegenden Anforderungen bei der Planung und Errichtung von Gebäuden. Die vielseitigen Funktionen der thermischen Gebäudehülle umfassen beispielsweise die Wahrung eines hygienischen Raumklimas, den dauerhaften Schutz der Gebäudesubstanz und die Minimierung der thermischen Verluste. Besonders durch die Begrenzung des Wärmetransports über die Außenbauteile lässt sich die benötigte Heizenergie nachhaltig verringern, sodass der Energiebedarf sinkt und das Gebäude in der Nutzungsphase ökologisch verträglicher wird.
Grundsätzlich führen unterschiedliche Temperaturniveaus zwischen innen und außen stets zum Wärmetransport durch die thermische Gebäudehülle.
Bautechnisch ist eine komplette Unterbindung aller auftretenden Wärmetransportwege ausgeschlossen, weshalb nur eine Verringerung der Wärmestromdichte realisierbar ist. Die Art des Wärmetransports teilt sich in Wärmeleitung, Konvektion und Wärmestrahlung auf. Bei opaken Bauteilen, z. B. den Holztafelbauelementen der Fassade, bestimmt im Wesentlichen die Wärmeleitung die Größe der Wärmestromdichte. Die Konvektion ist an den Übergängen zwischen Bauteiloberfläche und Außen- bzw. Raumluft zu berücksichtigen. Die Wärmestrahlung wird hauptsächlich beim Energieeintrag über transparente Bauteile wirksam.
Im Bauwesen bezeichnet die Abgabe von Wärmeenergie eines Gebäudes an die Umgebung den Wärmeverlust. Das geforderte Niveau zur Beschränkung dieser Wärmeverluste bestimmen die gesetzlichen Vorgaben der Energieeinsparverordnung (EnEV). Als Grenzwerte zur Einhaltung der rechtlichen Anforderungen aus der EnEV werden allein der Primärenergiebedarf und der Transmissionswärmeverlust reglementiert. Bei der Bewertung der Transmissionswärmeverluste wird die gesamte thermische Gebäudehülle beurteilt, an den Wärmedurchgangskoeffizienten einzelner Bauteile stellt die EnEV keine verbindlichen Vorgaben. Mit Bezug auf die fiktive Ausführung eines Referenzgebäudes lassen sich Richtwerte (Abb. 1) für Wärmedurchgangskoeffizienten von einzelnen Bauteilen nach ihrer Art indirekt ableiten. Seit Januar 2016 gilt der Reduzierungsfaktor von 0,75 für den Primärenergiebedarf des Referenzgebäudes, also eine pauschale Minderung der Wärmedurchgangskoeffizienten [1].
Die Berechnung des Wärmedurchgangskoeffizienten U für ein Bauteil der thermischen Gebäudehülle erfolgt meist nach dem vereinfachten Berechnungsverfahren gemäß DIN EN ISO 6946. Da bei der Holztafelbauelementfassade generell inhomogene Schichtaufbauten im Kernelement vorhanden sind, müssen der obere und untere Grenzwert des Wärmedurchgangswiderstands R ermittelt werden [2]. Durch die unterschiedlichen Wärmeleitfähigkeiten λ der Materialien in

1 Wärmedurchgangskoeffizienten des Referenzgebäudes als Richtwerte

Art des Bauteils	bis 31.12.2015	seit 01.01.2016 1)
Außenwand, Geschossdecke gegen Außenluft	$U = 0{,}28\ W/m^2K$	$U = 0{,}21\ W/m^2K$
Bodenplatte, Außenwand gegen Erdreich, Wände und Decken zu unbeheizten Räumen	$U = 0{,}35\ W/m^2K$	$U = 0{,}26\ W/m^2K$
Dach, oberste Geschossdecke	$U = 0{,}20\ W/m^2K$	$U = 0{,}15\ W/m^2K$
Wärmebrückenzuschlag	$\Delta U_{WB} = 0{,}05\ W/m^2K$	$\Delta U_{WB} = 0{,}0375\ W/m^2K$

1) Berücksichtigung des ab Januar 2016 gültigen Reduzierungsfaktors 0,75 für den höchstzulässigen Jahres-Primärenergiebedarf

1

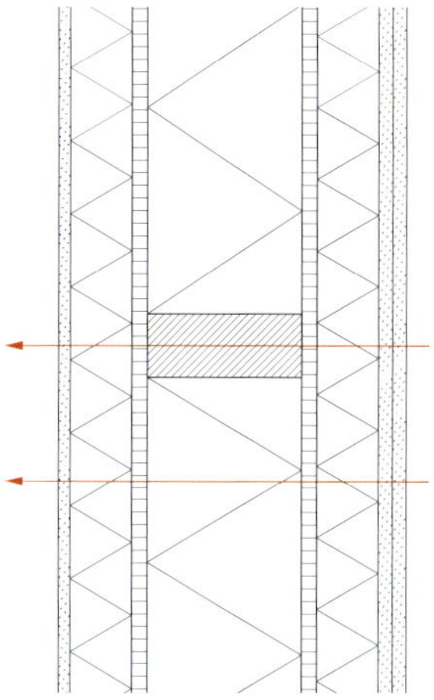

2a

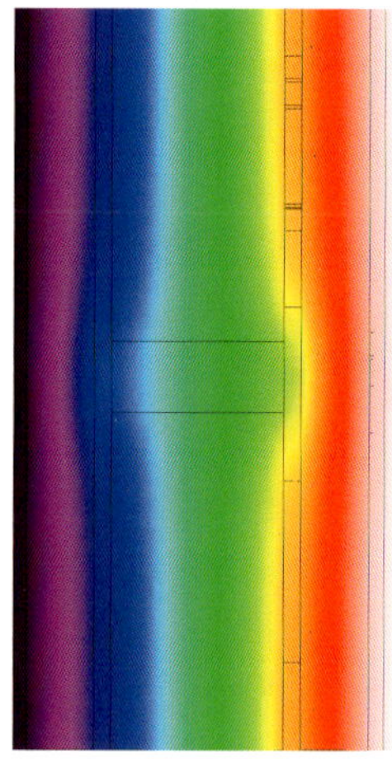

b

der inhomogenen Bauteilschicht konzentrieren sich die Wärmeströme auf das Material mit der höheren Wärmeleitfähigkeit, also auf die Holzrippen der Holztafelbauelemente (Abb. 2). Dieser thermodynamische Vorgang muss daher korrekt bei der Betrachtung des Wärmedurchgangskoeffizienten U der Holztafelbauelementfassade berücksichtigt werden. Trotz des inhomogenen Schichtenaufbaus der Holztafelbauelemente sind diese Außenwandaufbauten gegenüber herkömmlichen massiven Bauweisen bei gleichem Wärmedämmstandard schlanker, was einen wesentlichen Vorteil der Holzelementfassade darstellt. Eine beispielhafte Betrachtung der verschiedenen Konstruktionen für eine Außenwand mit einem Wärmedurchgangskoeffizienten von 0,150 W/(m²K) zeigt den Unterschied der Konstruktionsdicken (Abb. 3). In Holztafelbauweise mit WDVS ergibt sich eine Außenwanddicke von 320 mm. Eine herkömmliche Stahlbetonbauweise mit WDVS würde insgesamt eine Dicke von ca. 490 mm benötigen. Dadurch gewinnt die Holztafelbauweise bei gleichem umbauten Raum je Stockwerk 0,17 m² Nutzfläche pro laufendem Meter Fassade. Die Hybridbauweise eignet sich besonders für moderne und nachhaltige Gebäude, die auf einen deutlich besseren Dämmstandard als den durch die Energieeinsparverordnung geforderten Mindestdämmstandard abzielen (Standards siehe Abb. 10, S. 12). Bei der Bilanzierung der Transmissionswärmeverluste für den Heizenergiebedarf sind neben den Wärmeverlusten über die flächigen Bauteile auch die thermischen Verlustströme der Wärmebrücken zu be-rücksichtigen. Je besser der Dämmstandard, desto mehr Bedeutung bekommen die Wärmeverluste über die Wärmebrücken. Wärmebrücken sind Schwächungen in der thermischen Gebäudehülle z. B. durch Verringerung der Dämmdicken, geometrische Gegebenheiten oder Durchdringungen der Dämmebene mit Baustoffen höherer Wärmeleitfähigkeit.

Grundsätzlich können gemäß EnEV die Wärmebrücken für ein Gebäude mit einer sehr konservativen Abschätzung als pauschaler Zuschlag berücksichtigt werden. Bei Gebäuden mit einem hohen Dämmstandard (z. B. Niedrigenergiehäusern) ist diese pauschale Berücksichtigung der Wärmebrücken jedoch unwirtschaftlich, weil der Wert deutlich über den in der Realität für ein Gebäude zu erwartenden Verlusten liegt. Planungs- und Ausführungsbeispiele für bauübliche Anschlüsse nicht hybrider Bauwerke enthält DIN 4108 [3]. Da für die Anschlusssituationen der Holztafelbaufassadenelemente an das Stahlbetontragwerk keine genormten Werte vorliegen (Abb. 4), sind für die Hybridbauweise ergänzende Berechnungen erforderlich.

Die detaillierte Berechnung von Wärmebrücken erfolgt nach den Angaben von DIN EN ISO 10211, DIN EN ISO 13370 und DIN EN ISO 13789. Zur Verbesserung im Umgang mit unvermeidlichen Wärmebrücken im Hybridbau dienen die folgenden allgemeinen Konstruktionsregeln als Hilfestellung:

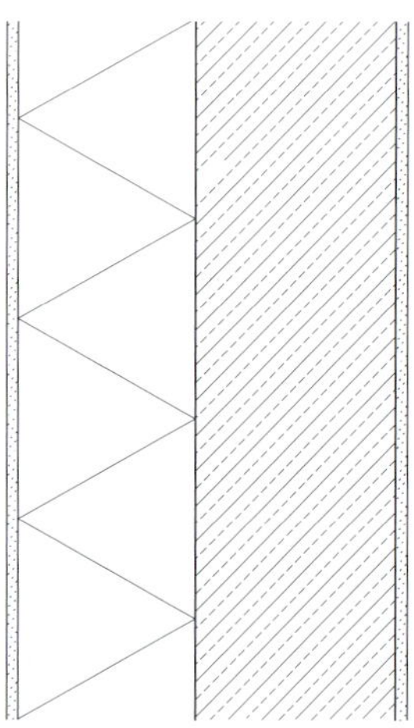

3a

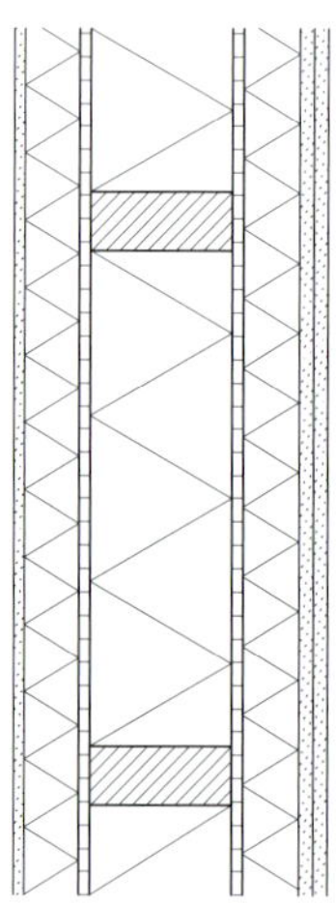

b

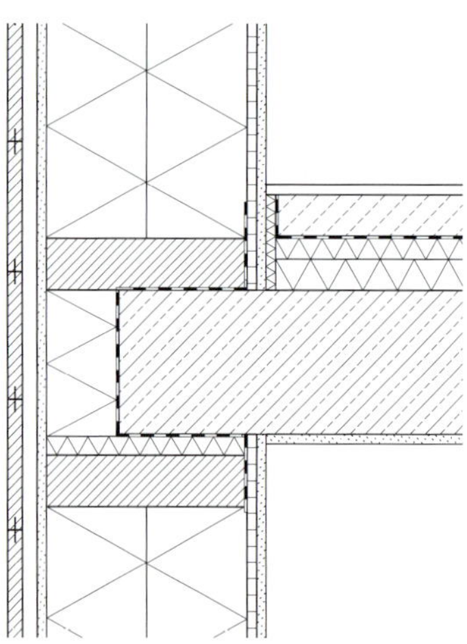

4a

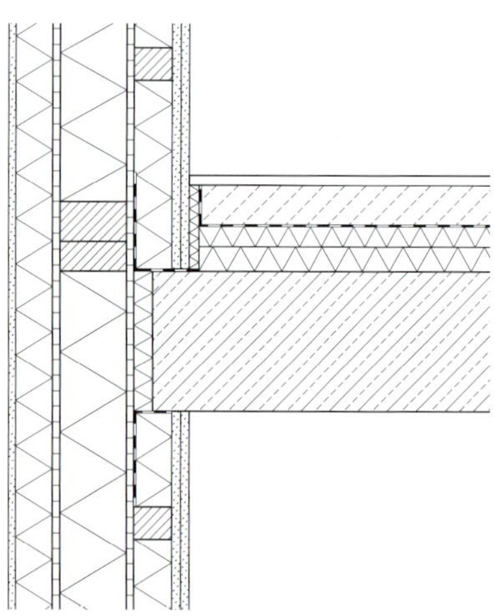

b

2 Holztafelbauelement
 a Darstellung der Lage der Grenzwerte für den Wärmedurchgangskoeffizienten. Oberer Grenzwert im Bereich der Holzrippen, unterer Grenzwert im Bereich der Wärmedämmung
 b schematische Temperaturverteilung im Bauteil
3 Vergleich zweier Fassadenausführungen, jeweils mit einem U-Wert von 0,150 W/m²K
 a Stahlbetonaußenwand mit WDVS
 b Holztafelbauelement
4 Anschlussbeispiel
 a eines eingestellten Holztafelbauelements
 b eines vorgehängten Holztafelbauelements
5 Anschlusspunkt der vorgehängten Holztafelbauelemente
 a Einfluss der Deckendicke auf die Wärmebrücke (längenbezogener Wärmedurchgangskoeffizient)
 b untersuchter Anschluss für Variation der Deckendicke (ungünstigste Konstellation)
6 Anschlusspunkt der eingestellten Holztafelbauelemente
 a Einfluss der Konsolentiefe auf die Wärmebrücke (längenbezogener Wärmedurchgangskoeffizient)
 b untersuchter Anschluss für die Variation des Einstellgrads (ungünstigste Konstellation)

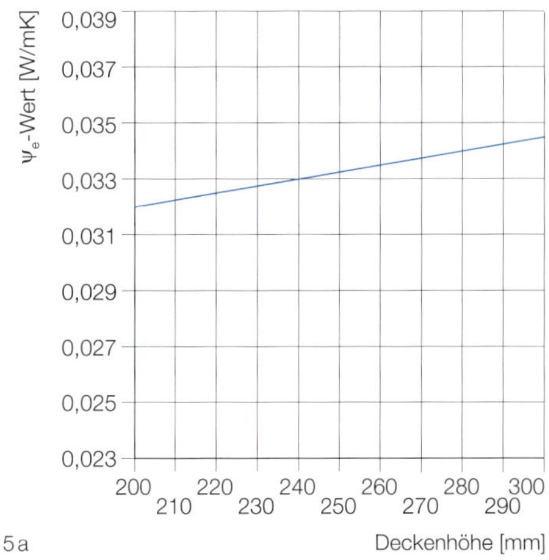

5a

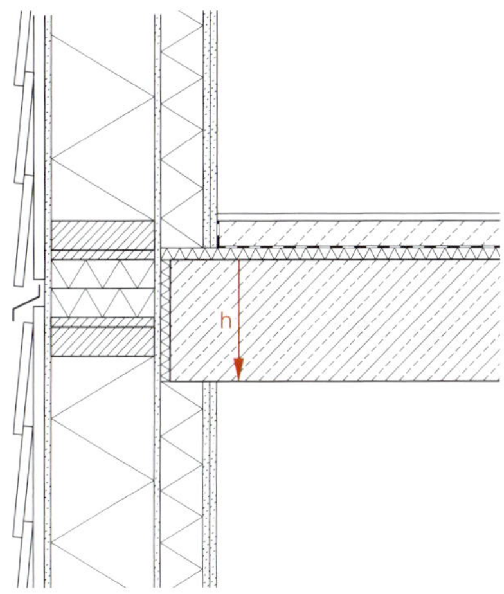

b

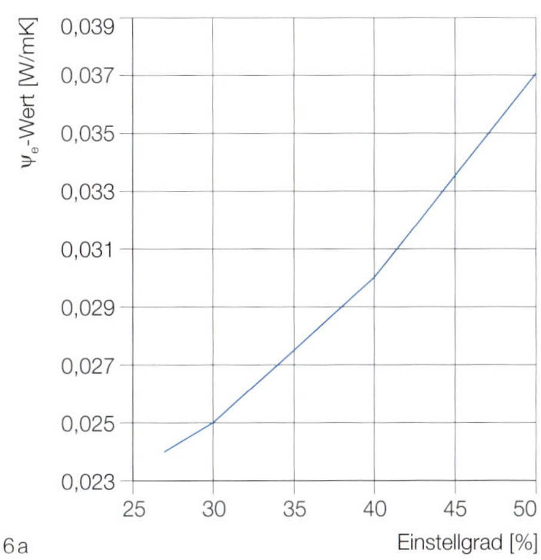

6a

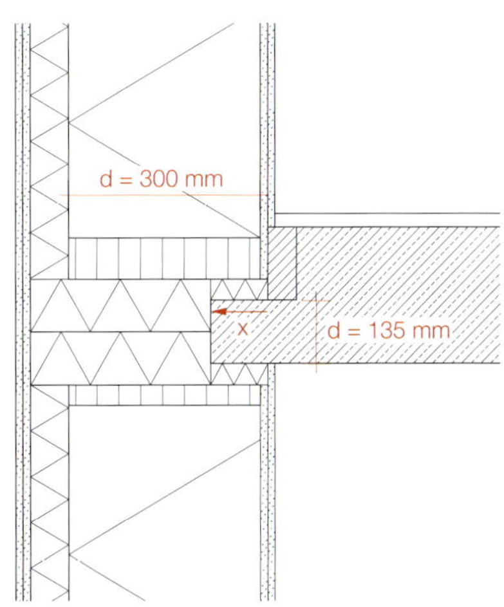

b

- Eine Erhöhung der Dicken wärmedämmender Schichten von Dächern und Bodenplatten mit hohem Energiestandard bewirkt keine Verbesserung der Wärmebrücke im Anschlussbereich.
- Grundsätzlich sollte der Planer so wenig wie möglich vom Regelaufbau abweichen. Das heißt, einbindende Bauteile sollten durch geeignete Maßnahmen den gleichen Wärmeschutz aufweisen wie die wärmeübertragende Umfassungsfläche.
- WDVS gewährleisten eine durchlaufende Überdämmung in Anschlussbereichen und verringern die Wärmebrückenwirkung.
- Zur Minimierung der Wärmebrückenwirkung und der Gefahr von Tauwasserausfall im Bauteilinneren sollte weniger als 20 % der Gesamtdämmstärke auf der zum Innenraum gerichteten Seite der Dampfbrems- und Luftdichtheitsebene liegen [4].

Attikaanschluss:
- Eine Attika wirkt sich günstig auf den Wärmeschutz aus. Die Gefachdämmung der Außenwand sollte mindestens bis zur Oberkante der Dachdämmung reichen.

Deckenanschluss:
- Bei vorgehängten Holztafelbauelementen hat die Höhe der Stahlbetondecken keinen signifikanten Einfluss auf die Wärmebrücke (Abb. 5).
- Die Anordnung einer Installationsebene bei vorgehängten Holztafelbauelementen verstärkt die Wirkung der Wärmebrücke im Anschlussbereich, weshalb die Gefachdämmung weniger verringert werden sollte, als die Dicke der Dämmung in der Installationsebene beträgt.
- Bei der Ausführung von hinterlüfteten Fassaden sollte die Dämmdicke der Installationsebene nicht mehr als ein Fünftel der gesamten Dämmdicke des Holztafelbauelements ausmachen.
- Bei vorgestellten Holztafelbauelementen, deren Lastabtrag über den Fußpunkt erfolgt, sind Elementstöße in der Deckenachse nach Möglichkeit zu vermeiden.
- Im Gegensatz zur Deckenhöhe hat der Einstellgrad der Fassade einen signifikanten Einfluss auf die Wärmebrückenausbildung. Der minimal mögliche Einstellgrad ist gemäß konstruktiven Gesichtspunkten gegen Kippen der Außenwand zu wählen (Abb. 6).

Sockelanschluss:
- Hinsichtlich der Vermeidung von Wärmebrücken sind Innendämmungen bei Bodenplatten besonders vorteilhaft. Bei der Ausführung müssen besonders der Feuchteschutz, Schallschutz und die nach Hersteller zulässigen Dämmdicken beachtet werden.
- Die vertikale Perimeterdämmung ist stets bis zur Unterkante der Bodenplatte bzw. der horizontalen Perimeterdämmung zu führen.

Sommerlicher Wärmeschutz

Ziel des sommerlichen Wärmeschutzes, dessen Mindestanforderungen DIN 4108-2 regelt, ist es, die Innenräume von Gebäuden vor dem Überhitzen zu schützen. Das Behaglichkeitsgefühl der Nutzer hängt wesentlich von der Raumluft- und der Oberflächentemperatur der Umfassungsbauteile ab. Bei Menschen, die eine normale Tätigkeit ausüben, ist mit einer Einschränkung der Leistungsfähigkeit bei Überschreiten der Raumlufttemperatur von 25 °C zu rechnen. Die noch behagliche Oberflächentemperatur wird von der tatsächlichen Raumlufttemperatur mitbestimmt [5].
Die Hybridbauweise leistet in mehreren Aspekten einen positiven Beitrag zum sommerlichen Wärmeschutz. Durch die relativ geringen Wärmedurchgangskoeffizienten der Holztafelbauelemente,

7a b

bedingt durch den erforderlichen winterlichen Wärmeschutz, werden die Temperaturamplituden zwischen Innen- und Außenseite des Bauteils wirksam gedämpft. Trotz starker außenseitiger Tag-Nacht-Schwankungen der Oberflächentemperatur von annähernd 20 Kelvin beträgt der Unterschied der innenseitigen Oberflächentemperatur weniger als 1 Kelvin. Die Stahlbetontragkonstruktion wirkt sich mit ihrer großen thermischen Speichermasse positiv auf den sommerlichen Wärmeschutz aus und wird entsprechend im normativen Nachweisverfahren berücksichtigt.

Feuchteschutz

Es ist grundsätzlich notwendig, Feuchtigkeit dauerhaft aus einem Bauwerk abzuleiten bzw. ihre Entstehung zu verhindern. Durch unberücksichtigte und unkontrolliert einwirkende Feuchte besteht ein beträchtliches Schadenspotenzial für die Konstruktion und die Nutzer von Gebäuden. Mögliche Negativfolgen sind beispielsweise Schäden an der Bausubstanz, Beeinträchtigungen der Dämmwirkung der thermischen Gebäudehülle oder ein Qualitätsverlust des Raumklimas bis hin zur Förderung von Krankheiten beim Nutzer (z. B. Schimmel, Sick-Building-Syndrom). Der Feuchteschutz ist daher sorgfältig bei Planung und Ausführung zu beachten.

Schimmelbildung

Das Vermeiden von innenseitiger Feuchtigkeit an der Bauteiloberfläche der thermischen Gebäudehülle dient allgemein zum Schutz vor Schimmelbildung. Die relative Raumluftfeuchtigkeit und Temperaturen nahe und an der Bauteiloberfläche sind die dabei entscheidenden Faktoren. Entsprechende Mindestanforderungen an die thermisch wirksamen Bauteile enthält DIN 4108-2. Bei der Hybridbauweise ist durch den hohen Dämmstandard bei den flächigen Bauteilen eine Schimmelbildung auszuschließen. Die Temperaturen der inneren Oberfläche der Bauteile liegen in der Regel nur wenige Zehntelgrade unterhalb der Raumtemperatur, wodurch sich auch die oberflächennahe relative Raumluftfeuchte nur unwesentlich gegenüber der mittleren Raumluftfeuchte erhöht. Im Bereich der Wärmebrücken durch Anschlusspunkte an die Stahlbetontragkonstruktion sollte der Planer die Hinweise aus dem Abschnitt »Wärmeschutz« (S. 33ff.) berücksichtigen.

Tauwasserausfall

Ein möglicher Tauwasserausfall innerhalb der Außenbauteile ist möglichst zu vermeiden, zumindest zu begrenzen. Allgemein wird die zu speichernde Wassermenge aus Tauwasseranfall im Bauteil während der Tauperiode (Dezember bis Februar) auf 1,0 kg/m² bzw. 0,5 kg/m² an und in diffusionshemmenden Schichten begrenzt. Beim Holztafelbau ist zusätzlich die Begrenzung der Änderung der Stofffeuchte der einzelnen Materialien, wie z. B. Holz (+5 M.-%) und Holzwerkstoffe (+3 M.-%) zu beachten. Das mögliche Kondensat lässt sich mit dem Glaser-Verfahren nach DIN 4108-3 berechnen. Des Weiteren wird geprüft, ob in der Verdunstungsperiode (Juni bis August) das angefallene Tauwasser abtrocknet.

Luftdichtheit

Neben dem richtigen diffusionstechnischen Aufbau der Außenwände ist eine gesicherte Luftdichtheit der Konstruktion von besonderer Bedeutung. Andernfalls können Wärme- und Feuchteleckagen entstehen. Bei Leckagen kommt es durch die Undichtigkeit zu langsamen Luftströmungen (Konvektion) durch die Konstruktion. Dadurch kühlt die Luft auf dem Weg nach außen im Bauteil so weit ab, dass ein Tauwasserausfall stattfinden kann. Feuchteeinträge in Bauteile durch Konvektion lassen sich praktisch nicht ermitteln. Sie sind in hygrothermischen Berechnungen, z. B. nach DIN EN 15026, durch eine zusätzliche jährliche Feuchtemenge im Bauteil von z. B. 250 g/m²a berücksichtigt.

Für die Planung der Holztafelbauelementfassade ergeben sich folgende Konstruktionshinweise:

- Für die Diffusionsdichtheit gilt: So offen wie möglich, so dicht wie nötig! Durch nicht zu dichte Innenschichten wird das sommerliche Rücktrocknungsvermögen der Tafelbauwände auch nach innen unterstützt und die Konstruktion robuster (Papier- statt Plastiktüte)
- Die dampfbremsende Schicht für die Luftdichtheit sollte innenseitig am Kernelement hinter der Installationsebene verlaufen.
- Die Außenbeplankung des Kernelements sollte so diffusionsoffen wie möglich ausgeführt werden.
- Es ist eine außen liegende winddichte Schicht vorzusehen, die gleichzeitig als zweite praktisch luftdichte Ebene zur Verhinderung von Konvektionsströmen beiträgt (siehe »Luft- und Winddichtheit«, S. 37ff.)
- Die innenseitigen Bauteilschichten sollten deutlich diffusionshemmender (Abschätzung: fünf- bis zehnfach) als die außen liegenden Bauteilschichten sein.
- Bei WDVS ist die Verwendung von mineralischen Putzen zu empfehlen

Außenseitig muss die Fassade den Beanspruchungen durch Schlagregenereignisse standhalten. Anforderungen an die Materialität des Wetterschutzes sind gemäß den Beanspruchungsgruppen in DIN 4108-3 festgelegt. Für die

7 Stahlbetonstütze
a Fußpunkt einer Stahlbetonstütze im Fassadenschnitt vor der Montage der Außenwand
b Frontansicht der Stahlbetonstütze inklusive einer Dämmebene, rechts das vorgestellte Holztafelbauelement im Schnitt
8 Führung der Luftdichtheitsebene
a bei vorgestellten Holztafelbauelementen
b bei eingestellten Holztafelbauelementen

8a
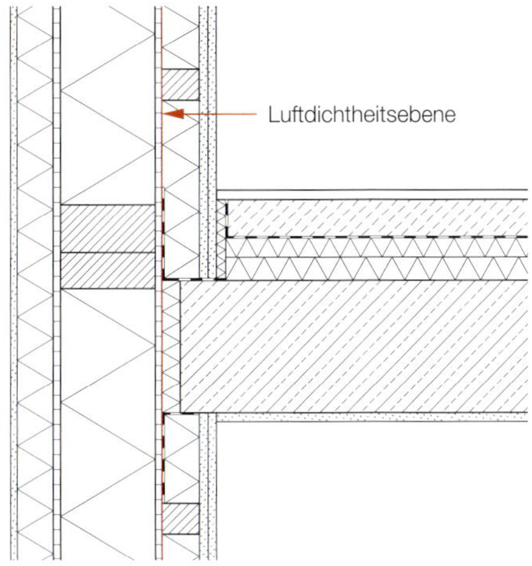

b
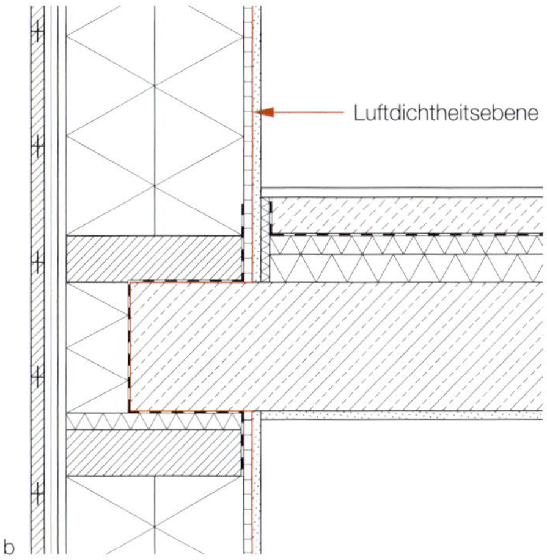

Hybridbauweise lassen sich hinterlüftete Holzfassaden oder WDVS mit wasserabweisenden Putzen auch bei höchsten Anforderungen realisieren. Zur Verbesserung der feuchtetechnischen Robustheit ist immer eine zweite wasserführende Ebene auf der Außenseite vorzusehen.

Luft- und Winddichtheit

Für den Funktionserhalt ihrer bauphysikalischen Eigenschaften ist die Gebäudehülle grundsätzlich luft- und winddicht auszuführen (siehe »Feuchteschutz«, S. 36f.). Eine ausreichende Luftdichtheit verhindert Durchströmungen von Bauteilen, die aus Luftdruckdifferenzen zwischen innen und außen resultieren (Windströmung, Lüftungsanlagen). Die Winddichtheit der Außenseite soll insbesondere verhindern, dass eine Durchströmung der Wärmedämmung durch äußere Windbeanspruchung stattfindet. Gleichzeitig dient sie als zweite Sicherung der Luftdichtheit. Eine mangelhafte Qualität der Luft- oder Winddichtheit führt häufig zur Beeinträchtigung des Feuchte-, Wärme-, Schall- und Brandschutzes der Konstruktion [6]. Für die Planung und Ausführung der Luft- und Winddichtheitsebene sollten die Anforderungen und Hinweise der DIN 4108-7 beachtet werden, die zusätzliche Beispielausführungen für Überlappungen, Anschlüsse und Durchdringungen für die unterschiedlichen Bereiche der Gebäudekonstruktion darstellt.
Die besondere Herausforderung bei der Hybridbauweise besteht in der sicheren Planung und Ausführung der Anschlussbereiche mit den unterschiedlichen Toleranzen aus dem Stahlbeton- und Holzbau. Insbesondere die Vorfertigung der Holztafelbauelemente bedingt eine sorgfältige Detaillierung (siehe »Außenwandanschlüsse«, S. 49ff.), die aber auch als wesentlichen Vorteil eine hochwertige Qualität der Holztafelbauelemente mit sich bringt, die bautypische Leckagen in der Fläche bedeutend minimiert.
Zur Sicherstellung der Funktionsfähigkeit der Wind- und Luftdichtheit sollte der Planer bei der Gebäudehülle folgende Leitsätze beachten:

- Die luftdichtende Funktion muss mindestens einer Ebene zugeordnet sein. Mehrere nicht ausreichend luftdichte Ebenen hintereinander gewährleisten keine ausreichende Luftdichtheit [7].
- Die luftdichtenden Ebenen der Gebäudehülle müssen das Gebäudeinnere ununterbrochen umschließen. Der Verlauf jeder abdichtenden Ebenen muss komplett verbunden sein [8].
- Für die Luftdichtheit eignet sich bei den Holztafelbauelementen besonders die innenseitige Bekleidung der Kernelemente. Die außen liegende, winddichte Ebene dient als zweite Sicherheit.
- Wie bei der Diffusion gilt der Grundsatz »innen dichter als außen«, im Fall der Luftdichtheit aber immer »so dicht wie möglich«.
- Bei vorgestellten Holztafelbauelementen lässt sich die luftdichtende Ebene der Gebäudehülle, z. B. verklebte OSB-Platten, direkt über die Geschossdecken hinweg führen (Abb. 8a). Ergänzend muss die Luftdichtheit zwischen den Nutzungseinheiten durch zusätzliche Abklebungen auf beiden Seiten gewährleistet sein (Rauchdichtheit, Schall- und Geruchsschutz).
- Luft- oder winddichte Ebenen haben meist eine Doppelfunktion, sie können je nach Lage im Bauteil gleichzeitig die zweite wasserführende Ebene bilden, diffusionsoffen oder diffusionsdicht sein.
- Bei eingestellten Holztafelbauelementen muss die Luftdichtheitsebene mit Folien um die eingreifenden Stahlbetonbauteile geführt werden (Abb. 8b).
- Bei der Verwendung eines WDVS muss der Putz die Funktion der Winddichtheit gewährleisten.
- Bei hinterlüfteten Fassaden muss die außenseitige Bekleidung des Kernelements die Funktion der Winddichtheit übernehmen oder durch eine geeignete, diffusionsoffene Folie ergänzt werden.

Brandschutz

Da sich die Wirksamkeit des Brandschutzes eines Gebäudes erst in der außergewöhnlichen Situation eines Brands zeigt, kann eine jahrelang unbemerkte, mangelhafte Qualität zu katastrophalen Brandereignissen führen. Eine zielgerichtete und gewissenhafte Planung und Ausführung ist daher unabdingbar. Die Ziele eines wirksamen Brandschutzes sind das Verhindern der Entstehung eines Brands, die Eindämmung von Feuer und Rauch im Brandfall, das Ermöglichen von Eigen- und Fremdrettung sowie von wirksamen Löscharbeiten [9]. Neben der Standsicherheit gehört der Brandschutz zu den wesentlichen Anforderungen, die eine akute Gefährdung für Leib und Leben ausschließen sollen.

Rechtliche Anforderungen

Der Brandschutz für Bauwerke besitzt beim Gesetzgeber einen besonderen Stellenwert. In der Musterbauordnung (MBO) sind alle allgemeinen Anforderungen an die Bauausführung und deren grundsätzliche Intention zum Sicherstellen der Schutzziele aufgeführt [10]. Für den Brandschutz werden ergänzend – im Gegensatz zu anderen Schutzzielen – in den weiteren Abschnitten der MBO detaillierte Anforderungen an das Brandverhalten von Baustoffen und die jeweilige Feuerwiderstandsdauer von Bauteilen gestellt. Die MBO gibt damit »Standard-Brandschutznachweise« für die unter-

9

9 Elementstöße zwischen Außen- und Innenwand (Trockenbau- und Massivbauwand) inklusive Abklebungen zur Vorbereitung der Estricharbeiten
10 Darstellung der Kriterien zur Einstufung in Gebäudeklassen
11 Darstellung von brandschutztechnischen Anforderungen aufgeteilt nach Bauteilen
12 brandschutztechnische Anforderungen an die Fassade von Gebäuden
13 Befestigung der Holztafelbauelemente

				besonders effizienter Bereich für die Hybridbauweise	
Gebäudeklasse	**1** [1)]	**2**	**3**	**4**	**5** [2)]
Gesamtfläche	$\leq 400\ m^2$	$\leq 400\ m^2$			
Fläche einer Nutzungseinheiten				$\leq 400\ m^2$	
Anzahl der Nutzungseinheiten	≤ 2	≤ 2			
Höhe des obersten Geschossfußboden	≤ 7 m	≤ 7 m	≤ 7 m	≤ 7 m	≤ 22 m [3)]

[1)] zusätzlich: frei stehende land- und forstwirtschaftlich genutzte Gebäude
[2)] einschließlich unterirdischer Gebäude
[3)] Gebäude mit einer Höhe des obersten Geschossfußbodens von mehr als 22 m gehören zur Gebäudeklasse 5, gelten aber zusätzlich als Hochhaus. Die Muster-Hochhaus-Richtlinie (MHHR) stellt höhere Anforderungen als die Bauordnung für die Gebäudeklasse 5, sodass die Abgrenzung der Gebäudebetrachtung im Rahmen
10 dieses Projekts bis zur Hochhausgrenze von 22 m erfolgt.

Bauteil	**Gebäudeklasse**			**Bauweise im Hybridbau**
	3	**4**	**5**	
tragende Wände, Stützen	fh	hf	fb	Stahlbeton
tragende Wände, Stützen im Kellergeschoss	fb	fb	fb	Stahlbeton
nicht tragende Außenwände	–	nb oder fh	nb oder fh	Holztafelbau
Trennwände	fh	hf	fb	Stahlbeton
Decken	fh	hf	fb	Stahlbeton
Decken im Kellergeschoss	fb	fb	fb	Stahlbeton
Brandwand / Brandwandersatzwand	hf [1)]	hf + M	fb + M	Stahlbeton

[1)] Gebäudeabschlusswände in F30 / F90-Bauweise
fh – feuerhemmend, hf – hochfeuerhemmend, fb – feuerbeständig, M – mechanischer Stoß, nb – nicht brennbar
11 ■ = Holzanwendung ohne Abweichungen von MBO möglich

Konstruktionselement	**Gebäudeklasse 1 bis 3**	**Gebäudeklasse 4 und 5**
Oberflächen (Außenwandbekleidung)	normal entflammbar	schwer entflammbar
Dämmung und Unterkonstruktion	normal entflammbar	schwer entflammbar oder normal entflammbar, wenn die Brandausbreitung ausreichend lang begrenzt wird
hinterlüftete Außenwandbekleidung	keine	Vorkehrungen zur Begrenzung der Brandausbreitung

12

schiedlichen Gebäudeklassen vor (deskriptive Mindestanforderungen).
Da Baurecht Landesrecht ist, existieren in Deutschland 16 leicht unterschiedliche Landesbauordnungen. Die Musterbauordnung (MBO), die von der Bauministerkonferenz beschlossen wird, dient als unverbindlicher Vorschlag bzw. Grundlage für die Erarbeitung der Landesbauordnungen. Im Allgemeinen muss bei Planung und Ausführung die entsprechend gültige Landesbauordnung einschließlich ergänzender Regelungen beachtet werden.
Die gesetzlichen Anforderungen an den Brandschutz sind abhängig von der Gebäudeklasse eines Bauwerks. § 2 der MBO definiert fünf Gebäudeklassen. Seit Anfang 2019 erfolgt in allen Landesbauordnungen die Einstufung von Bauwerken über die Gebäudeklasse. Kriterien sind die Gesamtfläche oder die Fläche einer Nutzungseinheit, die Anzahl der Nutzungseinheiten und die Höhe des obersten Geschossfußbodens eines möglichen Aufenthaltsraums über der mittleren Geländeoberfläche (Abb. 10).
Die brandschutztechnischen Anforderungen an Bauteile und z. B. die Rettungswege eines Gebäudes hängen von der Gebäudeklasse ab. Für höhere Gebäudeklassen gelten erhöhte Anforderungen, die das steigende Gefahrenpotenzial berücksichtigen. Diese Anforderungen beziehen sich insbesondere auf diejenigen Bauteile, die Tragfähigkeit, Raumabschluss oder beides kombiniert gewährleisten müssen. Die Feuerwiderstandsfähigkeit der Bauteile ist in die Kategorien feuerhemmend, hochfeuerhemmend und feuerbeständig unterteilt. Die bauaufsichtliche Klassifizierung berücksichtigt auch das Brandverhalten der Baustoffe, beispielsweise sind brennbare Materialien in feuerbeständigen Bauteilen nicht erlaubt. Die Anforderungen an die Gebäudeklassen 3–5 zeigt Abb. 11.

13

Die Kombination der Bauweisen im Hybridbau ist auf die Verwendbarkeit nach den rechtlichen Brandschutzanforderungen der MBO optimiert. Die Tragkonstruktion aus Stahlbeton kann die geforderten Feuerwiderstandsfähigkeiten in den verschiedenen Gebäudeklassen in der konstruktiven Ausführung relativ einfach erzielen (Betondeckung). Auch erfüllt die Stahlbetonbauweise die geforderte Baustoffklasse (nicht brennbar) für die Tragkonstruktion in der Gebäudeklasse 5. An die nicht tragenden Außenwände werden geringere brandschutztechnische Anforderungen gestellt. Sie müssen – soweit aus normal entflammbaren Materialien wie Holz – in den höheren Gebäudeklassen feuerhemmend sein. Holztafelbauelemente weisen diesen Feuerwiderstand im Prinzip systemimmanent auf. Daher ist die Hybridbauweise bis zur Hochhausgrenze (≤ 22 m) ohne Abweichung im Brandschutz umsetzbar.
An die Fassade (siehe »Aufbau der Holztafelbauelemente«, S. 8f.) werden zusätzliche Anforderungen in Bezug auf die Brennbarkeit der verbauten Materialien nach MBO [11] gestellt. Auch hier ist die Gebäudeklasse für die Festlegung der Anforderungen von Bedeutung (Abb. 12). Als bauaufsichtliches Schutzziel lässt sich dabei die Behinderung der Brandausbreitung über die Fassade ableiten.

Nachweis der Holztafelbauwände
Grundsätzlich hat der Planer hinsichtlich der Erfüllung brandschutztechnischer Anforderungen verschiedene Möglichkeiten, um die bauaufsichtliche Verwendbarkeit der nicht tragenden Holztafelbauelemente nachzuweisen. Neben normativen Regelungen zur Bemessung der Feuerwiderstandsdauer eignen sich auch herstellerspezifische Nachweise. Wesentliche Verwendbarkeitsnachweise für die Baupraxis sind:

- Anhang E der DIN EN 1995-1-2 mit Berücksichtigung des deutschen Anhangs DIN EN 1995-1-2/NA (Berechnung)
- Tabellen aus der DIN 4102-4, zukünftig anhand A1-Änderungspapier
- Allgemeines bauaufsichtliches Prüfzeugnis (herstellerabhängig)
- Allgemeine bauaufsichtliche Zulassung für Baustoffe (herstellerabhängig)
- Allgemeine bauaufsichtliche Bauartgenehmigung (herstellerabhängig)

Bei allen dargestellten Methoden kommen entweder vereinfachte Berechnungsverfahren oder tabellarische Daten zum Einsatz. Die Berechnungsverfahren lassen eine spezifischere Beurteilung des tatsächlichen Aufbaus zu. Bei tabellarischen Daten hingegen sind die Aufbauten vorgegeben und wesentliche Abweichungen ausgeschlossen.
Für die konkrete Nachweisführung der raumabschließenden Funktion der Holztafelbauelementfassade empfiehlt es sich, nur das Kernelement zu berücksichtigen (siehe »Aufbau der Holztafelbauelemente«, S. 8f.) – es müssen nicht alle Schichten des Bauteils herangezogen werden. So können die außen vor dem Kernelement liegenden Schichten vernachlässigt werden, ohne dass die Feuerwiderstandsdauer des beurteilten Kernelements beeinträchtigt wird. Zudem kann der Architekt bzw. Fachplaner durch diesen Ansatz auch die innen liegende Installationsebene (Abb. 2 und Abb. 3, S. 8) ohne brandschutztechnische Zwänge für die Leitungsführung nutzen. Die Fassade ließe sich dann auch unabhängig von der raumabschließenden Funktion auf die brandschutztechnischen Anforderungen der Bauordnung bezüglich der reinen Brandweiterleitung anpassen.
Mit dem Berechnungsverfahren nach Anhang E der DIN EN 1995-1-2 unter Berücksichtigung von DIN EN 1995-1-2/NA lässt sich die raumabschließende Funktion der Holztafelbauelementfassade der Hybridbauweise nachweisen. Dabei wird die Tragfähigkeit nicht berechnet und ist auch für die Fassadenelemente nicht erforderlich. Die raumabschließende Funktion beschreibt die Leistungseigenschaften Rauchdichtheit E und die Begrenzung des Temperaturdurchgangs I. Die Berechnungsmethode kann nur für geschlossene Holztafelbauelemente mit maximal zweilagigen Bekleidungen aus Holzwerkstoffen nach DIN EN 13986 und Gipswerkstoffen des Typs A, H und F nach DIN EN 520 verwendet werden. Als Dämmstoff können Produkte aus Mineralwolle (Stein- und Glaswolle) bewertet werden. Die maximal zulässige Bewertung der Feuerwiderstandsdauer von 60 Minuten ist für die Nachweisführung der Holztafelbauelementfassade ausreichend, weil in der Gebäudeklasse 5 bis zur Hochhausgrenze nur feuerhemmende Bauteile gefordert sind (Klassifikation REI 30 bzw. F 30-B; REI steht für R = Résistance, Tragfähigkeit; E = Étanchéité, Raumabschluss; I = Isolation, Dämmung). Abb. 15 (S. 40) veranschaulicht die Berechnungsverfahren für zwei einfache Aufbauten der Kernelemente in Holztafelbauweise.
Die Ergebnisse zeigen, dass das Kernelement die geforderte Feuerwiderstandsdauer von 30 Minuten generell erfüllen kann. Auf die Berücksichtigung der außen liegenden Fassade oder der innenseitigen Installationsebene kann verzichtet werden.
Ergänzend muss die Fassade brandschutztechnische Anforderungen erfüllen. Ab Gebäudeklasse 4 werden grundsätzlich schwer entflammbare Baustoffe im Fassadenbereich gefordert, die eine Brandausbreitung über den Fassadenbereich ausreichend begrenzen.
Für die Beurteilung eines Wärmedämmverbundsystems (WDVS) muss das her-

14

14 Außenwand mit Holzbekleidung: Zur Erfüllung des Brandschutzes wurden geschossweise Brandbarrieren in Form von Stahlblechen montiert.
15 Berechnungsbeispiele für das Kernelement der Holztafelbauelementfassade
16 mögliche Ausführungsarten von Holzfassaden bei geschossweiser Ausführung von Brandschürzen
17 brandschutztechnische Anforderungen im Anschlussbereich gemäß DIN EN 13501-2
18 schematische Darstellung des Verlaufs der 300°C-Isotherme (für Untersuchungszwecke mit einfachem Deckenaufbau)
a Holztafelbauelemente mit Glaswolle (15 kg/m³)
b Holztafelbauelemente mit Steinwolle (26 kg/m³)

	Schicht	Dicke	Material	t_{ins} [min]
Kernelement mit 200 mm Glaswolldämmung	1	15	OSB (EN 13986)	13,9
	2	200	Glaswolle (EN 13162)	18
	3	16	MDF (EN 13986)	15,5
				47,3
Kernelement mit 200 mm Steinwolldämmung	1	15	OSB (EN 13986)	13,9
	2	200	Steinwolle (EN 13162)	40,0
	3	16	MDF (EN 13986)	86,2
				> 60

Bei der Berechnung wurde für den Fugenbeiwert kj = 1,0 angesetzt, das bedeutet, dass die Fugen entsprechend durch Latten oder Holzrippen der Konstruktion hinterlegt sind.

15

Bekleidungstyp	Baustoff/Bauteil	Beispiel	Ausrichtung	Tiefe der Hinterlüftungsebene [mm]	Mindestüberstand [mm] ≥ 200	≥ 100	≥ 50	≥ 20
flächiger Holzwerkstoff	• Rohdichte ≥ 330 kg/m³ • Fläche geschlossen • Plattendicke ≥ 18 mm • Kantenlänge ≥ 200 mm • Plattenfläche ≥ 0,20 m²	• Massivholzplatten • Brettsperrholz • Furniersperrholz • OSB • Holzspanplatten	horizontal/vertikal	≤ 100	■	■	■	■
formschlüssige Schalung	• Entlastungsnuten: Restdicke ≥ 10 mm Abstand Nuten ≥ 30 mm • Beplankungsdicke ≥ 18 mm • Brettbreite: markfrei ≤ 160 mm halbrift oder rift ≤ 250 mm	• Schalung Nut und Feder • Deckleistenschalung mit Profil • Nut und Feder	horizontal/vertikal	≤ 100	■	■	■	■
kraftschlüssige Schalung	• Entlastungsnuten: Restdicke ≥ 10 mm Abstand Nuten ≥ 30 mm • Beplankungsdicke ≥ 18 mm • Brettbreite frei	• Schalung überfälzt • T-Leistenschalung	horizontal	≤ 100	■	■	■	
			vertikal	≤ 100	■	■		
offene Schalung	• Brettdicke ≥ 18 mm • Brettquerschnittsfläche ≥ 1000 mm² • Dicke von Abdeckleisten ≥ 10 mm • Brettbreite frei	• offene Schalung • Leistenschalung • Deckelschalung • Stülpschalung • Deckleistenschalung	horizontal	≤ 100	■	■		
			vertikal	≤ 100	■			

■ = brandsichere Fassadenkonstruktionen durch äquivalente Erfüllung des baurechtlich gestellten »B1«-Schutzziels möglich

16

stellerspezifische Nachweisdokument das Brandverhalten im eingebauten Zustand deklarieren. Häufig variieren die konstruktiven Maßnahmen zur Erreichung des geforderten Brandverhaltens des gesamten Systems mit der Dämmdicke des WDVS. Holz gilt nach DIN 4102-4 als normal entflammbar, weshalb für Fassaden aus Holz weiterführende konstruktive Maßnahmen eine äquivalentes Verhalten zu den Anforderungen der jeweiligen Landesbauordnung nachweisen müssen. Das Risiko bei der Verwendung von Holz in den Oberflächen von Außenwänden einschließlich ihrer Unterkonstruktion besteht in der Möglichkeit, dass Holz zur Brandausbreitung über die Fassade vor dem Eintreffen der Feuerwehr und dem Beginnen der Löscharbeiten beiträgt. Die kritischen Ausbreitungspfade des Brands liegen hierbei in der Hinterlüftungsebene und an der Fassadenoberfläche. Zum Erreichen bauaufsichtlich geforderter Schutzziele sind bei Holzfassaden geschossweise horizontale Brandbarrieren anzuordnen. Diese Brandbarrieren müssen je nach Fassadentyp ausreichend weit über die Vorderkante der Fassadenoberfläche stehen (Abb. 16) und an der hinter der Fassade liegenden brandschutztechnisch wirksamen, nicht brennbaren Schicht befestigt sein. Die Brandausbreitung über die Fassade lässt sich somit durch geeignete Konstruktionsweise und Detailplanung auch für Holzfassaden als System ausreichend lange begrenzen, sodass die bauaufsichtlich geforderten Schutzziele eingehalten werden und die technisch gleichwertige Lösung zu schwer entflammbaren Fassadenkonstruktionen vorliegt [12].

Nachweis der Stahlbetonbauteile

Bei der Hybridbauweise besteht das Tragwerk durchgängig aus Stahlbeton. Besonders in den Gebäudeklassen 4 und 5 vereinfacht die Verwendung von Stahlbeton die Erfüllung der brandschutztechnischen

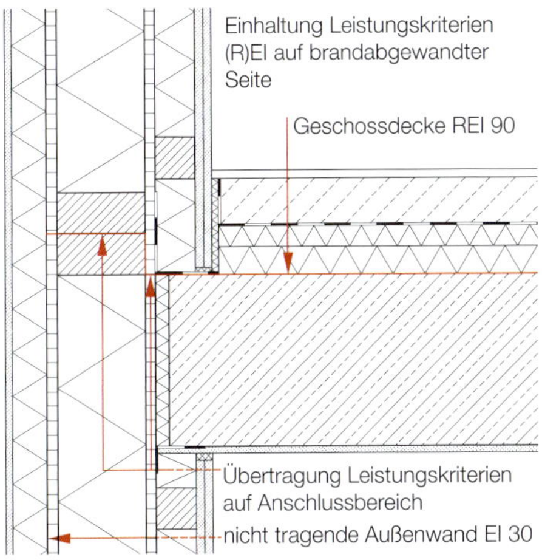

7

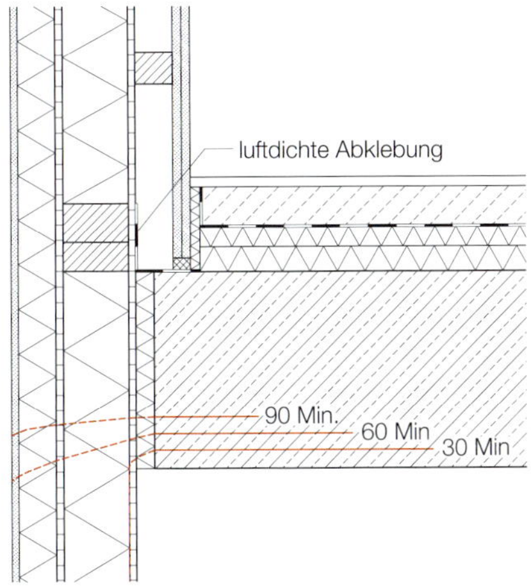

18 a

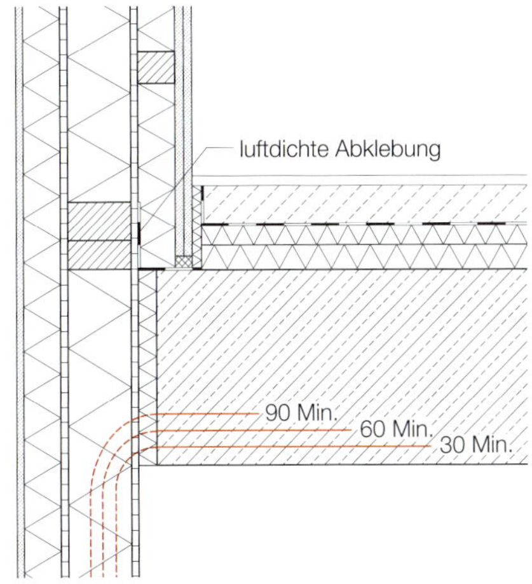

b

Anforderungen an das Tragwerk. Stahlbeton ist nicht brennbar und lässt sich daher für feuerbeständige Bauteile verwenden. Die Feuerwiderstandsdauer von Stahlbetonbauteilen hängt vor allem von der Betonüberdeckung der Bewehrungsstähle ab und wird hinsichtlich der Tragfähigkeit im Brandfall vom Tragwerksplaner bemessen. Wesentliche Normen für die Beurteilung der Feuerwiderstandsdauer von Stahlbetonbauteilen sind:

- DIN EN 1992-1-2 (Eurocode 2) mit Berücksichtigung des deutschen Anhangs DIN EN 1992-1-2/NA
- DIN 4102-4

Die Nachweisführung der Feuerwiderstandsdauer von Bauteilen aus Stahlbeton erfolgt über tabellarische Daten, vereinfachte oder allgemeine Rechenverfahren. Die Hybridbauweise hat keine Auswirkung auf die normative Nachweisführung der Stahlbetonbauteile, der brandschutztechnische Planungsaufwand für das Tragwerk bleibt identisch.

Brandwege im Anschlussbereich

Durch die bei der Hybridbauweise verwendeten, nicht tragenden Holztafelbau-Außenwandelemente ergeben sich für diese und die Tragkonstruktion aus Stahlbeton unterschiedliche Anforderungen an den Feuerwiderstand (siehe »Rechtliche Anforderungen«, S. 37ff.). Die Anschlussbereiche zwischen den Bauteilen sind daher besonders zu betrachten (Abb. 17). Besonders in der Gebäudeklasse 5 besteht der brandschutztechnische Konflikt im Anschluss der feuerhemmenden Außenwand mit den feuerbeständigen Bauteilen der Tragkonstruktion. Neben den horizontalen Anschlüssen der Fassadenelemente an die Decken sind auch die vertikalen Anschlüsse an Trennwände von Nutzungseinheiten, Treppenraumwänden und Brandwänden oder Brandwandersatzwänden davon betroffen (siehe »Vertikale Anschlüsse«, S. 64ff.). § 28 MBO fordert einen Anschluss der Fassadenelemente an die Stahlbetonbauteile, sodass eine Brandübertragung innerhalb der Außenwandbauteile über die Geschossdecken hinweg ausreichend lang begrenzt ist. Rechtlich muss der Anschluss den Feuerwiderstand gemäß den Anforderungen an die Außenwand erfüllen. Bei diesen Anschlüssen sind die Brandnebenwege durch nicht brennbare Fugendämmung (Mineralwolle mit Schmelzpunkt ≥ 1000 °C nach DIN 4102-17 und Rohdichte ≥ 30 kg/m²) zu behindern. Die vorhandenen Fugen zwischen der Geschossdecke und den Fassadenelementen sind luftdicht abzukleben. Die luftdichte Abklebung im Innenbereich auf der jeweils brandabgewandten Seite übernimmt im Brandfall die Funktion der Rauchdichtheit. Daher ist eine Abklebung an der Unter- und der Oberseite der Geschossdecke erforderlich.
Zum besseren Verständnis der Anschlüsse zeigt Abb. 18 die Temperaturprofile einer einseitig brandbeanspruchten Decke mit einer Dicke von 200 mm aus DIN 1992-1-2. Für die verschiedenen Feuerwiderstandsdauern von 30, 60 und 90 Minuten sind die 300 °C-Isotherme der Stahlbetondecke dargestellt, die auf die Holztafelbauelemente übertragen und dort als Abschätzung der Grenze für den zu erwartenden Abbrand gelten.
Die dargestellten Verläufe der Isotherme zeigen die zu erwartende Temperaturverteilung im Bereich der Anschlüsse. Nach 90 Minuten Brandbeanspruchung sind bei beiden Situationen die Brandauswirkungen auf die Anschlussstelle nebensächlich und daher können beide den geforderten Feuerwiderstand der Stahlbetontragkonstruktion einhalten [13]. Die luftdichte Abklebung ist dabei von essenzieller Bedeutung, denn weil ein Durchbrand nicht zu erwarten ist, muss die Rauchdichtheit gewährleistet sein.

Schallschutz

Im Folgenden werden allgemein die Anforderungen an den Schallschutz im Hochbau für Deutschland behandelt sowie im Speziellen die Besonderheiten und Nachweismöglichkeiten für die hier beschriebene Hybridbauweise.

Anforderungen an den Schallschutz

Der Schallschutz im Hochbau ist in Deutschland wegen der zunehmend verdichteten Bauweise und der innerstädtisch vorhandenen hohen Außenlärmbelastungen ein wesentliches Kriterium zur Schaffung eines gesunden Wohn- und Arbeitsumfelds.

Mindestschallschutz nach DIN 4109
In Deutschland enthält im Wesentlichen DIN 4109-1 die entsprechenden bauaufsichtlichen Anforderungen, die den Schallschutz im Gebäudeinneren inklusive der Lärmentwicklung von gebäudetechnischen Anlagen sowie den Schallschutz gegen Außenlärm betreffen. Die Anforderungen bestehen unabhängig von der Bauweise und sind als Mindestschallschutz auch ohne weitere vertragliche Regelungen einzuhalten.
Zur Quantifizierung des Schallschutzes innerhalb des Gebäudes werden die Kenngrößen R'_w (bewertetes Bau-Schalldämmmaß) für den Luftschallschutz sowie $L'_{n,w}$ (bewerteter Norm-Trittschallpegel) für den Trittschallschutz verwendet. Der Schallschutz beinhaltet hierbei sämtliche Schallübertragungen von Raum zu Raum, d.h. neben dem direkt übertragenen Luft- und Trittschall auch den über flankierende Wände und Decken übertragenen Schall (Flankenschall). Anforderungswerte aus DIN 4109-1 zeigt auszugsweise Abb. 19 (S. 42).
Die Anforderung an den Schallschutz gegen Außenlärm wird in Abhängigkeit vom maßgeblichen Außenlärmpegel L_a

Haustyp/Bauteil	Anforderungen nach DIN 4109	Schallschutz nach VDI 4100 Schallschutzstufe		
		I	II	III
Luftschall Trennwand	$R'_w \geq 53$ dB	$D_{nT,w} \geq 56$ dB	$D_{nT,w} \geq 59$ dB	$D_{nT,w} \geq 64$ dB
Luftschall Trenndecke	$R'_w \geq 54$ dB	$D_{nT,w} \geq 56$ dB	$D_{nT,w} \geq 59$ dB	$D_{nT,w} \geq 64$ dB
Trittschall Trenndecke	$L'_{n,w} \leq 50$ dB (≤ 53 dB)	$L'_{nT,w} \leq 51$ dB	$L'_{nT,w} \leq 44$ dB	$L'_{nT,w} \leq 37$ dB

19 in Klammern Sonderregel für Holzbau und Sanierung beim Trittschall

19 Anforderungen und Zielwerte für die Luft- und Trittschalldämmung von Innenbauteilen, exemplarisch für Wohnungstrennwände und -decken in Mehrfamilienhäusern nach DIN 4109 sowie erhöhter Schallschutz nach VDI 4100:2012-10
20 Schalldämmung einer Trennwand, Darstellung der Schallübertragungswege, direkt Dd und über flankierende Bauteile Df, Fd und Ff bei Luftschallanregung.
21 Beschreibung Außenwandkonstruktion und Anbindung an das Trennbauteil

für das gesamte bewertete Bau-Schalldämmmaß $R'_{w,ges}$ je nach Art der Raumnutzung über den Formelzusammenhang $R'_{w,ges} = L_a - K_{Raumart}$ festgelegt, wobei $K_{Raumart}$ Zahlenwerte von 25 dB (Bettenräume in Krankenhäusern), 30 dB (Aufenthaltsräume in Wohnungen) und 35 dB (Büroräume) annimmt. Ein zusätzlicher Korrektursummand K_{AL} berücksichtigt die geometrischen Randbedingungen vor Ort, d.h. das Verhältnis von Raumvolumen zu Außenfläche. Das gesamte bewertete Bau-Schalldämmmaß $R'_{w,ges}$ beinhaltet die Schallübertragungen durch alle Bauteile der Gebäudehülle, d.h. durch Außenwand, Fenster, Fenstertür etc.

Erhöhter Schallschutz im Wohnungsbau nach VDI 4100
Eine generelle und pauschale Planung der Schallschutzmaßnahmen im Wohnungsbau allein nach den Mindestanforderungen der DIN 4109 hat in den letzten Jahren vielfach Kritik hervorgerufen und führte in der Folge auch zu Grundsatzurteilen des BGH [14]. Daher werden im privatrechtlichen Vertragsverhältnis regelmäßig auch Zielwerte für einen Schallschutz vereinbart, die über den in DIN 4109 geforderten Mindestschallschutz hinausgehen. Richtwerte für einen erhöhten Schallschutz im Gebäudeinneren für den Wohnungsbau enthält z.B. die Richtlinie VDI 4100, die drei Schutzniveaus (Schallschutzstufen) definiert (Abb. 19). Für eine Planung des erhöhten Schallschutzes nach VDI 4100 ist allerdings zu beachten, dass die Planungswerte in der aktuellen Fassung dieser Richtlinie auf die nachhallzeitbezogenen Kenngrößen $D_{nT,w}$ (Standard-Schallpegeldifferenz) und $L'_{nT,w}$ (Standard-Trittschallpegel) umgestellt wurden, was einen planerischen Mehraufwand erfordert, da die vor Ort vorliegenden geometrischen Randbedingungen (Raumvolumina, Trennbauteilfläche, Prüfrichtung) mit in die Betrachtung einfließen.

Nachweisverfahren
Der Nachweis des Schallschutzes nach DIN 4109 erfolgt in der Regel über eine Nachweisberechnung. Die Vorgaben hierzu sind in Teil 2 der DIN 4109 festgelegt. Die Eingangsdaten für die Berechnung werden entweder dem Bauteilkatalog (DIN 4109 Teile 31 bis 36) entnommen oder können aus Laborprüfungen gewonnen werden. Auch Angaben in Leistungsdeklarationen entsprechend nationaler Zulassungen, einer CE-Kennzeichnung auf Basis einer europäisch harmonisierten Produktnorm oder einer Europäischen Technischen Bewertung (ETA) lassen sich als Eingangsdaten vom Schallschutzfachplaner verwenden. Im Zusammenhang mit Holzaußenwänden im Hybridbau bestimmen im Wesentlichen der Luftschallschutz im Gebäudeinneren und der Schallschutz gegen Außenlärm die Qualität des Schallschutzes, weshalb nachfolgend diese beiden Aspekte im Fokus der Betrachtung stehen.

Schallschutz zwischen Räumen unter Berücksichtigung der Flankenschallübertragung
Für einen Nachweis des Luftschallschutzes muss der Schallschutzfachplaner die Schallübertragungen über die verschiedenen Wege (direkter Schalldurchgang durch das Trennbauteil und Flankenschallübertragung, Abb. 20) zusammenrechnen. Dabei sind auch die geometrischen Randbedingungen wie Flächen und Kantenlängen der beteiligten Bauteile gemäß DIN 4109-2 zu berücksichtigen.
Folgende Schallübertragungswege sind relevant:
- Direkt übertragener Schall durch Trennbauteil, charakterisiert durch bewertetes Schalldämmmaß R_w, bei Einsatz von Massivbauteilen (z.B. in Beton- oder Mauerwerksbauweise) über die flächenbezogene Masse. Je höher die flächenbezogene Masse, umso besser der Schallschutz.
- Flankenschall über Außenbauteile, charakterisiert durch bewertete Norm-Flankenschallpegeldifferenz $D_{n,f,w}$, abhängig von Aufbau der Außenwand, Anschluss an Trennbauteil und Ausführung der Einbaufuge (siehe z.B. »Flanken- und Luftschalldämmung bei Holzwänden im Hybridbau«, S. 43f.). Der Flankenschall über Außenbauteile lässt sich beispielsweise über eine Entkopplung der Außenwandelemente (auch durch

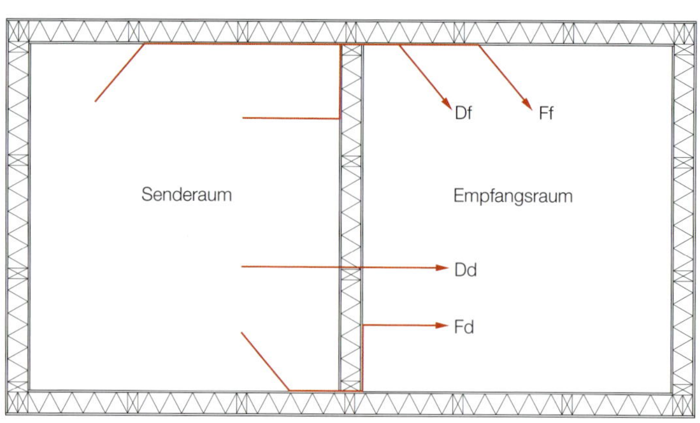

20

Konstruktion	Beschreibung
Kernelement	15 mm Holzwerkstoffplatte DHF (diffusionsoffene, feuchtebeständige Holzfaserplatte) 60/140 mm Holzständer mit Mineralfaserdämmstoff 15 mm Holzwerkstoffplatte P7 (geeignet für tragende Zwecke im Feuchtbereich)
Vorsatzschale	optional direkt montiert oder frei stehend mit 1 oder 2 Lagen 12,5 mm Gipsbauplatte (GKB-Platten)
Stoßstelle	Außenwand vorgestellt oder eingestellt
Ausführung der Fuge zum Trennbauteil	vollvolumig ausgefüllt mit Mineralfaserdämmstoff, optional beidseitige Abdichtung mit Multifunktionsband oder plastischem Dichtstoff

21

raumweise getrennte Montage der Elemente) verbessern.

- Flankenschall über Innenbauteile, charakterisiert durch bewertete Norm-Flankenschallpegeldifferenz $D_{n,f,w}$ bzw. durch Flankendämmmaße $R_{Fd,w}$ und $R_{Df,w}$ (wenn hier Massivbauteile beteiligt sind), abhängig von Aufbau der Innenbauteile, flächenbezogenen Massen, Anschlüsse an Trennbauteil und Ausführung der Einbaufuge (wird im Weiteren nicht diskutiert, da hier nicht relevant)

Aus dem Anforderungswert des Luftschallschutzes, also dem bewerteten Bau-Schalldämmmaß R'_w, lässt sich damit nicht direkt eine Anforderung an die Flankenschalldämmung in Form einer $D_{n,f,w}$ ableiten. Mithilfe einer in DIN 4109-2 [15] formulierten Regel kann man aber einen Zielwert für $D_{n,f,w}$ abschätzen, der im Zahlenwert um 7 dB höher liegt als das erforderliche Schalldämmmaß R'_w. Damit ergibt sich für einen Anforderungswert von R'_w = 54 dB ein Zielwert von $D_{n,f,w}$ = 61 dB.

Schallschutz gegen Außenlärm
Für die Nachweisberechnung zum Schallschutz gegen Außenlärm muss das gesamte bewertete Bau-Schalldämmmaß R'_w ermittelt werden. Dazu werden die Schallenergieflüsse durch die einzelnen Komponenten der Gebäudehülle (z.B. Außenwand, Fenster, Lüftungseinrichtung etc.) energetisch aufsummiert. Näheres regelt DIN 4109-2.
Weiterhin besteht die Möglichkeit, schalltechnische Einflüsse durch die Einbausituation der Fenster rechnerisch zu berücksichtigen. Dazu benötigt man ein Fugenschalldämmmaß der Einbausituation, das rechnerisch in die Bestimmungsgleichung für das resultierende Schalldämmmaß miteinfließt. DIN 4109-2 [16] enthält Informationen, ob eine Einbausituation als schalltechnisch kritisch oder unkritisch zu bewerten ist. Bei schalltechnisch als unkritisch bewerteten Einbausituationen ist kein »Einrechnen« der Fugenschallübertragung über die Einbaufuge erforderlich. Kritisch sind Situationen, bei denen sich das Fenster in der Wärmedämmebene (z.B. in einem WDVS) befindet.

Sicherheitskonzept
Um Unsicherheiten bei der Anwendung von Messwerten und Tabellenwerten aufzufangen, formuliert DIN 4109 ein Sicherheitskonzept. Dazu erfolgt die Berechnung der schalltechnischen Kenngrößen R'_w und $L'_{n,w}$ zunächst mit den Laborprüfwerten bzw. mit den Kennwerten aus dem Bauteilkatalog oder einer Zulassung, ETA oder dem CE-Kennzeichen (siehe »Nachweisverfahren«, S. 42). Die Berücksichtigung der Unsicherheiten erfolgt anschließend durch den Sicherheitsbeiwert u_{prog}, der auf das Berechnungsergebnis für die Luftschalldämmung einer Bausituation aufgeschlagen oder von ihm abgezogen wird (bauaufsichtliche Regelung mit Erweiterungsfaktor k = 1).
Berücksichtigung Sicherheitsbeiwert u_{prog} bei der Luftschalldämmung einer Bausituation:
$R'_w - u_{prog} \geq$ erf. R'_w in [dB] für Schallschutz im Gebäudeinneren mit u_{prog} = 2 dB (Regelfall)
$R'_{w,ges} - u_{prog} \geq$ erf. $R'_w + K_{AL}$ in [dB] für Schallschutz gegen Außenlärm mit u_{prog} = 2 dB

Flanken- und Luftschalldämmung bei Holzwänden im Hybridbau
Im Rahmen einer Studie der Technischen Universität München wurde die Flankenschalldämmung von Außenwänden in Holztafelbauweise in horizontaler und vertikaler Richtung zum Einsatz in Hybridbauten überprüft [17]. Eine Übersicht über den Probekörper und die geprüften Varianten zeigt Abb. 21.

Flankenschalldämmung der Grundkonstruktion in Abhängigkeit von der Bauweise
Exemplarische Werte der Flankenschalldämmung $D_{n,f,w}$ ausgewählter Konstruktionen zeigt Abb. 24 (S. 45). Die in der Studie gemessenen Werte der Flankenschalldämmung sind grundsätzlich mit denen aus dem Bauteilkatalog in DIN 4109-33 vergleichbar, wobei hier wegen unterschiedlicher Konstruktionsdetails (z.B. Beplankungsmaterialien, Ausführung Einbaufuge, Elementkopplung etc.) im Einzelfall Unterschiede auftreten. Da die im Objektfall eingesetzten Wandkonstruktionen von den geprüften Konstruktionen abweichen, sind im nachfolgenden Abschnitt »Luftschalldämmung zum Schutz gegen Außenlärm« (S. 46) Hinweise zur Übertragung von Schalldämmwerten sowie allgemeine Empfehlungen für eine verbesserte Schalldämmung solcher Konstruktionen aufgeführt. Projektbeispiele mit exemplarischen Konstruktionen und Anschlussdetails finden sich unter »Außenwandanschlüsse« (S. 49ff.).

Wendet man die oben angegebene Regel für die Abschätzung von $D_{n,f,w}$ an, so ergeben sich bei den Mindestanforderungen nach DIN 4109 Zielwerte für die horizontale Flankenschalldämmung von $D_{n,f,w}$ = 60 dB und für die vertikale Flankenschalldämmung von $D_{n,f,w}$ = 61 dB. Diese können mit den oben beschriebenen Außenwänden in Holzbauweise – teilweise mit Zusatzmaßnahmen – erreicht werden.

Flankenschallübertragung – akustisch wirksame Verbesserungsmaßnahmen
Die Flankenschalldämmung einer Holzfassade wird maßgeblich durch ihre Konstruktionsdetails bestimmt. Für die verschiedenen Anschlusspunkte können folgende Vorgaben und Hinweise gemacht werden.

22

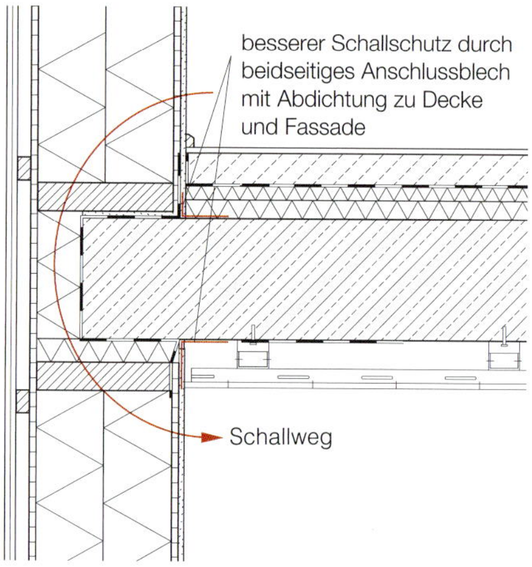

Ausführung der Einbaufuge

Die Schallübertragung von Raum zu Raum erfolgt nicht nur über Trenndecke oder -wand und die flankierende Außenfassade, sondern auch über die Einbaufuge zwischen Außenfassade und Trennbauteil. Um diese Schallübertragungen zu eliminieren, reicht es nicht aus, die Fuge vollvolumig mit Faserdämmstoff auszustopfen. Sie muss zusätzlich noch beidseitig abgedeckt und abgedichtet werden. Im Forschungsprojekt der TU München [18] wurde nur der Effekt durch eine beidseitig angebrachte Bauanschlussfolie untersucht. Bei höheren Anforderungen an die Schalldämmung und abhängig von Fugenbreite und -tiefe kann es erforderlich sein, zusätzliche Blechabdeckungen (z. B. Stahlblech als Abdichtung an Fassade und Trennbauteil) oder Abschottungen mit z. B. Bauplatten einzuplanen. Raumseitige Abdeckungen durch bauliche Leistungen (z. B. Fußbodenaufbau, abgehängte Decke etc.) können eine zusätzliche Verbesserung der Flankenschalldämmung bringen (Abb. 22). Eine quantitative Aussage zum Verbesserungspotenzial dieser Maßnahmen ist in diesem Zusammenhang jedoch nicht möglich und müsste im Einzelfall durch eine Objektprüfung nachgewiesen werden.

Einbausituation der Außenwand

Die Ausführung der Fassade als vorgestellte oder eingestellte Außenwand hat einen großen Einfluss auf die Flankenschalldämmung.
Insbesondere bei der vertikalen Flankenschalldämmung ist für die vorgestellte Außenwand mit einer deutlich erhöhten Flankenschallübertragung im Vergleich zur eingestellten Wand zu rechnen (Abb. 23). Für den Fall der vorgestellten Außenwand sind noch zusätzliche Maßnahmen wie z. B. raumseitige Vorsatzschalen notwendig, um die Anforderungen an den Mindestschallschutz zu erfüllen.
Für die horizontale Flankenschalldämmung ist der Unterschied zwischen beiden Einbauweisen nicht so ausgeprägt, vorausgesetzt der Anschluss erfolgt an einem durchgehenden Elementstoß der Außenwände. Ein Trennwandanschluss in Elementmitte wurde im Rahmen der Studie nicht untersucht, sodass eine Prüfung im Einzelfall erforderlich wäre.

Einfluss durch Vorsatzschalen

Insbesondere bei vorgestellten Außenwänden ist der Einsatz von raumseitigen Vorsatzschalen erforderlich, um den Schalleintrag in die Außenwandkonstruktion abzuschotten. Dabei sind frei stehende Vorsatzschalen (z. B. Gipskartonbauplatte auf separatem Metallständerwerk) vorteilhafter als Vorsatzschalen, die direkt an der Außenwand befestigt sind – auch wenn diese Bauweise schon ausreichen würde, den Mindestschallschutz nach DIN 4109 zu erfüllen. Abb. 24 und 25 (S. 46) zeigen beispielhaft Messergebnisse von vorgestellten Außenwänden.

Kopplung der Wandelemente

Die Messungen erfolgten in der Regel ohne äußere Wärmedämmung auf den Holzwänden. In der Praxis führt eine Überdeckung der Außenwand durch eine Wärmedämmung zu einer zusätzlichen Kopplung der Wandelemente und damit zu einer reduzierten Flankenschalldämmung. Für einzelne Konstellationen wurde diese Kopplung der Wandelemente durch eine außen liegende DHF-Platte nachgebildet. In Abb. 24 sind als Beispiel Messergebnisse von vorgestellten Außenwänden (mit Vorsatzschale) dargestellt:

- Außenwand in benachbarten Räumen ohne Kopplung $D_{n,f,w}$ = 71 dB (siehe Zeile 1 in Abb. 24)
- Außenwand in benachbarten Räumen über DHF-Platte gekoppelt $D_{n,f,w}$ = 66 dB (siehe Zeile 2 in Abb. 24)

23

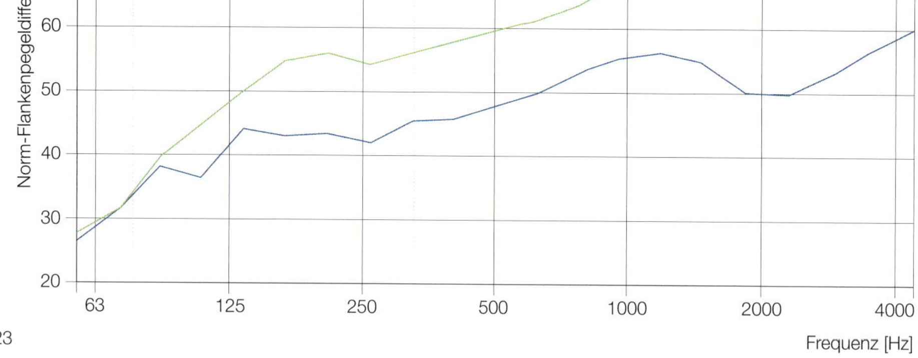

Grundkonstruktion:
Kernelement, Einbaufuge mit Mineralwolle ausgefüllt und beidseitig mit Dichtungsband abgeklebt, ohne Überbrückung durch WDVS, ohne Vorsatzschale

Einfluss durch Einbaulage:
grüne Kurve:
eingestelltes Kernelement
$D_{n,f,w}$ = 64 dB

blaue Kurve:
vorgestelltes Kernelement
$D_{n,f,w}$ = 51 dB

Bei einer vorgestellten Fassade, bei der die Lastabtragung über Elemente in den darunterliegenden Geschossen erfolgt, wird dieser Einfluss auf die vertikale Flankenschalldämmung als gering eingeschätzt. In anderen Fällen, bei denen ein hoher Schallschutz erforderlich ist, empfiehlt es sich hingegen, die konstruktive Trennung der Fassadenelemente bis über die Dämmebene hinaus durchzuziehen.

Modifikation der Wandkonstruktion
Die Prüfungen der Flankenschalldämmung erfolgten an einer einfachen Holzständerwand mit raumseitiger Beplankung aus 15 mm Spanplatte. Dies repräsentiert eine schalltechnisch eher ungünstige Konstellation, sodass sich die Ergebnisse auch auf andere Wandkonstruktionen übertragen lassen, bei denen z. B. noch zusätzliche raumseitige Beplankungen oder Installationsebenen aufgebracht sind. Auch der Einbau von Fensterkonstruktionen in die Außenwandelemente wirkt sich positiv bzw. neutral auf die Flankenschalldämmung aus.

Luftschalldämmung zum Schutz gegen Außenlärm
Eine Untersuchung der Schalldämmung gegen Außenlärm muss im Einzelfall

Kurzbeschreibung der Übertragungsrichtung und Anschlusssituation	**Darstellung in Horizontal- und Vertikalschnitt**	**Ergebnis der Messung der Flankenschalldämmung $D_{n,f,w}$ (C; Ctr)** [1]
horizontale Flankenschalldämmung einer vorgestellten Außenwand mit direkt montierter Vorsatzschale (1 Lage 12,5 mm GKB)	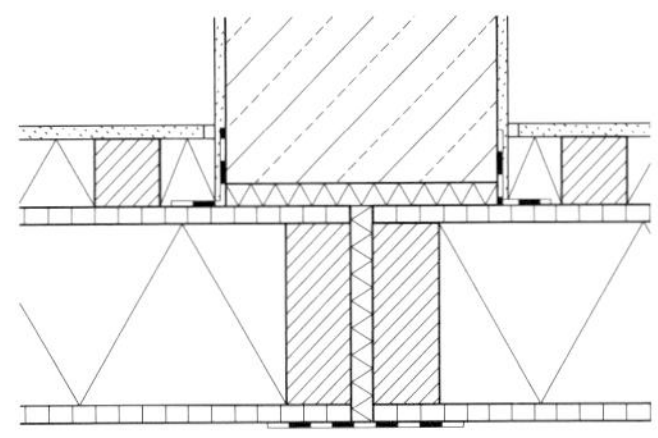	71 (-3; -9) dB
horizontale Flankenschalldämmung einer vorgestellten Außenwand mit direkt montierter Vorsatzschale (1 Lage 12,5 mm GKB), Außenwände gekoppelt über DHF-Platte (vergleichbar mit einer Kopplung durch ein WDVS)	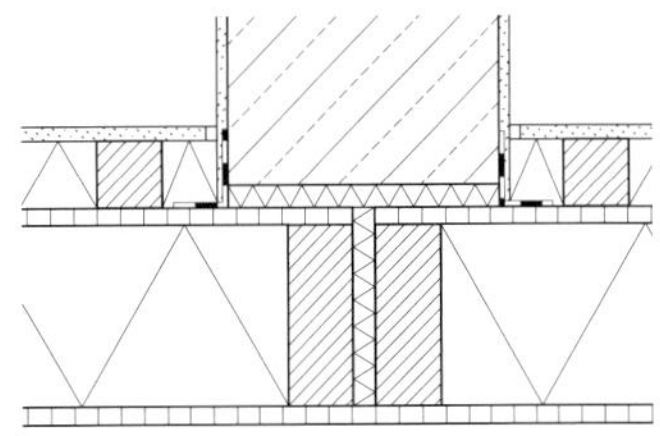	66 (-2; -8) dB [2]
horizontale Flankenschalldämmung einer eingestellten Außenwand ohne Vorsatzschale, Außenwände gekoppelt über DHF-Platte (vergleichbar mit einer Kopplung durch ein WDVS)	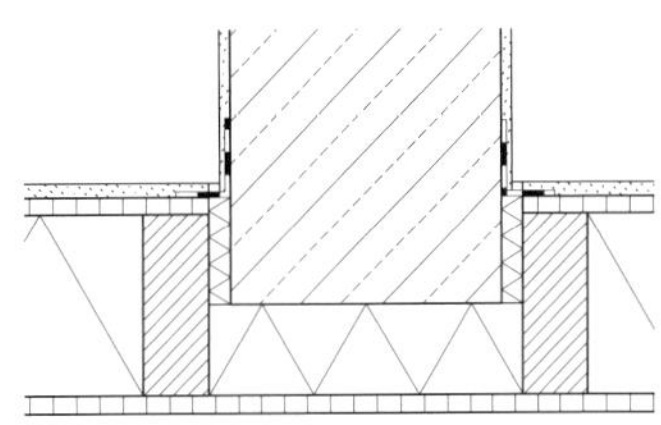	60 (-3; -7) dB [2]
Vertikalschnitt eines Trenndeckenanschlusses: vertikale Flankenschalldämmung einer vorgestellten Außenwand mit direkt montierter Vorsatzschale (2 Lagen 12,5 mm GKB) (bei frei stehender Vorsatzschale verbessert sich der Schallschutz; siehe Werte in Klammern)	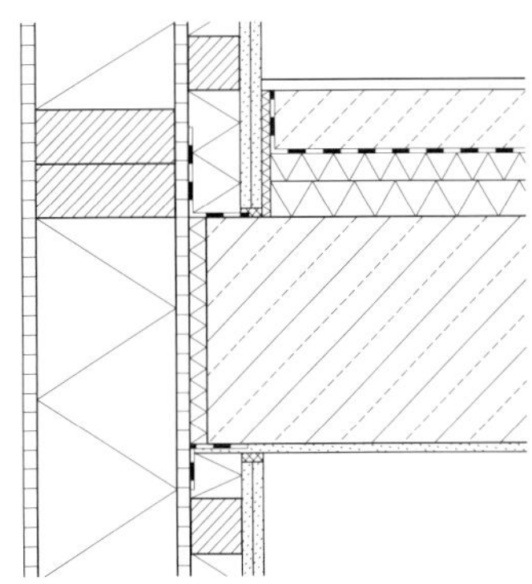	66 (-2; -7) dB (69 (-1; -6) dB)
Vertikalschnitt eines Trenndeckenanschlusses: vertikale Flankenschalldämmung einer eingestellten Außenwand ohne Vorsatzschale	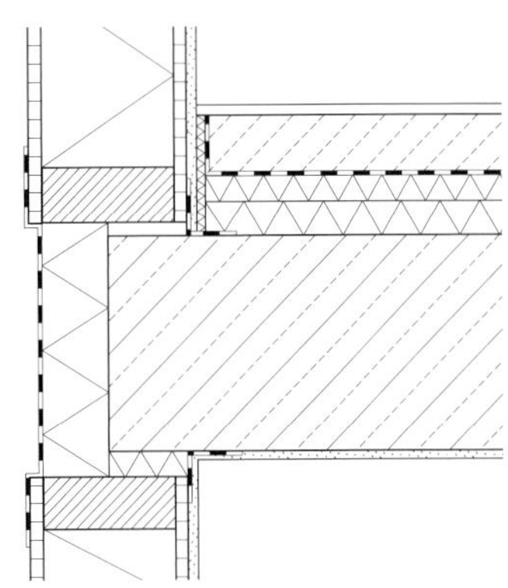	64 (-1; -5) dB

Für alle dargestellten Anschlüsse gilt, dass die Einbaufuge vollständig mit Mineralfaser ausgefüllt und beidseitig mit einem Polyethylen-Klebeband abgedichtet ist.
Die Vorsatzschale, wenn vorhanden, war umlaufend gegen den Baukörper abgedichtet.
[1] C und Ctr werden als Spektrum-Anpassungswerte bezeichnet. Sie werden als Zusatzangaben nach Prüfnorm ausgewertet und können herangezogen werden, um die schalltechnische Eignung von Bauteilen gegenüber besonderen Lärmsituationen (z. B. Lärm von Wohnaktivitäten, Straßenverkehrslärm) zu beurteilen. Sie werden zum Nachweis in Deutschland nach DIN 4109 nicht benötigt.
[2] Bei einzelnen Konstellationen waren die Außenwände in den benachbarten Räumen durch eine DHF-Platte gekoppelt.

24

22 Verbesserung der Flankenschalldämmung durch Zusatzmaßnahmen und bauseitige Leistungen (Anschlussbleche mit Abdichtung, Fußbodenaufbau, abgehängte Decke). Die Verbesserungsmaßnahmen sind exemplarisch an einer eingestellten Außenwand (ohne Vorsatzschale) dargestellt.
23 Schalldämmkurve für vertikale Flankenschalldämmung mit Vergleich eingestellter zu vorgestellter Außenwand: Die Schalldämmkurve zeigt die Flankenschalldämmung als Funktion der Frequenz vom tieffrequenten Bereich bei 50 Hz bis zu hohen Frequenzen bei 5 kHz. Mit dem eingestellten Kernelement wird eine im Frequenzbereich von 100 Hz bis 5 kHz deutlich verbesserte Flankenschalldämmung im Vergleich zur vorgestellten Außenwand erreicht.
24 horizontale und vertikale Flankenschalldämmung von Außenwandkonstruktionen für Gebäude in Hybridbauweise (geprüfte Werte aus Projektbericht TU München, 2016)

erfolgen. Bauteilkennwerte für die Wände enthält der Bauteilkatalog in DIN 4109 [19]. Sind in der Außenfassade Fenster integriert, so ist deren Schalldämmung über die Regeln der Produktnorm DIN EN 14351-1 nachzuweisen, was auf einen tabellarischen oder messtechnischen Nachweis hinausläuft. Beim Tabellennachweis bestimmt sich die Schalldämmung des Fensters im Wesentlichen durch die Schalldämmung der Verglasung. Für eine planerische Abschätzung der Schalldämmung von Fenstern kann auch die Fenstertabelle 1 aus DIN 4109-35 verwendet werden. Angaben zur Schalldämmung von Rollladenkästen finden sich in DIN 4109-35 [20].

Für die Planung der Schalldämmung von Wänden und Fenstern lassen sich folgende Hinweise zusammenfassen (ein konkreter Nachweis ist dann im Einzelfall abhängig von Objektvorgaben und der gewählten Konstruktion zu führen):

- Holztafelbauwände mit WDVS und Installationsebene / Vorsatzschale erreichen eine Schalldämmung von R_w = ca. 41 dB bis zu 71 dB, wobei die besten Schalldämmwerte Wände mit frei stehenden Vorsatzschalen erzielen.
- Holzständerwände mit hinterlüfteter Fassade und Installationsebene / Vorsatzschale erreichen eine Schalldämmung von R_w = ca. 46 dB bis zu 71 dB, wobei die besten Schalldämmwerte mit frei stehenden Vorsatzschalen erzielt werden.
- Einfachfenster erreichen typischerweise Schalldämmwerte zwischen R_w = 30 dB und 47 dB.
- Mit Verbundfenstern sind üblicherweise Schalldämmwerte zwischen R_w = 35 dB und 52 dB möglich.
- Die resultierende Schalldämmung der gesamten Außenwand hängt von der Fenster- und Außenwandbauweise, vom Fensterflächenanteil und der Ausführung der Einbaufuge (Abdichtungen) sowie von möglichen Zusatzeinbauten wie Lüftern und Verschattungsanlagen ab. Im Rahmen eines Nachweises ist noch zu prüfen, ob über die Einbaufuge zwischen Fenster und Außenwand zusätzliche signifikante Schallübertragungen erfolgen (siehe »Nachweisverfahren«, S. 42f.). Sie ist rechnerisch vom Schallschutzfachplaner zu ermitteln.

25a
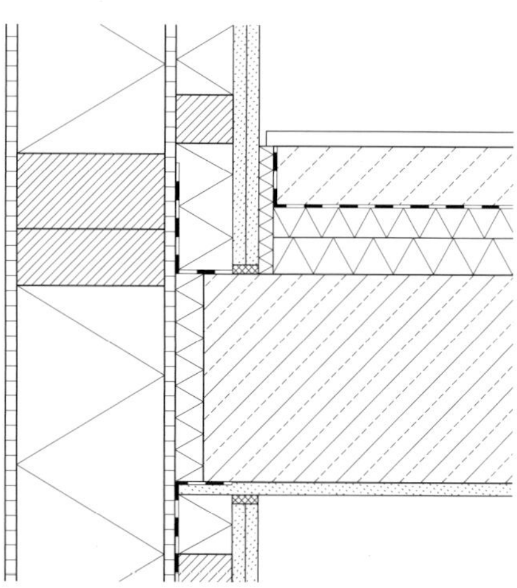

b
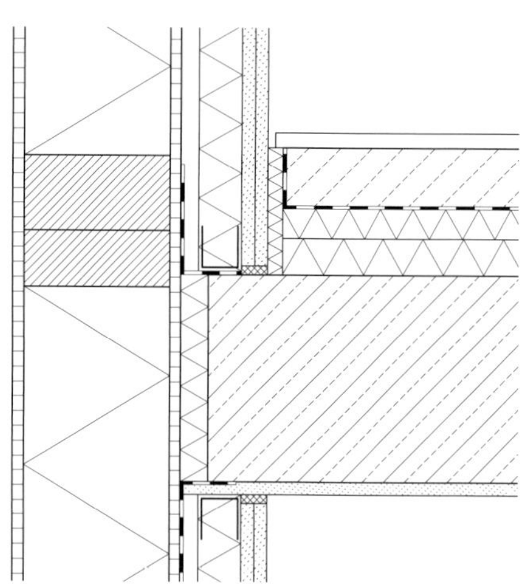

25 Flankenschalldämmung einer vorgestellten Außenwand mit Vorsatzschale
a vorgestellte Außenwand mit direkt montierter Vorsatzschale (2× 12,5 mm GKB) $D_{n,f,w}$ = 66 dB
b vorgestellte Außenwand mit frei stehender Vorsatzschale zur Verbesserung des Schallschutzes (2× 12,5 mm GKB) $D_{n,f,w}$ = 69 dB
Zum Vergleich: Messung an einer vorgestellten Außenwand ohne Vorsatzschale $D_{n,f,w}$ = 51 dB

26 Montage der nicht tragenden Holztafelbau-Außenwände mit Attikaausführung (siehe Projektbeispiel »Ecoleben Penzberg«, S. 82ff.)

Anmerkungen:

[1] gemäß EnEV, Anlage 1, Tab. 1, Zeile 1.0, Stand 24.10.2015
[2] gemäß DIN EN ISO 6946:2018-03
[3] gemäß DIN 4108 Beiblatt 2:2006-03
[4] gemäß Kaufmann, Fritz u. a.: Das Passivhaus – Energie-Effizientes-Bauen. Informationsdienst Holz. holzbau handbuch, Reihe 1, Teil 3, Folge 10. Hrsg. von Holzabsatzfonds und DGfH. München/Bonn 2002
[5] gemäß Frank, Walther: Raumklima und Thermische Behaglichkeit. Berichte aus der Bauforschung, Heft 104. Berlin 1975
[6] vgl. Holzabsatzfonds; DGfH (Hrsg.): Funktionsschichten und Anschlüsse für den Holzhausbau. Informationsdienst Holz. holzbau handbuch, Reihe 1, Teil 1, Folge 8. Bonn/München 2004
[7] nach Peper, Søren; Feist, Wolfgang; Sariri, Vahid: Luftdichte Projektierung von Passivhäusern. Eine Planungshilfe. Passivhaus Institut. Darmstadt 2003
[8] ebd.
[9] vgl. §14, Musterbauordnung (MBO)
[10] Musterbauordnung (MBO). Zweiter Abschnitt. Fassung Nov. 2002, zuletzt geändert durch den Beschluss der Bauministerkonferenz vom 13.05.2016
[11] vgl. §28 Musterbauordnung (MBO). Fassung Nov. 2002, zuletzt geändert durch den Beschluss der Bauministerkonferenz vom 13.05.2016
[12] gemäß Hafner, Annette; Schäfer, Sabrina; Krause, Karina; Rauch, Michael; Merk, Michael;-Werther, Norman; Opitsch, Wolf: Methodenentwicklung zur Beschreibung von Zielwerten zum Primärenergieaufwand und CO_2-Äquivalent von Baukonstruktionen zur Verknüpfung mit Grundstücksvergaben und Qualitätssicherung bis zur Entwurfsplanung. Abschlussbericht des Lehrstuhls Ressourceneffizientes Bauen der Ruhr-Universität Bochum. Forschungsvorhaben der Deutschen Bundesstiftung Umwelt, AZ 31943. Bochum 2017
[13] gemäß Technische Universität München. Lehrstuhl für Holzbau und Baukonstruktion, Lehrstuhl für energieeffizientes und nachhaltiges Planen und Bauen, Lehrstuhl für Massivbau (Hrgs.): Fassadenelemente für Hybridbauweisen – Vorgefertigte, integrale Fassadenelemente in Holzbauweise zur Anwendung im Neubau hybrider Stahlbetonhochbauwerke. Abschlussbericht. München 2016
[14] für eine Übersicht siehe z. B.: Hettler, Steffen: Technische Regelwerke zum Schallschutz – Rechtliche Einordnung, Hrsg. von DIN Deutsches Institut für Normung e. V. Berlin 2018
[15] vgl. DIN 4109-2:2018-01, Abschnitt 4.2.4
[16] vgl. DIN 4109-2:2018-01, Tab. 5
[17] wie Anm. 13
[18] ebd.
[19] vgl. DIN 4109-33:2016-07. Tab. 6 und 7 umfassen Kenndaten für den rechnerischen Nachweis. Für eine planerische Abschätzung der Schalldämmung von Außenwänden kann auch verwendet werden: Holtz, Fritz u.a.: Schallschutz – Wände und Dächer. Informationsdienst Holz. holzbau handbuch, Reihe 3, Teil 3, Folge 4, Hrsg. von Holzabsatzfonds und DGfH. Bonn 2004 Scholl, Werner; Bietz, Heinrich: Integration des Holz- und Skelettbaus in die neue DIN 4109. Abschlussbericht der PTB zum Forschungsvorhaben, gefördert durch DIBt und PTB. Braunschweig 2004
[20] vgl. 4109-35:2016-07, Tab. 6

26

19
UNTEN
24
WAND
27
31

Außenwandanschlüsse

Christina Dotzler
Christoph Kurzer
Patricia Schneider-Marin
Christof Volz

Horizontale Anschlüsse – Allgemeine Anforderungen und Hinweise

Horizontale Anschlüsse sind Anschlüsse der Holztafelbauelemente an horizontale Massivbauteile wie Dachdecke, Geschossdecken und Bodenplatte. Sie stellen eine kraftschlüssige Verbindung her und leiten die Vertikallasten aus dem Eigengewicht der Außenwandelemente sowie die horizontal wirkenden Windlasten über die massiven Decken- bzw. Bodenplatten oder Fundamente ab. Die Prinzipien der Befestigung erläutert das Kapitel »Grundlagen« (S. 7ff.), die Informationen zur statischen Bemessung liefert das Kapitel »Tragwerk« (S. 19ff.).

In der Regel erfolgt die Montage geschossweise, d. h. auch die Anschlüsse werden geschossweise hergestellt. Um flexibel auf Fertigungstoleranzen des Massivbaus reagieren zu können, empfehlen sich Anschlüsse mit Stahlwinkeln, Holz- und Betonschrauben oder -dübeln (siehe »Verbindungsmittel«, S. 28ff.). Oft folgt der Verbindungsmittelabstand dem Achsmaß der Ständer.
Auch die Anschlüsse müssen die Anforderungen an den Feuchte-, Wärme-, Schall- und Brandschutz erfüllen. Bei unsachgemäßer Planung heben sich die Schutzwirkungen gegenseitig auf, wenn beispielsweise Fugen zur Schallentkopplung geplant werden, die nicht brandschutztauglich sind (siehe »Bauphysik«, S. 33 ff.). Die geschossweise Montage gilt auch in Kombination mit Balkonen und Laubengängen. Hier werden zuerst die Holztafelbauwände und anschließend die Balkone oder Laubengänge (z. B. aus Stahlbetonfertigteilen oder Stahlkonstruktionen) errichtet und mit der massiven Tragkonstruktion verbunden (siehe S. 56f.). Der Neubau von 35 geförderten Wohnungen in Freising (S. 86ff.) zeigt die barrierefreie Ausführung eines Laubengangs aus Stahlbeton. Dies stellt insofern eine konstruktive Herausforderung dar, als punktuell Aussparungen für tragende Wärmedämmelemente und damit einhergehend Rähmversatze erforderlich sind (Abb. 3, S. 50 und Anschlussdetail »Laubengang«, S. 56f.).

Die nachfolgend dargestellten Anschlussdetails (Geschossdeckenanschlüsse mit vorgestellter und eingestellter Außenwand, zwei Sockelanschlüsse – einmal mit Lage der Schwelle außerhalb des Spritzwasserbereichs und einmal mit ebenerdigem Anschluss – sowie ein Flachdachanschluss) wurden im Rahmen eines Forschungsprojekts unter Mitwirkung ausführender Firmen entwickelt. Generell gilt:
- Die Vorsatzschalen, z. B. zur Aufnahme einer Installationsebene, werden in der Regel auf der Baustelle erstellt.
- Bei erhöhten Schallschutzanforderungen empfiehlt sich eine frei stehende Montage der Vorsatzschalen in Verbindung mit Stahlprofilen (Abb. 1 b). Für die Mindestschallschutzanforderungen kann aber auch eine direkte Montage der Vorsatzschale am Kernelement ausreichende Schallschutzwerte liefern (Abb. 1 a).

Die Details zeigen Holztafelbauelemente aus Vollholzträgern und -stützen. Der U-Wert der Bauteile wurde auf 0,15 W/m²K festgelegt. Der gewählte Dämmstandard übertrifft die Anforderungen der EnEV (siehe »Aufbau der Tragkonstruktion«, S. 7f.), sodass die Konstruktion sich auch für den Niedrigstenergiestandard eignet. Die entstehenden Wärmebrücken wurden nicht einzeln berechnet, da sie von den final verwendeten Materialien, insbesondere vom Dämmmaterial, abhängen. Es gibt jedoch Empfehlungen zur Verbesserung von Wärmebrücken. Die Holztafelbauelemente bestehen in der Regel aus Konstruktionsvollholz (KVH), es sind jedoch auch Ausführungen mit Stegträgern möglich (Abb. 2). Dabei handelt es sich um leichte Holzbauträger mit Gurten aus Bau- oder Brettschicht- bzw. Furnierschichtholz und Stegen aus OSB- oder harten Holzfaserplatten. Im Holztafelbau werden diese Stegträger vorzugsweise eingesetzt, wenn erhöhte Wärmeschutzanforderungen bestehen und daher Wärmebrücken vermieden werden müssen. Die Verwendung und Bemessung der Stegträger erfolgt gemäß ihrer Zulassungen (z. B. Europäische Technische Bewertung, ETA).

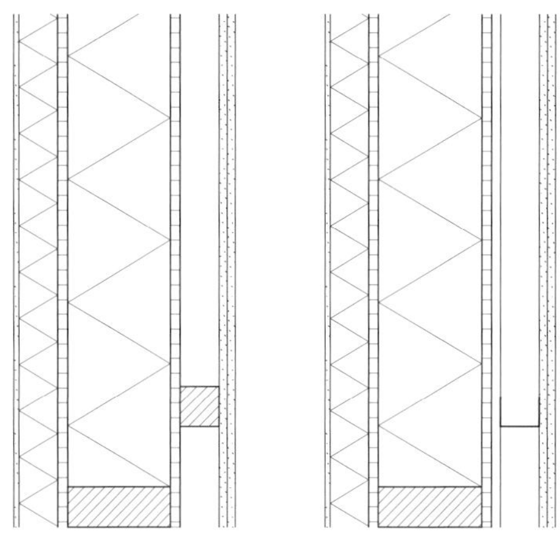

1a b

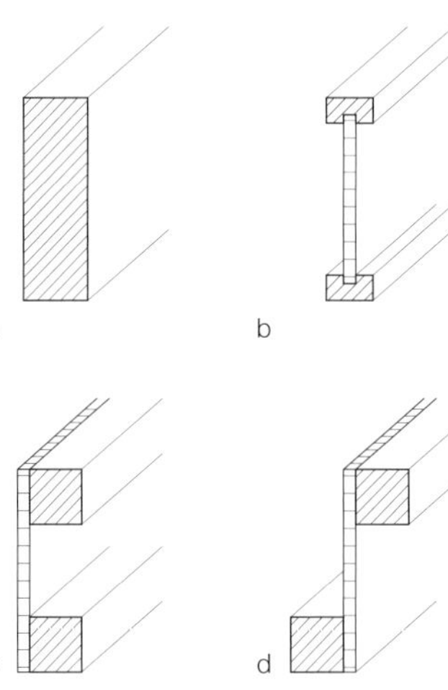

2 a b c d

1 Ausführung der Vorsatzschale (Vertikalschnitt)
a direkte Montage am Kernelement über horizontale Holzlattung
b freie Montage im Abstand zum Kernelement mit Hilfe von CW-Profilen
2 Trägerarten:
a Konstruktionsvollholz
b Stegträger
c C-Stegträger
d Z-Stegträger

3 Schemaskizze zum Anschluss des tragenden Wärmedämmelements mit Rähmversatz

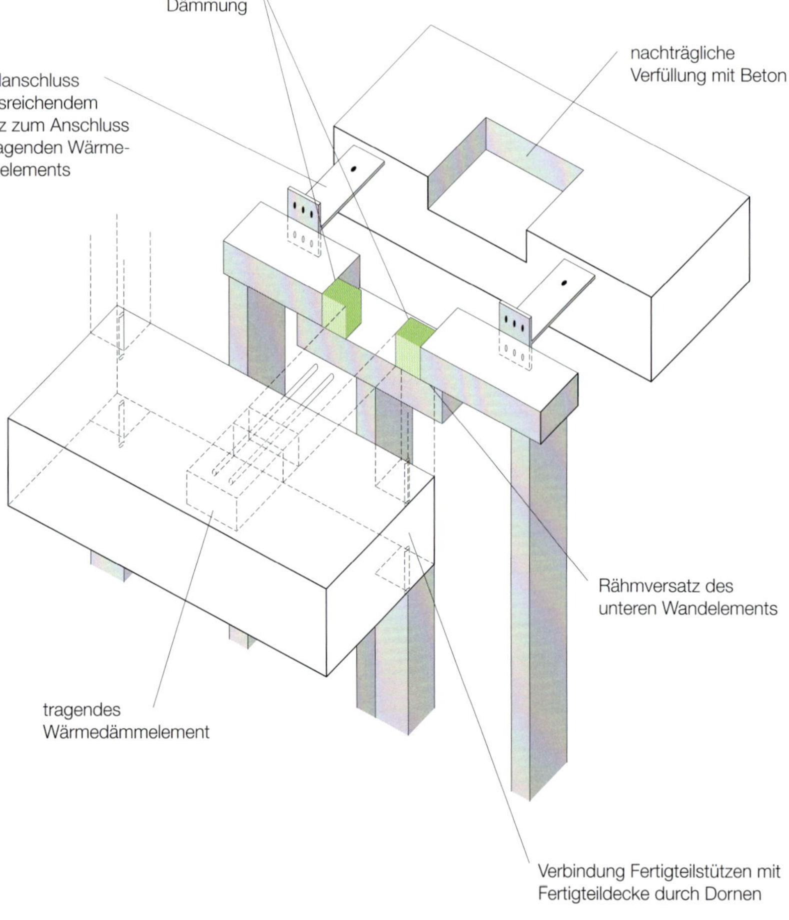

3

Die Dimensionierungen der in den Details dargestellten Verbindungsmittel sind nicht allgemeingültig. Die Anschlüsse können in der Praxis projektspezifisch abweichen, sodass alle relevanten Bauteile und Verbindungsmittel im Einzelfall statisch geprüft werden müssen. Die Verbindungsmittel (z. B. Stahlwinkel) sollten im Ausbauzustand nicht sichtbar sein. Bei den Holzschrauben handelt es sich in der Regel um Vollgewindeschrauben, de-ren zugehörige Löcher gegebenenfalls vorgebohrt werden sollten, um erforderliche Rand- und Verbindungsmittelabstände reduzieren zu können. Bei der vorgestellten Ausführung der Fassade sollten die Vollgewindeschrauben nur Horizontalkräfte (Zug) übernehmen müssen. Die Vertikallasten (Eigengewicht der Wandelemente) werden über die jeweiligen Wandelemente in das Fundament weitergeleitet, sie müssen daher kraftschlüssig übereinanderstehen. Um eine ungewollte Aufnahme von Vertikalkräften aus den Stahlbetondecken zu vermeiden (Beanspruchung der Schrauben auf Abscheren), werden die Schraubanschlüsse mit Langlöchern und Distanzhülsen ausgeführt. Dies gewährleistet eine gewisse Verformungsfreiheit, die z. B. infolge der Deckendurchbiegung benötigt wird. Das Kapitel »Verbindungsmittel« (S. 28ff.) erläutert besondere Aspekte bei deren Bemessung. Die Betonschrauben oder -dübel sollten innerhalb der Randbewehrung liegen, was eine ausreichende Lastausbreitung sicherstellt. Die für die jeweilige Tragfähigkeit der Schrauben bzw. Dübel erforderlichen Rand- und Verbindungsmittelabstände sind im Einzelfall zu prüfen.
Generell dürfen nur Holz- bzw. Betonschrauben und -dübel mit gültigen bauaufsichtlichen Zulassungen (AbZ oder ETA) verwendet werden. Standardmäßig eignen sich gleichschenklige oder ungleichschenklige Stahlwinkel nach

DIN EN 10056-1 [1], es können aber auch individuell geschweißte Winkel verwendet werden.
Zu den nachfolgenden Standardaufbauten finden sich neben Angaben zu den Verbindungsmitteln bauphysikalische Kennwerte und weiterführende Angaben zum

Wärmeschutz:
- U-Werte und Angaben zur Verringerung von Wärmebrücken

Schallschutz:
- bewertetes Schalldämmmaß und Spektrum-Anpassungswerte R_w (C, C_{tr}),
- bewerteter Norm-Trittschallpegel und Spektrum-Anpassungswert $L_{n,w}$ (C_I) bzw.
- Norm-Flankenschallpegeldifferenz und Spektrum-Anpassungswerte $D_{n,f,w}$ (C, C_{tr})
- Die Spektrum-Anpassungswerte C, C_{tr} und C_I werden zum Nachweis nach DIN 4109 nicht benötigt.

Brandschutz:
- Hinweise zum Brandschutz

Je nach Gebäudeklasse werden andere Anforderungen an die nicht tragende Außenwand bzw. an das Brandverhalten ihrer Bauteile gestellt. Bis zur Gebäudeklasse 3 bestehen keine besonderen Brandschutzanforderungen. Ab Gebäudeklasse 4 muss die Außenwand eine Feuerwiderstandsdauer von 30 Minuten erfüllen (EI 30), wobei es ratsam ist, diesen Nachweis mit dem Kernelement zu erbringen, damit die anderen Schichten flexibler ausgestaltet werden können. Zusätzlich müssen auch die Materialien der Fassaden ab Gebäudeklasse 4 mindestens der Brennbarkeit »schwer entflammbar« (A1, A2 und B1 nach deutscher Klassifizierung) entsprechen. Das schränkt gegebenenfalls die Wahl der Baustoffe, z. B. der Dämmmaterialien ein. Weitere Angaben zur Ausführung der Fassade enthält das Kapitel »Brandschutz« (S. 37ff.).
Belüftete Fassaden sind hinterlüfteten Fassaden vorzuziehen, da im Brandfall keine Kaminwirkung (Brandausbreitung durch zusätzliche Luftzufuhr der Abluftöffnungen) auftritt. Nähere Angaben zur Erfüllung des Brandschutzes und zur Konzipierung der Bauteilaufbauten sowie der Vermeidung von Brandnebenwegen enthält das Kapitel »Brandschutz«, (S. 37ff.).

Die Fassade bzw. Außenwand muss zudem Feuchteschutz- und Luftdichtheitsanforderungen erfüllen.

- Die Anforderungen an die Einhaltung der Luftdichtheit enthält DIN 4108-7 [2]. Diese Norm bildet die Grundlage für die luft- und rauchdichten Abklebungen in den nachfolgenden Anschlussdetails.
- Relevante Normen für den zu beachtenden Holzschutz sind in DIN 68800-1 [3] und DIN 68800-2 [4] vorgegeben.
- Den Schlagregenschutz von Wänden regelt DIN 4108-3, Abschnitt 6 [5].
- Auch Fugen und Anschlüsse sind schlagregendicht auszuführen. Dies kann entweder durch konstruktive Maßnahmen oder durch Fugendichtstoffe gemäß DIN 18540 [6], Dichtbänder oder Folien erfolgen.

Hinterlüftete Außenwandbekleidungen stellen einen dauerhaft wirksamen Wetterschutz dar, wenn dafür ein bauaufsichtlicher Verwendbarkeitsnachweis vorliegt. Dies gilt auch für Wärmedämmverbundsysteme und Putzträgerplatten.
Weiterführende Hinweise zu Normen finden sich im Anhang (S. 94).

Anmerkungen:

[1] DIN EN 10056-1:2015-05 Gleichschenklige und ungleichschenklige Winkel aus Stahl – Teil 1: Maße; deutsche und englische Fassung prEN 10056-1:2015
[2] DIN 4108-7:2011-01 Wärmeschutz und Energieeinsparung in Gebäuden – Teil 7: Luftdichtheit von Gebäuden – Anforderungen, Planungs- und Ausführungsempfehlungen sowie -beispiele
[3] DIN 68800-1:2011-10 Holzschutz – Teil 1: Allgemeines
[4] DIN 68800-2:2012-02 Holzschutz – Teil 2: Vorbeugende bauliche Maßnahmen im Hochbau
[5] DIN 4108-3:2018-10 Wärmeschutz und Energie-Einsparung in Gebäuden – Teil 3: Klimabedingter Feuchteschutz – Anforderungen, Berechnungsverfahren und Hinweise für Planung und Ausführung
[6] DIN 18540:2014-09 Abdichten von Außenwandfugen im Hochbau mit Fugendichtstoffen

Geschossdeckenstoß, vorgestellt; mit Installationsebene

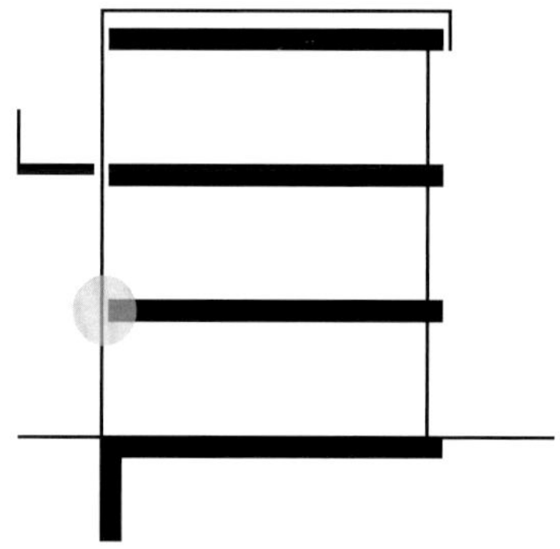

Die Abtragung der vertikalen Lasten erfolgt über Kontaktpressung der beiden Wandelemente. Der Stahlwinkel verbindet die Wandelemente mit der Stahlbetondecke und hält diese in horizontaler Ebene. Die maximale Verformung der Stahlbetondecke sollte auf ≤ 10 mm bemessen werden, wobei die Verformungsfreiheit der Wandelemente durch vertikale Langlöcher und die Befestigung der Holzschrauben mit Distanzhülsen gewährleistet wird. Der Bodenaufbau sollte installationsfrei bleiben.

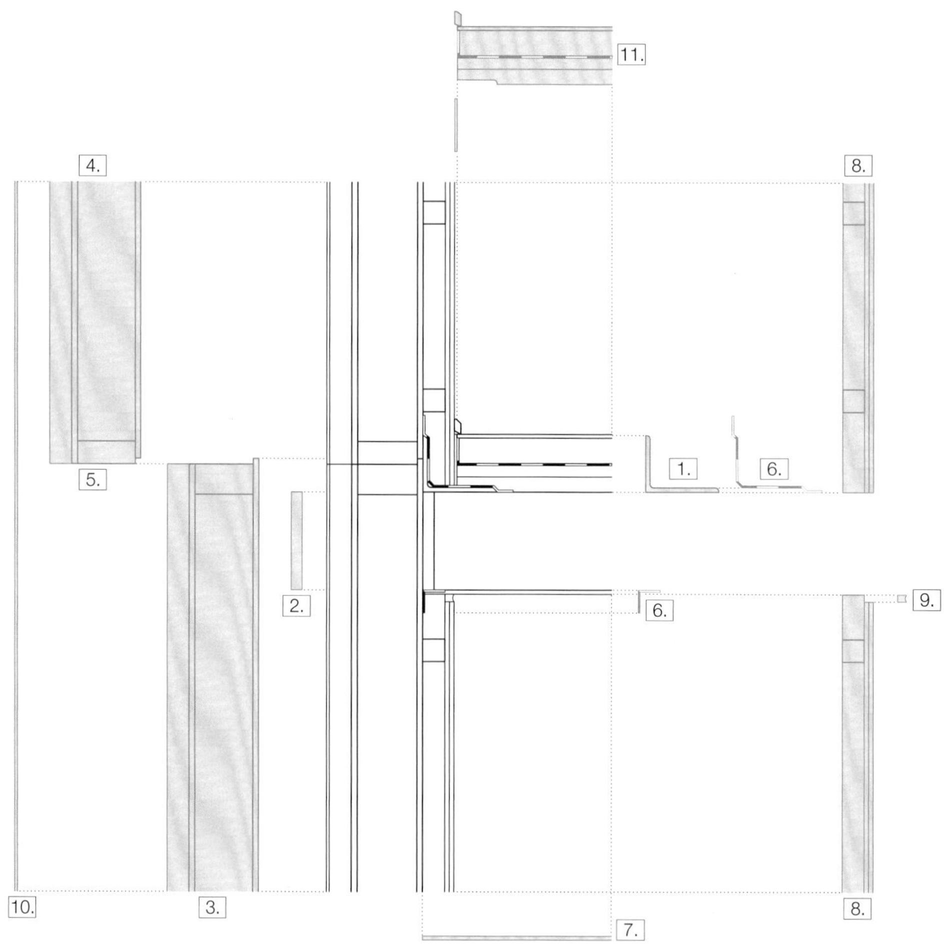

Montage- und Fügetechnik

1. Befestigung des Stahlwinkels an Stahlbetondecke
2. Einbringen des Dämmstreifens nach DIN EN 13162 (mit Schmelzpunkt > 1000 °C) an der Vorderkante Stahlbetondecke kurz vor Montage der Außenwand
3. Montage des Außenwandelements unteres Geschoss inklusive Putzträgerplatte
4. Montage des Außenwandelements oberes Geschoss inklusive Putzträgerplatte
5. Stoß bauseits auf bündigen Anschluss prüfen und gegebenenfalls partiell ausbessern
6. Herstellen der Luft- und Rauchdichtheit (oben und unten) z. B. mit Klebeband
7. Aufbringen des Deckenputzes oder Verspachteln der Stahlbetondecke
8. Ausführung der Installationsebene (hier mit horizontaler Lattung)
9. Abdichtung (umlaufend) der Gipskartonfeuerschutzplatten (GKF) zu Wand, Decke und Fußboden zur Verbesserung des Schallschutzes nach DIN EN 15651-1
10. Anbringen des Außenputzes
11. Erstellen des Fußbodenaufbaus

Vertikalschnitt Maßstab 1:10

1 Holztafelbauelement:
Wärmedämmverbundsystem (mit bauaufsichtlichem Verwendungsnachweis) aus
Putz 8 mm
Faserdämmplatte (WLS 045) 60 mm
MDF-Platte (winddichte Ebene) diffusionsoffen 16 mm
Konstruktionsvollholz KVH (a = 62,5 cm) 160 mm, dazwischen Wärmedämmung (WLS 040)
OSB-Platte (luftdichte Ebene) 15 mm
Installationsebene 60 mm aus
Unterkonstruktion KVH (a = 62,5 cm), dazwischen Wärmedämmung (WLS 040)
Gipskartonfeuerschutzplatte GKF 2× 12,5 mm
2 Bodenaufbau:
Fußbodenbelag 12 mm
Zementestrich 70 mm
Trennlage PE-Folie 0,2 mm
Trittschalldämmung (WLS 045) 30 mm
Wärmedämmung (WLS 040) 40 mm
Stahlbetondecke 260 mm mit Dämmstreifen 30 mm vor der Stirnseite
Putz 10 mm
3 Stoß Schwelle/Rähm kraftschlüssig verbunden
4 2× 2 Holzschrauben (z. B. VGS 8,0 × 140 mm) mit Distanzhülsen und Langlöchern
5 Betondübel/-schrauben mit Unterlegscheibe (z. B. M12)
6 Stahlwinkel (z. B. L150/200/12 mm, S235)
7 Abklebung (Luft- und Rauchdichtheit)
8 elastische Verfugung
9 Stoß (bündig) der Faserdämmplatten

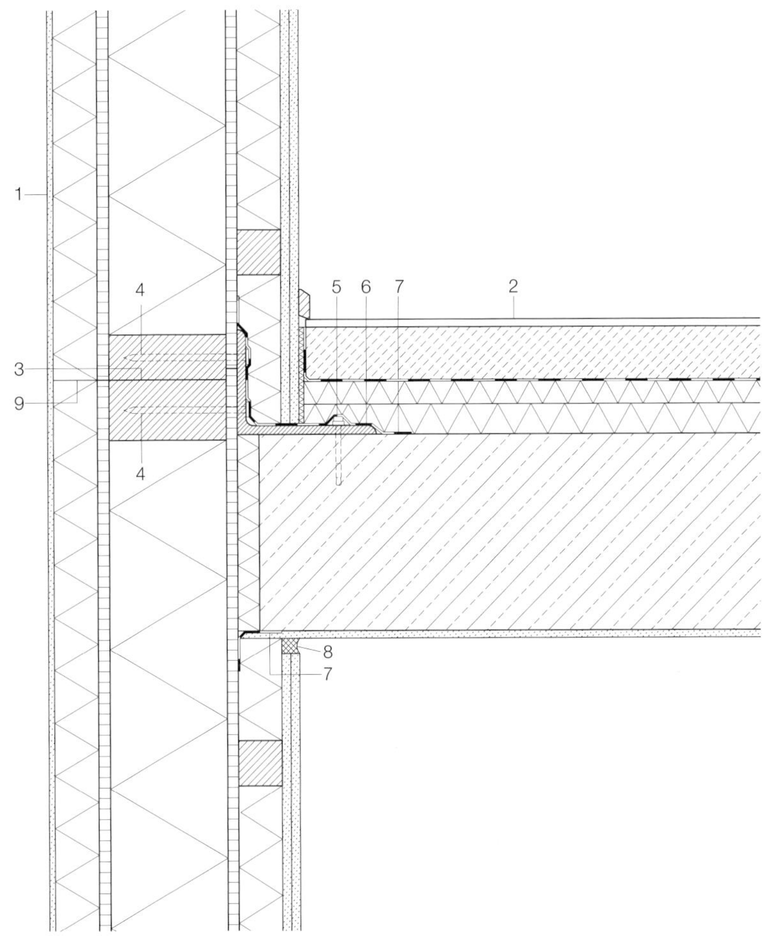

Schallschutz

$D_{n,f,w}$ (C; C_{tr}) = 65 (-2; -7) dB

Wandelement: R_w (C; C_{tr}) = 45 (-1; -6) dB
(gilt für dargestellten Wandaufbau gemäß DIN 4109-33, Tabelle 6, Zeile 6)

Stahlbetondecke: R_w = 67 dB
$L_{n,w}$ = 37 dB
Schalldämmwerte der Decke jeweils ohne Berücksichtigung von Flankenübertragungen. Sie gelten für den dargestellten Aufbau mit 260 mm Stärke, schwimmendem Estrich mit m' ≥ 140 kg/m² und Trittschalldämmplatte mit s' ≤ 20 MN/m³ (gemäß DIN 4109-2, DIN 4109-32 und DIN 4109-34).

Wärme- und Feuchteschutz

$U_{Wandelement}$ = 0,15 W/m²K

Zur Verringerung der Wärmebrücke sollte die Lattung der Installationsebene mit einem konstruktiven Abstand zur Stahlbetondecke erstellt werden.
Die Höhe von Schwelle und Rähm ist auf ein statisches Mindestmaß zu begrenzen, um potenzielle Wärmebrücken zu verringern.

Brandschutz

Damit der Wandaufbau die Anforderungen für Gebäudeklasse (GK) 4 und 5 erfüllt, muss das Kernelement einen Feuerwiderstand von 30 Minuten (EI 30) aufweisen. Hierzu ist für den Aufbau des Kernelements ein Verwendbarkeitsnachweis (z. B. DIN 4102-2) zu erbringen. Die Materialien der Fassade müssen in GK 4 und 5 mindestens der Brennbarkeit »schwer entflammbar« (A1, A2 und B1 nach deutscher Klassifizierung) entsprechen. Die Brandausbreitung über die Fassade wird somit wirkungsvoll eingedämmt. Auch die Brandnebenwege sind im Anschlussbereich zu berücksichtigen.

Geschossdeckenstoß, eingestellt; ohne Installationsebene

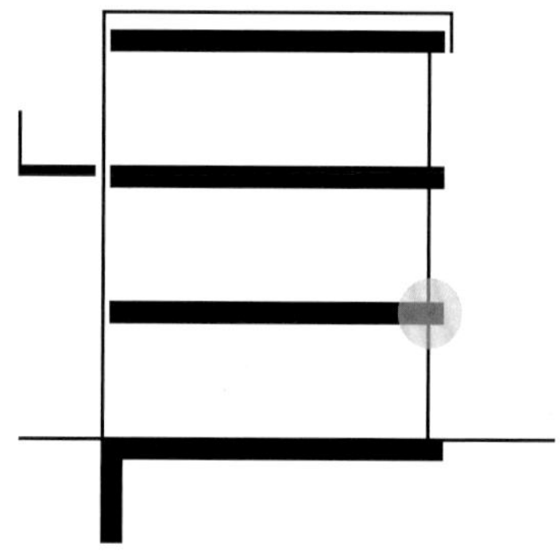

Die Abtragung der vertikalen Lasten erfolgt über Kontaktpressung, wobei das Mörtelbett gleichzeitig zur geringfügigen Höhennivellierung dienen kann. Stahlwinkel verbinden die Holztafelbauelemente mit der Stahlbetondecke und halten diese in horizontaler Ebene. Beide Stahlwinkel sind vor dem Einstellen der Elemente zu montieren und auszurichten. Um innenseitig einen bündigen Anschluss zu ermöglichen und den Stahlwinkel zu verdecken, muss beim unteren Element die OSB-Platte zur Einpassung des Stahlwinkels im Anschlussbereich eingefräst werden. Der Bodenaufbau sollte installationsfrei bleiben.

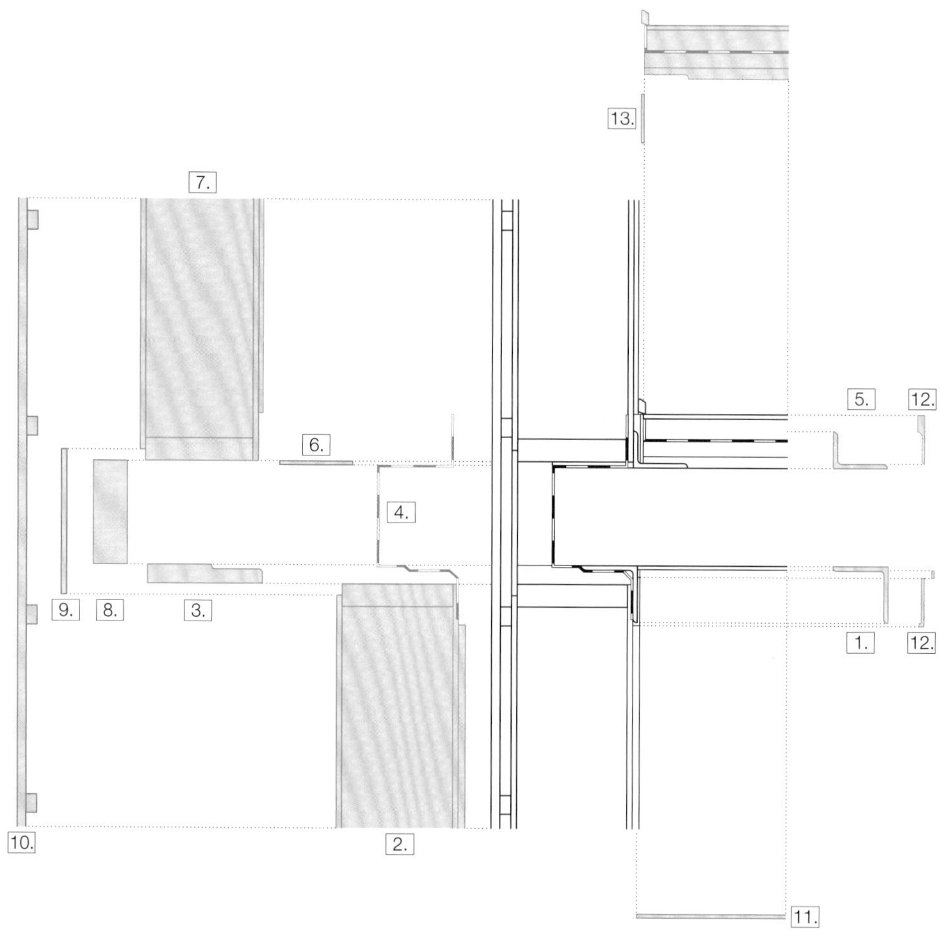

Montage- und Fügetechnik

1. Befestigen des Stahlwinkels (unten) an Stahlbetondecke
2. Montage des Außenwandelements unteres Geschoss
3. Einbringen des Dämmstreifens oder einer losen Dämmung nach DIN EN 13162 (mit Schmelzpunkt > 1000 °C) zwischen Rähm und Stahlbetondecke
4. Herstellen der Luftdichtheit durch lagesicheres Fortführen der Folie aus dem unteren Element in das obere Geschoss
5. Befestigen des Stahlwinkels (oben) an Stahlbetondecke
6. Herstellen einer Nivellierschicht (Zementmörtel und Abstandhalter)
7. Montage des Außenwandelements oberes Geschoss
8. Einbringen des Dämmstreifens nach DIN EN 13162 (mit Schmelzpunkt > 1000 °C) an Vorderkante Decke
9. Verbindung von oberem und unterem Wandelement durch Ergänzung einer MDF-Platte oder Fassadenbahn
10. Montage des Fassadensystems (hier: hinter- bzw. belüftete Fassade)
11. Aufbringen des Deckenputzes oder Verspachteln der Stahlbetondecke
12. Verspachteln der Stahlwinkel: Abdichtung (umlaufend) der Gipskartonfeuerschutzplatten (GKF) zu Wand, Decke und Fußboden zur Verbesserung des Schallschutzes nach DIN EN 15651-1
13. Erstellen des Fußbodenaufbaus

Vertikalschnitt Maßstab 1:10

1 Holztafelbauelement:
Außenwandbekleidung Holz (z. B. Lärche) nach Brandschutzanforderung 24 mm
Unterkonstruktion Holzlattung (z. B. Fichte) versetzt, hinterlüftet 30/50 mm
MDF-Platte (winddichte Ebene) diffusionsoffen 16 mm
Konstruktionsvollholz KVH (a = 62,5 cm) 300 mm, dazwischen Wärmedämmung (WLS 040) 2× 150 mm
OSB-Platte (luftdichte Ebene) 15 mm
Gipskartonfeuerschutzplatte GKF 12,5 mm
2 Bodenaufbau:
Fußbodenbelag 12 mm
Zementestrich 70 mm
Trennlage PE-Folie 0,2 mm
Trittschalldämmung (WLS 045) 30 mm
Wärmedämmung (WLS 040) 40 mm
Stahlbetondecke 260 mm mit Dämmstreifen (WLS 040) ≥ 50 mm vor der Stirnseite und über Rähm
Putz 10 mm
3 Nivellierschicht (kraftschlüssiges Auflager Schwelle) aus Abstandhaltern und Zementmörtel
4 Dampfbremse (sd ≥ 1m) und Abklebung (Luft- und Rauchdichtheit)
5 MDF-Platte (Schließen der winddichten Ebene gemäß Brandschutz, z. B. durch Verschraubung)
6 Betondübel/-schraube mit Unterlegscheibe (z. B. M12)
7 Stahlwinkel (unten z. B. L 150/150/12 mm, S235; oben z. B. L 150/100/12 mm, S235)
8 2× Holzschrauben (z. B. VGS 8,0 × 140 mm) mit Distanzhülsen und Langlöchern
9 elastische Verfugung

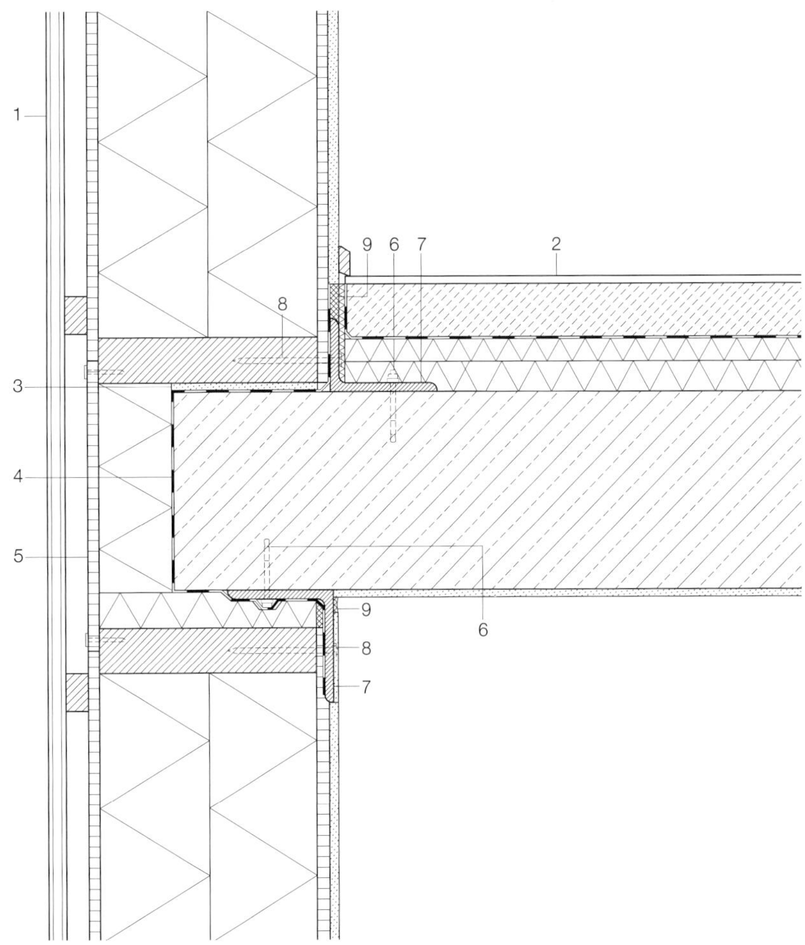

Schallschutz

Eine Verbesserung des Schallschutzes wird erreicht, wenn die Wandelemente nicht mit einer MDF-Platte zusammengeschlossen werden, sondern diese Verbindung biegeweich ausgeführt wird (z. B. Folie).
$D_{n,f,w}$ (C; C_{tr}) = 61 (-1; -4) dB (bei biegeweichem Anschluss)
Wandelement: R_W (C; C_{tr}) = 48 (-2; -7) dB
(gilt für dargestellten Wandaufbau mit einer Gefachstärke ≥ 300 mm gemäß Prüfwerten des ift Rosenheim)
Stahlbetondecke: R_W = 67 dB; $L_{n,w}$ = 37 dB
Schalldämmwerte der Decke jeweils ohne Berücksichtigung von Flankenübertragungen. Sie gelten nur für den dargestellten Aufbau mit 260 mm Stärke, schwimmendem Estrich mit m' ≥ 140 kg/m² und Trittschalldämmplatte mit s' ≤ 20 MN/m³ (gemäß DIN 4109-2, DIN 4109-32 und DIN 4109-34).

Wärme- und Feuchteschutz

$U_{Wandelement}$ = 0,15 W/m²K

Für die Umsetzung des Niedrigstenergiestandards muss die Wärmebrücke genau berechnet werden, da der Anschluss bei eingestellten Wandelementen aufgrund der konstruktiven Wärmebrücke und seiner großen Länge problematisch sein kann.

Brandschutz

Der Wandaufbau erfüllt ohne weitere Maßnahmen die Anforderungen bis einschließlich Gebäudeklasse (GK) 3. Damit die Anforderungen für GK 4 und 5 erfüllt werden, muss das Kernelement einen Feuerwiderstand von 30 Minuten (EI 30) aufweisen. Hierzu ist für den Aufbau des Kernelements ein Verwendbarkeitsnachweis (z. B. DIN 4102-2) zu erbringen. Eine Holz-Außenwandbekleidung ist in GK 4 und 5 mit einem Brandschutzanstrich zu versehen (Verwendbarkeitsnachweis vom Hersteller), der die Brennbarkeit von gestrichenem Holz auf schwer entflammbar (A1, A2 und B1 nach deutscher Klassifizierung) verbessert. Die Brandausbreitung über die Fassade wird somit wirkungsvoll eingedämmt. Auch die Brandnebenwege sind im Anschlussbereich zu berücksichtigen.

Geschossdeckenstoß mit Laubengang

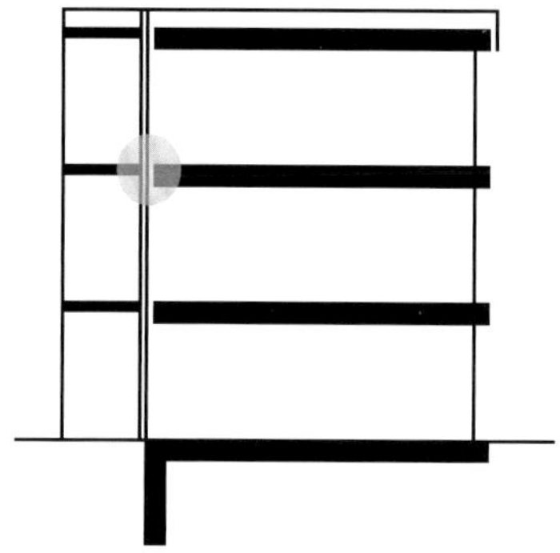

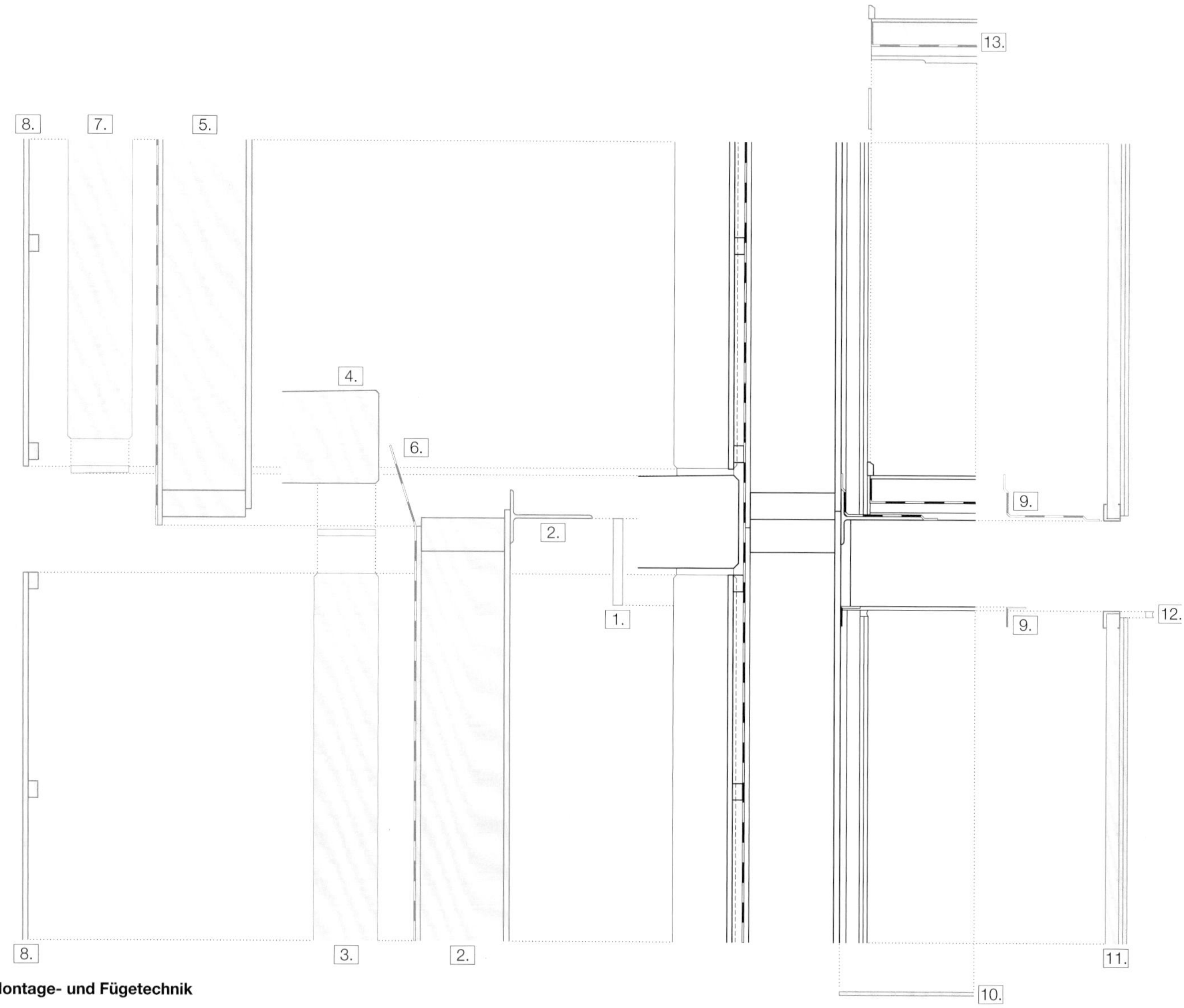

Montage- und Fügetechnik

1. Einbringen des Dämmstreifens nach DIN EN 13162 (Schmelzpunkt > 1000 °C) an VK Decke kurz vor Montage des unteren Außenwandelements
2. Befestigen des Stahlwinkels an Rähm des unteren Außenwandelements und Montage des Außenwandelements
3. Aufstellen der unteren Stahlbetonfertigteilstütze im Abstand von 2 cm vor dem unteren Außenwandelement
4. Montage der Stahlbetonfertigteildecke Laubengang höhenversetzt zur Geschossdecke für schwellenlosen Austritt; über Dorne mit Stahlbetonfertigteilstütze verbunden; Elastomerlager (Höhenausgleich) an Stützen-Deckenstoß
5. Montage oberes Außenwandelement
6. Herstellen winddichte Ebene durch Verkleben der Fassadenbahn (sd ≤ 0,3 m)
7. Aufstellen der oberen Stütze mit Elastomerlager und Dorn-Verbindung
8. Montage des Fassadensystems (hier: belüftete Fassade); Fassade wird im Bereich der Fertigteilstütze ausgespart
9. Herstellen der Luft- und Rauchdichtheit (oben und unten) mit Klebeband
10. Aufbringen des Deckenputzes oder Verspachteln der Stahlbetondecke
11. Ausführung der Installationsebene (hier: freie Montage mit Stahlprofilen)
12. Abdichtung (umlaufend) der Gipskartonfeuerschutzplatten zu Wand, Decke und Fußboden zur Verbesserung des Schallschutzes nach DIN EN15651-1
13. Erstellen des Fußbodenaufbaus

Die Montage der Außenwandelemente und Stahlbetonfertigteile erfolgt im Wechsel. Die Fertigteildecke des Laubengangs wird dabei punktuell über tragende Wärmedämmelemente mit der Stahlbetongeschossdecke verbunden (siehe Abb. 3, S. 50), die Fertigteilstützen über Dorne mit der Fertigteildecke. Im Bereich von Türaustritten kann die Schwellenhöhe punktuell verringert werden, um Barrierefreiheit zu gewährleisten. Zusätzlich ist die Holzaußenwand ausreichend gegen Feuchte abzudichten (Ausbildung einer wasserableitenden Schicht, gegebenenfalls mit Wasserausleitblech). Zur Vermeidung eines aufwendigen Schlagregenschutzes oder konstruktiven Holzschutzes ist es vorteilhaft, wenn der Laubengang überdacht und die Außenwand somit im Anschlussbereich vor direkten Witterungseinflüssen geschützt ist. Die frei stehende (entkoppelte) Vorsatzschale erhöht den Schallschutz. Die Belüftung (statt Hinterlüftung) der Fassade behindert die Brandausbreitung und verringert die Rauchentwicklung. Ansonsten gelten die Anmerkungen analog »Geschossdeckenstoß vorgestellt« (siehe S. 52f.).

Vertikalschnitt Maßstab 1:10

1 Holztafelbauelement:
Fassadenplatte gemäß Brandschutzanforderungen (z. B. gestrichene zementgebundene Holzspanplatte) 16 mm
Unterkonstruktion Holzlattung (z. B. Fichte) versetzt, belüftet 30/50 mm
Gipsfaserplatte mit Fassadenbahn (winddichte Ebene) diffusionsoffen (sd ≤ 0,3 m) 15 mm
Konstruktionsvollholz KVH (a = 62,5 cm) 260 mm, dazwischen Wärmedämmung (WLS 040) 2× 130 mm
OSB-Platte (luftdichte Ebene) 18 mm
Luftschicht 20 mm
Installationsebene 40 mm aus Unterkonstruktion Stahlprofile CW40, dazwischen Wärmedämmung (WLS 040)
Gipskartonfeuerschutzplatte GKF 2× 12,5 mm
2 Bodenaufbau:
Fußbodenbelag 12 mm
Zementestrich 70 mm
Trennlage PE-Folie 0,2 mm
Trittschalldämmung (WLS 045) 30 mm
Wärmedämmung (WLS 040) 20 mm
Stahlbetondecke 260 mm mit Dämmstreifen (WLS 040) 30 mm vor der Stirnseite
Putz 10 mm
3 Stahlbetonfertigteil Laubengang
4 Schwellen-/Rähmstoß kraftschlüssig verbunden (winddicht)
5 Stütze Stahlbetonfertigteil mit Elastomerauflager 2× 10 mm und Dorn-Verbindung
6 Betondübel/-schraube mit Unterlegscheibe (z. B. M12)
7 Stahlwinkel (auf Maß S235)
8 Abklebung (Luft- und Rauchdichtheit)
9 2× 3 Holzschrauben (z. B. VGS 8,0 × 160 mm) mit Distanzhülsen und Langlöchern
10 elastische Verfugung

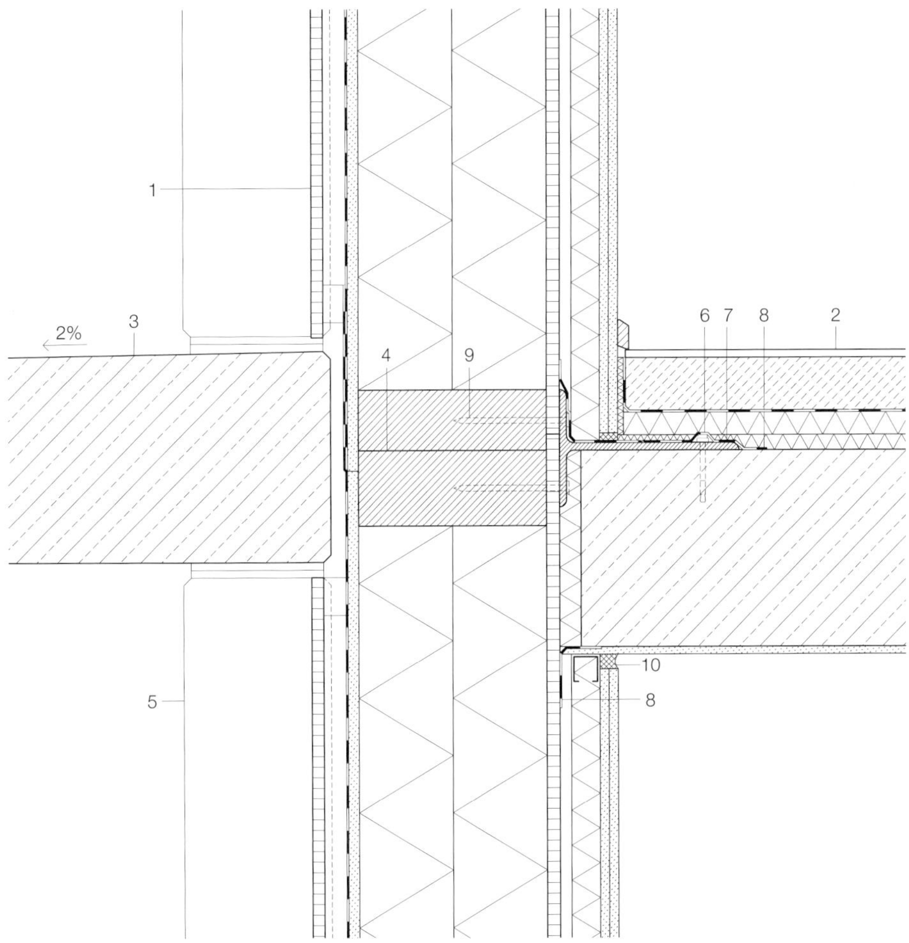

Schallschutz

$D_{n,f,w}$ (C; C_{tr}) = 65 dB (-2;- 7)

Wandelement: R_w (C; C_{tr}) = 48 (-2; -7) dB
Wand mit Ständerraster von 62,5 cm; Ständertiefe ≥ 300 mm (gemäß Prüfwerten des ift Rosenheim)

Stb.-Decke: R_w = 67 dB
$L_{n,w}$ = 37 dB

Schalldämmwerte (ohne Nebenwegsübertragungen) gelten spezifisch für den dargestellten Aufbau, wenn schwimmender Estrich mit m' = 140 kg/m² und die Trittschalldämmplatte mit s' = 20 MN/m³ ausgeführt wird (gemäß DIN 4109-32, Abschnitt 4.1.4.2.2 und 4.8.4.4 sowie DIN 4109-34).

Wärme- und Feuchteschutz

$U_{Wandelement}$ = 0,15 W/m²K

Die Höhe von Schwelle und Rähm auf ein statisches Mindestmaß begrenzen, um potenzielle Wärmebrücken zu verringern.

Brandschutz

Im Brandfall stellt der Laubengang einen Fluchtweg dar. Wenn er nur in eine Richtung als Fluchtweg dient (ein Treppenhaus), so muss die Fassadenbekleidung nicht brennbar ausgeführt werden. Bei Fluchtmöglichkeit in zwei Richtungen werden an die Fassade die Anforderungen gemäß der Gebäudeklasse gestellt. Zudem sollte ein Brandschutzkonzept erstellt werden, das die Erfüllung des Brandschutzes eindeutig darlegt. Auch die Brandnebenwege sind zu berücksichtigen.

Sockelanschluss mit Holzschwelle außerhalb des Spritzwasserbereichs

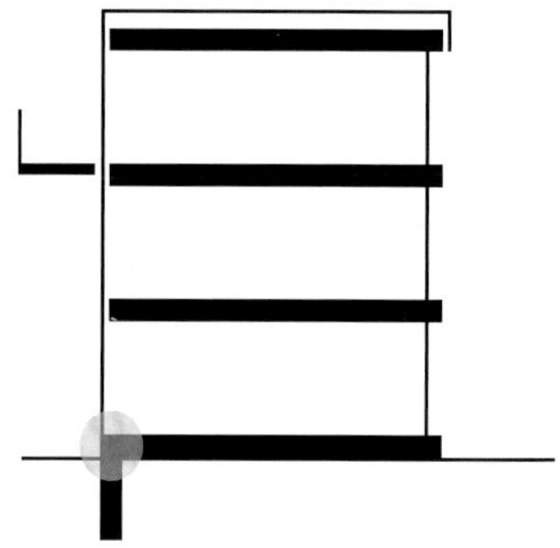

Die Abtragung der vertikalen Lasten erfolgt über Kontaktpressung, das Mörtelbett dient gleichzeitig zur Höhennivellierung. Gegebenenfalls kann auch mit einer Nivellierschwelle gearbeitet werden. Mithilfe eines Stahlwinkels wird das Element an den Stahlbetonsockel angeschlossen. Soll eine hinterlüftete bzw. belüftete Fassade ausgeführt werden, bei der die Fußschwelle ebenfalls außerhalb des Spritzwasserbereichs liegt, ist nach DIN 68800-2 Bild A.11 ein 30 cm breites Kiesbett vorzusehen.

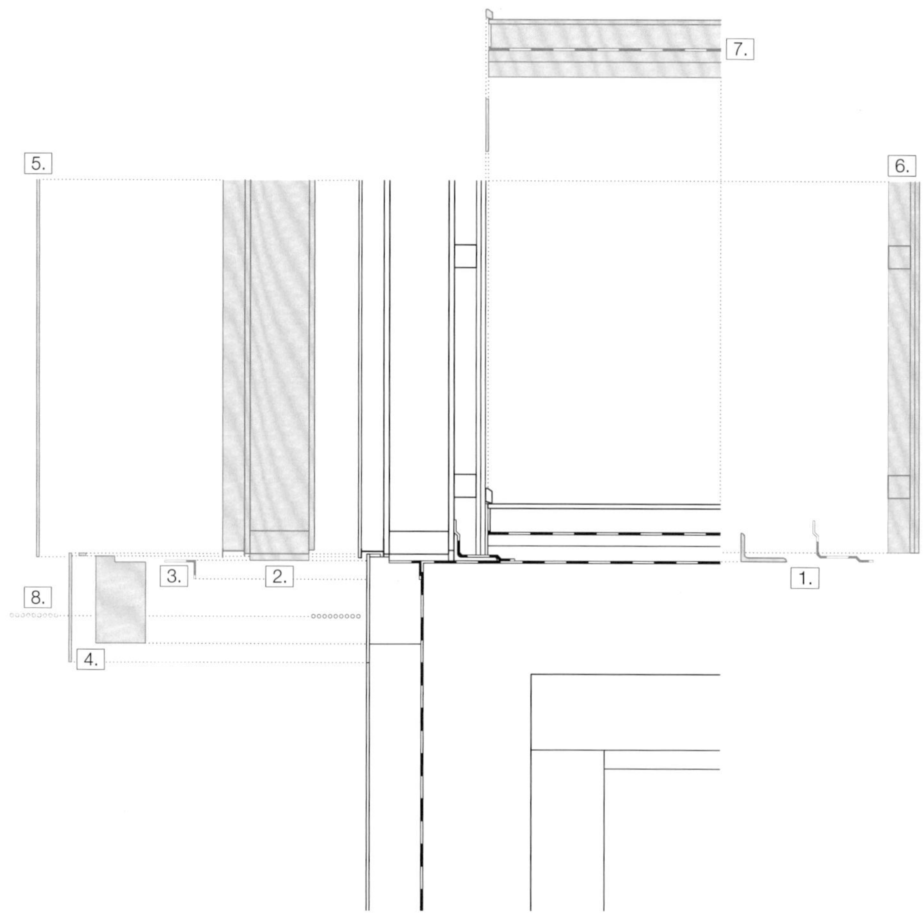

Montage- und Fügetechnik

1. Befestigen des Stahlwinkels an Stahlbetonbodenplatte inklusive luftdichter Folie
2. Herstellen einer Nivellierschicht (Zementmörtel und Abstandhalter) und anschließende Montage des Außenwandelements (Luftdichtheit im Anschlussbereich prüfen); die UK der Sockelschwelle (GK 0) muss in der Endlage mind. 15 cm über Geländeoberkante liegen
3. Anbringen der Bauwerksabdichtung gemäß DIN 18533
4. Anbringen der Sockeldämmung und Abdichten der Fuge mit Fugendichtband
5. Anbringen des Außenputzes
6. Ausführung der Installationsebene (hier mit horizontaler Lattung)
7. Erstellen des Fußbodenaufbaus
8. Verfüllung mit Dränage und/oder Herstellen eines Kiesbetts; Errichten des Terrassenaufbaus bzw. Herstellen der Geländeoberkante

Vertikalschnitt Maßstab 1:10

1 Holztafelbauelement:
Wärmedämmverbundsystem (mit bauaufsichtlichem Verwendungsnachweis) aus
Putz 8 mm
Faserdämmplatte (WLS 045) 60 mm
MDF-Platte (winddichte Ebene) diffusionsoffen 16 mm
Konstruktionsvollholz KVH (a = 62,5 cm) 160 mm, dazwischen Wärmedämmung (WLS 040)
OSB-Platte (luftdichte Ebene) 15 mm
Installationsebene 60 mm aus
Unterkonstruktion KVH (a = 62,5 cm), dazwischen Wärmedämmung (WLS 040)
Gipskartonfeuerschutzplatte GKF 2× 12,5 mm
2 Bodenaufbau:
Fußbodenbelag 12 mm
Zementestrich 70 mm
Trennlage PE-Folie 0,2 mm
Trittschalldämmung (WLS 045) 30 mm
Wärmedämmung (WLS 040) 40 mm
Abdichtung 5–8 mm
Stahlbetonbodenplatte 300 mm
Perimeterdämmung (WLS 040) 200 mm
Sauberkeitsschicht 50 mm
3 Nivellierschicht (kraftschlüssiges Auflager Schwelle) aus Abstandhaltern und Zementmörtel 15–30 mm
4 Sockelbereich mit
Sockelputz
Passstück Perimeterdämmung (WLS 040) 200 mm
Abdichtung
Stahlbeton 300 mm
Perimeterdämmung (WLS 040) 200 mm
5 Sockelschiene
6 Stahlwinkel (z. B. L125/75/12 mm, S235)
7 Abklebung (Luft- und Rauchdichtheit)
8 Betondübel/-schraube mit Unterlegscheibe (z. B. M12)
9 2× Holzschrauben (z. B. VG 8,0 × 140 mm)
10 elastische Fugenabdichtung (z. B. Fugendichtband), bauseits

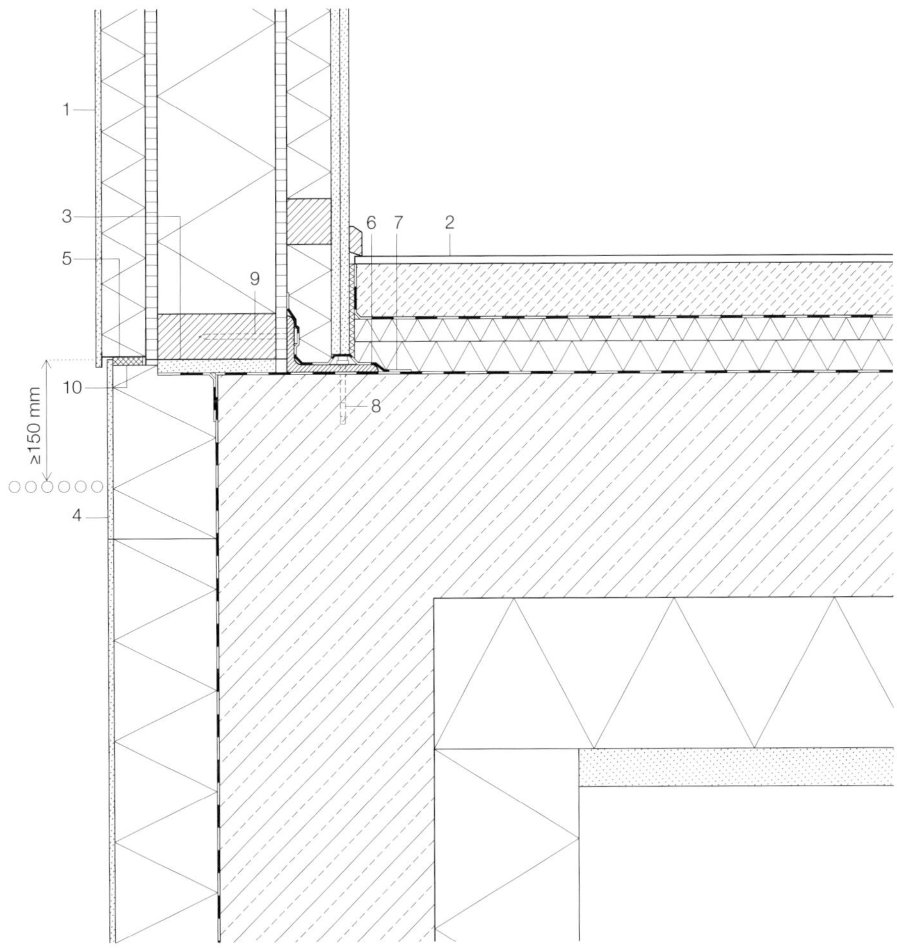

Schallschutz

Es sind keine gesonderten Anforderungen vorhanden.

Wandelement: R_W (C; C_{tr}) = 45 (-1; -6) dB (gilt für dargestellten Wandaufbau gemäß DIN 4109-33, Tabelle 6, Zeile 6)

Wärme- und Feuchteschutz

$U_{Bauteile}$ = 0,15 W/m²K

Zur Verringerung der Wärmebrücke sollte die Sockeldämmung möglichst dick ausgeführt und die Lattung der Installationsebene mit einem konstruktiven Abstand zur Bodenplatte erstellt werden. Optimal für den Wärmeschutz: Wärmedurchgangswiderstand im Bereich der Sockeldämmung entspricht annähernd dem der Außenwand.

Brandschutz

Für Gebäudeklasse (GK) 4 und 5 ist für das Kernelement ein Verwendbarkeitsnachweis für den Feuerwiderstand erforderlich. Die Materialien der Fassade müssen in GK 4 und 5 schwer entflammbar sein (A1, A2 und B1 nach deutscher Klassifizierung). Darüber hinaus bestehen keine gesonderten Brandschutzanforderungen an den Anschluss.

Sockelanschluss, ebenerdig

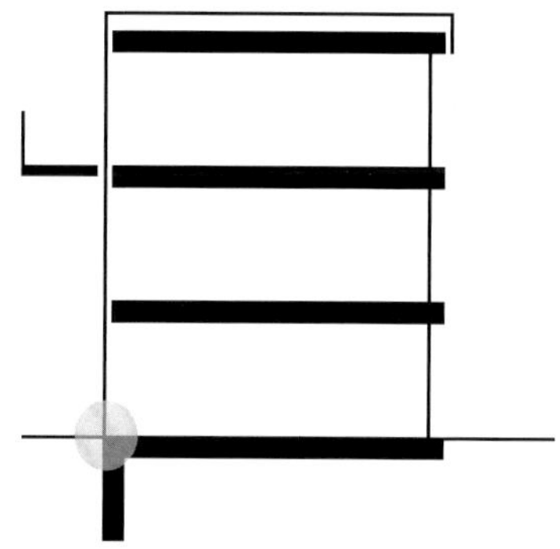

Ein ebenerdiger Sockelanschluss (UK Schwelle im Spritzwasserbereich) ist beispielsweise im Bereich eines Terrassenaustritts erforderlich. Dieser kann gemäß DIN 68800-2 mit einem Gitterrost und einem Kiesbett (UK Schwelle bis OK Kiesbett ≥ 15 cm) ausgeführt werden. Alternativ ist eine Ausführung mit Betonsockel möglich, falls der ebenerdige Anschluss nicht nur punktuell (z. B. im Bereich einer Terrasse), sondern um das gesamte Gebäude herum erfolgen soll. Bei einer hinter- bzw. belüfteten Fassade empfiehlt es sich, den Sockel im Spritzwasserbereich mit einer Putzträgerplatte (z. B. XPS) auszustatten, um einen ausreichenden konstruktiven Holzschutz zu gewährleisten.

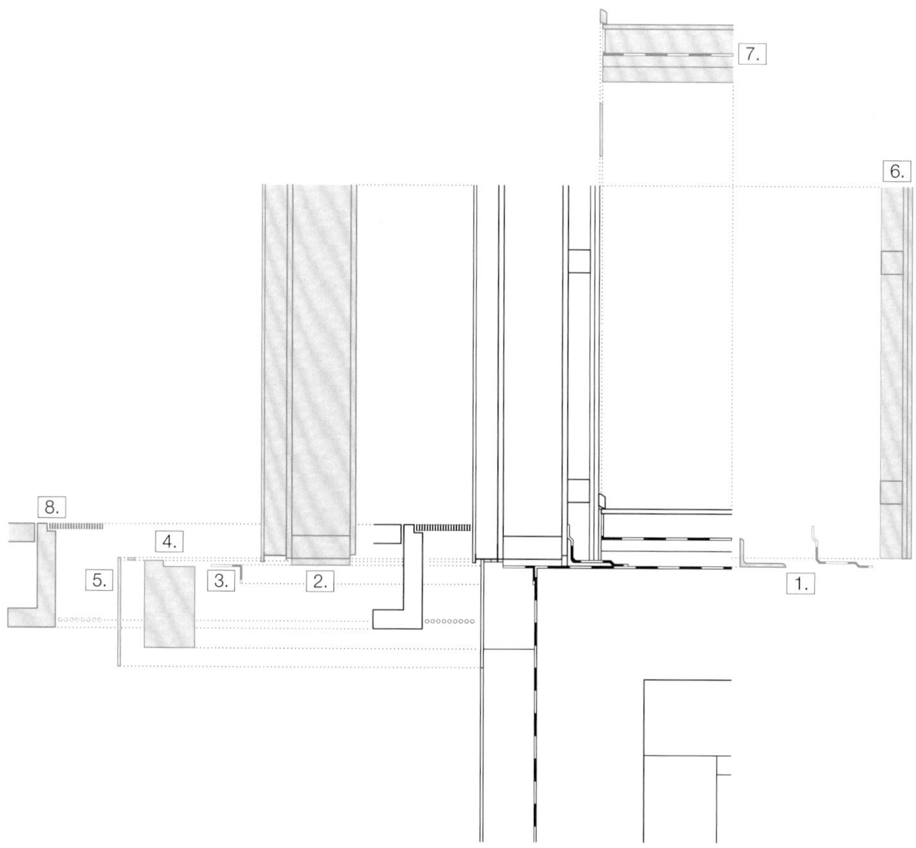

Montage- und Fügetechnik

1. Befestigen des Stahlwinkels an Stahlbetonbodenplatte inklusive luftdichter Folie
2. Herstellen einer Nivellierschicht (Zementmörtel und Abstandhalter) und anschließende Montage des Außenwandelements (Luftdichtheit im Anschlussbereich prüfen)
3. Anbringen der Bauwerksabdichtung gemäß DIN 18533
4. Anbringen der Sockeldämmung (Passstück) und Abdichten der Fuge mit Fugendichtband
5. Aufbringen des Außenputzes
6. Ausführung der Installationsebene (hier mit horizontaler Lattung)
7. Erstellen des Fußbodenaufbaus
8. Verfüllung mit Dränage und/oder Herstellen eines Kiesbetts; Errichtung des Terrassenaufbaus bzw. Herstellen der Geländeoberkante

Vertikalschnitt Maßstab 1:10

1 Holztafelbauelement:
Wärmedämmverbundsystem (mit bauaufsichtlichem Verwendungsnachweis) aus
Putz 8 mm
Faserdämmplatte (WLS 045) 60 mm
MDF-Platte (winddichte Ebene) diffusionsoffen 16 mm
Konstruktionsvollholz KVH (a = 62,5 cm) 160 mm, dazwischen Wärmedämmung (WLS 040)
OSB-Platte (luftdichte Ebene) 15 mm
Installationsebene 60 mm aus
Unterkonstruktion KVH (a = 62,5 cm), dazwischen Wärmedämmung (WLS 040)
Gipskartonfeuerschutzplatte GKF 2× 12,5 mm
2 Bodenaufbau:
Fußbodenbelag 12 mm
Zementestrich 70 mm
Trennlage PE-Folie 0,2 mm
Trittschalldämmung (WLS 045) 30 mm
Wärmedämmung (WLS 040) 40 mm
Abdichtung 5–8 mm
Stahlbetonbodenplatte 300 mm
Perimeterdämmung (WLS 040) 200 mm
Sauberkeitsschicht 50 mm
3 Nivellierschicht (kraftschlüssiges Auflager Schwelle) aus Abstandhaltern und Zementmörtel 15–30 mm
4 Sockelbereich mit
Dränplatte
Sockelputz
Passstück Perimeterdämmung (WLS 040) 200 mm
Abdichtung
Stahlbeton 300 mm
Perimeterdämmung (WLS 040) 200 mm
5 Sockelschiene
6 Stahlwinkel (z. B. L125/75/12 mm, S235)
7 Abklebung (Luft- und Rauchdichtheit)
8 Betondübel/-schraube mit Unterlegscheibe (z. B. M12)
9 2× Holzschrauben (z. B. VG 8,0 × 140 mm)
10 elastische Fugenabdichtung (z. B. Fugendichtband), bauseits

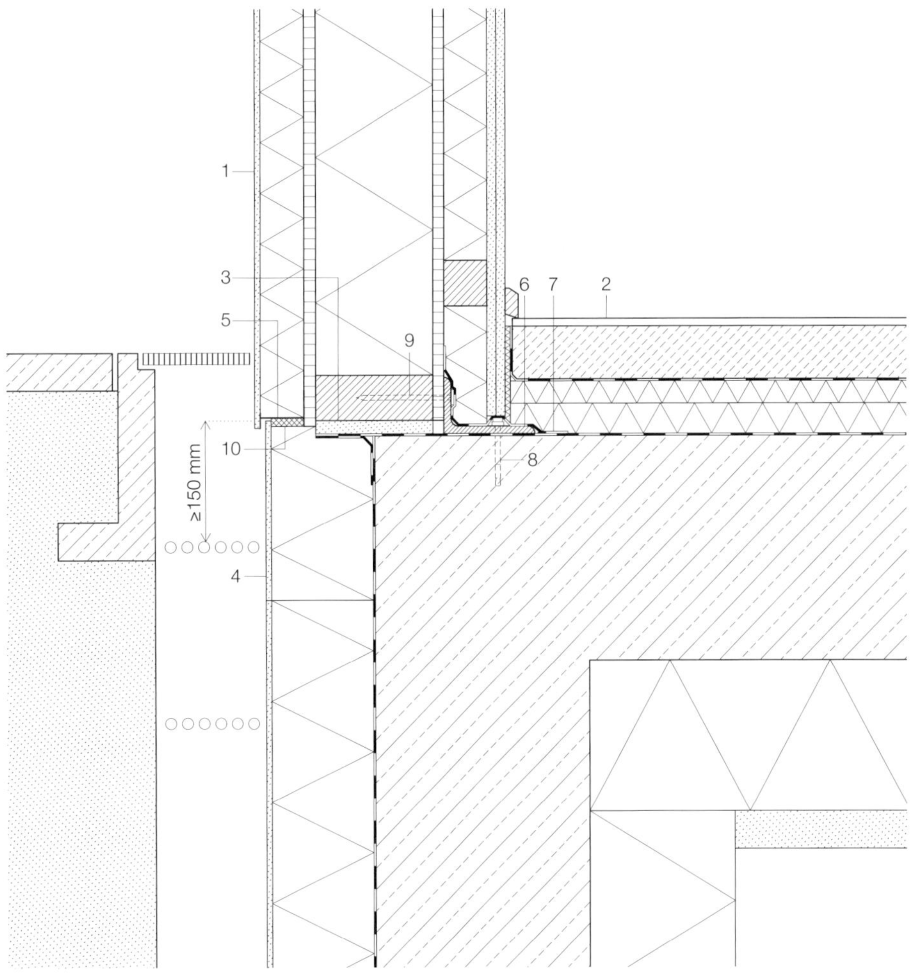

Schallschutz

Es sind keine gesonderten Anforderungen vorhanden.

Wandelement: R_w (C; C_{tr}) = 45 (-1; -6) dB
(gilt für dargestellten Wandaufbau gemäß DIN 4109-33, Tabelle 6, Zeile 6)

Wärme- und Feuchteschutz

$U_{Bauteile}$ = 0,15 W/m²K

Zur Verringerung der Wärmebrücke sollte die Sockeldämmung möglichst dick ausgeführt und die Lattung der Installationsebene mit einem konstruktiven Abstand zur Bodenplatte erstellt werden.

Brandschutz

Für GK 4 und 5 ist für das Kernelement ein Verwendbarkeitsnachweis für den Feuerwiderstand erforderlich. Die Materialien der Fassade müssen in GK 4 und 5 schwer entflammbar sein (A1, A2 und B1 nach deutscher Klassifizierung). Weitergehend bestehen keine gesonderten Brandschutzanforderungen an den Anschluss.

Flachdachanschluss

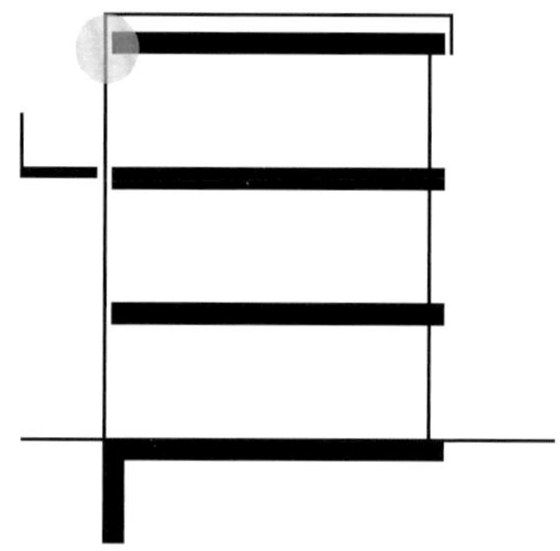

Das Detail zeigt ein nicht begehbares Flachdach mit Schwarzabdichtung. Optimalerweise wird der Anschluss ohne Stoß des Außenwandelements ausgeführt. In Abhängigkeit von der Attikahöhe beträgt dessen Standardhöhe 3,5 m, es kann bei Bedarf aber auch bis 3,8 m vorgefertigt und transportiert werden. Mithilfe eines Stahlwinkels wird das Außenwandelement an die Stahlbetondachdecke angeschlossen. Dabei erfolgt die Verschraubung nicht im Rähm, sondern in den Ständern, die deshalb breiter (≥ 8 cm) werden. Dafür sind nach statischer Bemessung zwei bis drei Vollgewindeschrauben übereinander angeordnet möglich. Alternativ ist eine Befestigung an einem horizontalen Zwischenriegel möglich, dies bedarf aber eines zusätzlichen statischen Nachweises. Um die Kaminwirkung im Brandfall auszuschließen, wird eine belüftete Fassade der hinterlüfteten Fassade vorgezogen. Das heißt, die Außenbekleidung schließt mit der Attikaabdeckung bündig ab. Zusätzlich muss der Witterungsschutz im Bauzustand gewährleistet werden.

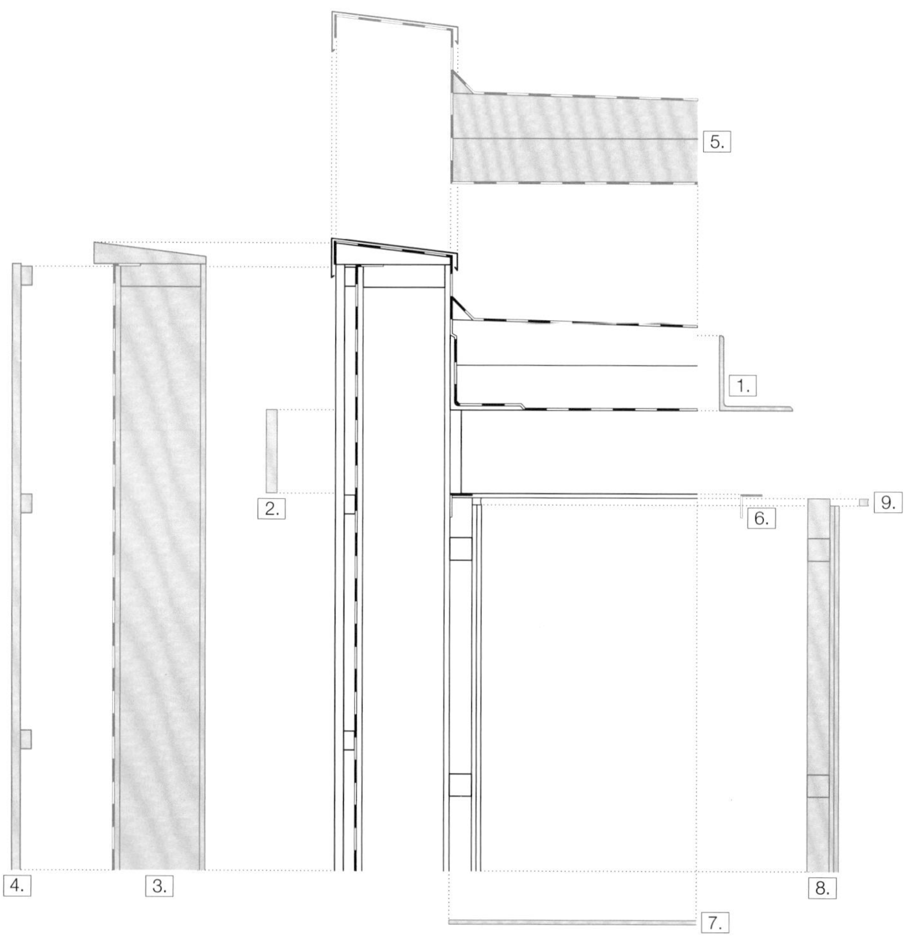

Montage- und Fügetechnik

1. Befestigen des Stahlwinkels an Stahlbetondecke
2. Ankleben des Dämmstreifens nach DIN EN 13162 (mit Schmelzpunkt > 1000 °C) an Vorderkante Decke kurz vor Montage des Außenwandelements
3. Montage des Außenwandelements (inklusive fertiggestellter Abdeckung)
4. Montage des Fassadensystems (hier: belüftete Fassade)
5. Montage der Flachdachabdichtung und -dämmung nach DIN 18531 mit Blechabdeckung der Attika; luftdichte Verklebung des Stahlwinkels
6. Herstellen der Luft- und Rauchdichtheit
7. Aufbringen des Deckenputzes oder Verspachteln der Stahlbetondachdecke.
8. Ausführung der Installationsebene (hier mit horizontaler Lattung)
9. Abdichtung (umlaufend) der Gipskartonfeuerschutzplatten zu Wand und Decke zur Verbesserung des Schallschutzes nach DIN EN 15651-1

Vertikalschnitt Maßstab 1:10

1 Holztafelbauelement:
Außenwandbekleidung Holz (z. B. Lärche) 24 mm
Unterkonstruktion Holzlattung (z. B. Fichte) versetzt, belüftet 30/50 mm
Gipsfaserplatte mit Fassadenbahn (winddichte Ebene) diffusionsoffen (sd ≤ 0,3 m) 15 mm
Konstruktionsvollholz KVH (62,5 cm) 220 mm, dazwischen Wärmedämmung (WLS 040) 2× 110 mm
OSB-Platte (luftdichte Ebene) 15 mm
Installationsebene 60 mm aus Unterkonstruktion KVH (a = 62,5 cm), dazwischen Wärmedämmung (WLS 040)
Gipskartonfeuerschutzplatte GKF 2× 12,5 mm
2 Dachaufbau:
Abdichtung (2-lagig) 2× 4 mm
Wärmedämmung Mineralfaser (WLS 035) im Gefälle 120 mm + 100 mm im Mittel
Trennlage und Dampfsperre 4 mm
Bitumenvoranstrich
Stahlbetondecke 240 mm mit Dämmstreifen 30 mm vor der Stirnseite
Putz 10 mm
3 Attikaabdeckung Blech gekantet (bauseits) inklusive Verklebung Fassadenbahn (werkseitig)
Attikaabschluss Formstück Holz
4 Stahlwinkel (z. B. L 200/16 mm, S235 oder auf Maß)
5 Abklebung (Luft- und Rauchdichtheit)
6 Betondübel/-schraube mit Unterlegscheibe (z. B. M12)
7 3× Holzschrauben (z. B. VGS 8,0 × 140 mm) mit Distanzhülsen und Langlöchern
8 elastische Verfugung

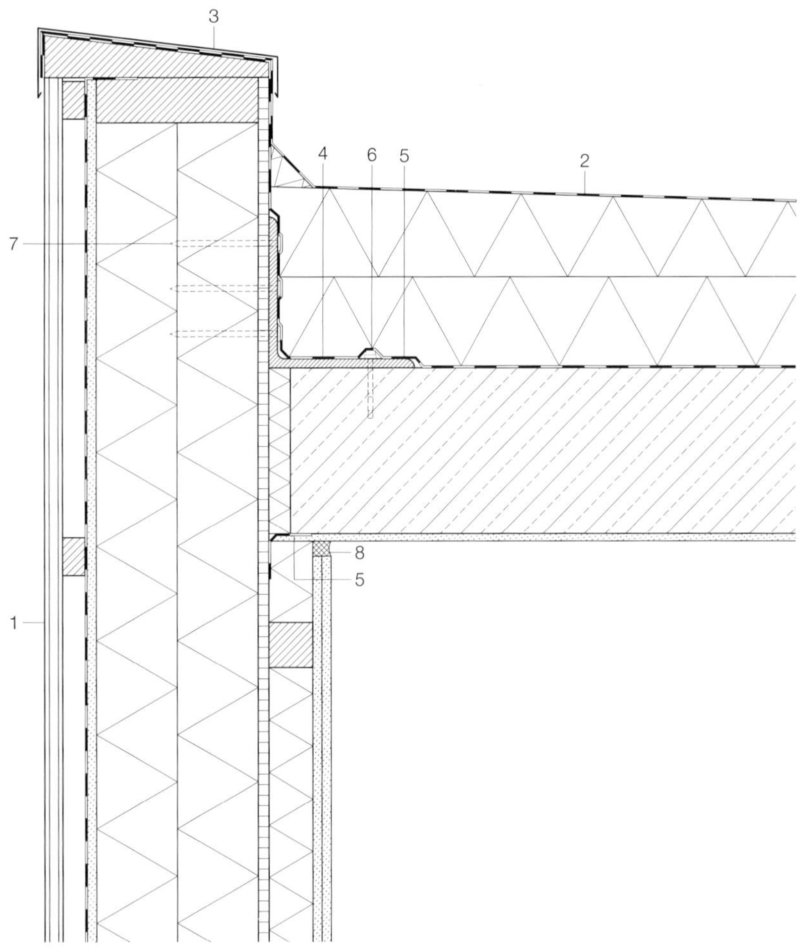

Schallschutz

Wandelement: R_w (C; C_{tr}) = 47 (-2; -7) dB (gilt für dargestellten Wandaufbau mit einer Gefachstärke ≥ 160 mm gemäß Prüfwerten des ift Rosenheim)

Wärme- und Feuchteschutz

$U_{Wandelement}$ = 0,15 W/m²K

Zur Verringerung der Wärmebrücke sollte die Lattung der Installationsebene mit einem konstruktiven Abstand zur Stahlbetondachdecke erstellt werden.

Brandschutz

Für GK 4 und 5 ist für das Kernelement ein Verwendbarkeitsnachweis für den Feuerwiderstand erforderlich. Die Materialien der Fassade müssen schwer entflammbar sein (A1, A2 und B1 nach deutscher Klassifizierung). Eine Holz-Außenwandbekleidung ist in GK 4 und 5 mit einem Brandschutzanstrich (Verwendbarkeitsnachweis vom Hersteller) verwendbar. Die Dachdecke muss ebenfalls mindestens als feuerhemmendes, raumabschließendes Bauteil (REI 30) ausgeführt werden. Höhere brandschutztechnische Anforderungen an die Dachdecke ergeben sich gemäß §29 MBO in GK 4 und 5, wenn sich mindestens zwei Nutzungseinheiten im obersten Geschoss befinden und eine Trennwand nur bis zur Rohdecke geführt wird. In GK 4 ist ein Feuerwiderstand von 60 Minuten, in GK 5 von 90 Minuten erforderlich.

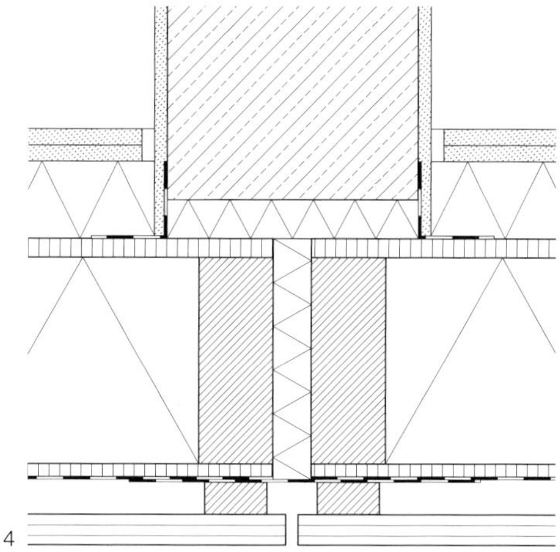

4 entkoppelter Elementstoß Innenwand–Außenwand mit elastischem Dämmstreifen (Horizontalschnitt)
5 Brandschutzanforderungen an nicht tragende Außenwände je Gebäudeklasse

4

Vertikale Anschlüsse – Allgemeine Anforderungen und Hinweise

Die vertikalen Anschlüsse der Außenwandelemente im Hybridbau, also die Anschlüsse in vertikaler Richtung an Bauteile wie Stahlbetonwände und -stützen nehmen statisch gesehen einen untergeordneten Stellenwert ein. Denn das statische System ist so definiert, dass die Ein- bzw. Weiterleitung von Eigen- und Windlasten der Außenwand über die horizontalen Stöße an den Geschossdecken bzw. über die Wandelemente ins Fundament erfolgt und nicht über die Trennwände oder -stützen. Es sind also keine statisch relevanten Befestigungsmittel entlang der vertikalen Fugen an Trennwände und Stützen erforderlich, gegebenenfalls aber Befestigungen zur Lagesicherung.
Die Montage- und Fügetechnik erfolgt ähnlich der des Geschossdeckenstoßes. Aus Schallschutzgründen empfiehlt es sich, die Außenwandelemente z. B. beim Anschluss an Wohnungstrennwände akustisch voneinander zu entkoppeln. So wird die Flankenschallübertragung erheblich verringert. Gewährleistet wird dies durch Einbringen einer elastischen Dämmschicht im Elementstoß (Abb. 4). Die Winddichtheit wird bei hinter- oder belüfteten Fassaden durch Aufbringen einer Fassadenbahn hergestellt.

Wenn der Anschluss an Wohnungstrenn- oder Treppenhauswände erfolgt, die gleichzeitig erhöhte Schall- und Brandschutzanforderungen erfüllen müssen, steigen auch die Anforderungen an die konstruktive Ausbildung des Anschlusses. Deswegen zeigt das Beispiel den Anschluss einer Trennwand an eine Brandwand (ausführbar bis einschließlich Gebäudeklasse 5, siehe S. 66f.). Brandwände werden in der Regel tragend ausgeführt.

Gemäß § 30 Abs. 1 der MBO 2002, zuletzt geändert am 13.05.2016, handelt es sich bei Brandwänden um Gebäudeabschlusswände oder um Wände, die das Gebäude in Brandabschnitte einteilen. Als raumabschließende Wände müssen sie die Brandausbreitung auf andere Gebäude oder Brandabschnitte ausreichend lang verhindern. Nach § 30 Abs. 3 müssen sie unter zusätzlicher mechanischer Beanspruchung feuerbeständig sein und aus nicht brennbaren Baustoffen bestehen. Ausnahmen bestehen jedoch für die Gebäudeklasse 1–3 und 4. So müssen in Gebäudeklasse 4 die Brandwände statt feuerbeständig (F 90+M) lediglich hochfeuerhemmend unter zusätzlicher mechanischer Beanspruchung ausgeführt werden (F 60+M). In Kombination mit dieser Einschränkung werden sie als Brandwandersatzwand bezeichnet. Mittlerweile lassen sich bis einschließlich Gebäudeklasse 5 alle Bauteile, auch Brandwände mit zusätzlicher mechanischer Beanspruchung, in Holzbauweise mit Feuerwiderstandsklassen von bis zu REI 90-$K_2$60 mit geprüften und bauaufsichtlich verwendbaren Konstruktionen realisieren. In Abhängigkeit von den Regeln der jeweiligen Landesbauordnung sind dafür allerdings Abweichungsanträge erforderlich, die über das individuelle Brandschutzkonzept begründet werden müssen. Die Brandschutznachweise werden hier aktuell gemäß DIN EN 1995-1-2 [1] (inkl. nationaler Anhang) und DIN 4102-4 [2] geführt. Darüber hinaus liegen bauaufsichtliche Prüfzeugnisse bei Holzbauunternehmen oder Unternehmen der Baustoffindustrie vor [3].
Allerdings empfiehlt es sich im Hybribau, die Brandwand bzw. Brandwandersatzwand (Innenwand, senkrecht zur betrachteten Außenwand in Holztafelbauweise) in Massivbauweise (z. B. Stahlbeton) zu belassen, da Brandwände meist mit zum Tragwerk gehören. Im Hybridbau muss die Anschlusssituation von raumabschließender, nicht tragender Außenwand und Brandwand besonders sorgfältig geplant werden.
Einen sinnvollen Lösungsansatz stellt die Einbindung der in Massivbauweise errichteten Brandwand oder Brandwandersatzwand in die Ebene der Holztafelbau-Außenwand dar. Die Funktion der Brandwand ist dabei bis zur Vorderkante der Außenwand sicherzustellen. Um einen ausreichenden Wärmeschutz zu gewährleisten, wird die Vorderkante der Wand hohlraumfrei und formschlüssig mit einer lagesicheren, nicht brennbaren Mineralwolldämmung (Schmelzpunkt > 1000 °C) versehen. Sie erfüllt neben Stahlbeton in der Breite der Brandwand ebenfalls die Brandschutzanforderungen. Somit wird ein vorzeitiger Brandeintrag in die brennbare Holzkonstruktion im Bereich der Anschlüsse verhindert. Darüber hinaus bestehen an die Außenwand links und rechts der Brandwand keine erhöhten Anforderungen. Hier erfolgt die Konzipierung gemäß den Brandschutzanforderungen für die einzelnen Gebäudeklassen (Abb. 5). Nähere Informationen enthält das Kapitel »Brandschutz« (S. 37ff.).

In den Gebäudeklassen 4 und 5 ist es erforderlich, ein projektspezifisches Brandschutzkonzept erstellen zu lassen, das die Erfüllung des Brandschutzes eindeutig darlegt. Dazu zählen klar festgelegte Rettungswege ohne Raucheinfluss, wie außen liegende Treppenhäuser oder Laubengänge, sowie übersichtliche Rauch- und Brandabschnitte. Brandmeldeanlagen können den Schutz des Menschenlebens im Brandfall weiter verbessern [3].
Bei WDVS in Gebäudeklasse 4 und 5 gewährleistet man den Brandschutz der Fassade durch die Verwendung von schwer entflammbaren Dämmplatten (z. B. Mineralwolldämmplatten).

Gebäudeklasse	**nicht tragende Außenwand (§ 28 MBO)**		
	Fassade	**Kernelement**	**Vorsatzschale**
1 bis 3	keine Anforderungen	keine Anforderungen	keine Anforderungen
4 und 5	Die Materialien der Fassade müssen mindestens der Brennbarkeit »schwer entflammbar« (A1, A2 und B1 nach deutscher Klassifizierung) entsprechen, um Brandausbreitung über die Fassade ausreichend zu verhindern.	Feuerwiderstand von 30 Minuten (EI 30)[1)]; hierfür ist ein Verwendbarkeitsnachweis nach DIN 4102-2 [6] etc. zu erbringen	keine Anforderungen
	Brandnebenwege im Anschlussbereich beachten		

1) Kriterium E – Etanchéité – Raumabschluss
5 Kriterium I – Isolation – Wärmedämmung (Begrenzung der Temperaturerhöhung)

Für Holzbekleidungen lässt sich die Anforderung »schwer entflammbar« an die Fassade nicht ohne Weiteres erreichen. Es wären besondere konstruktive Maßnahmen erforderlich, um das Schutzziel der Schwerentflammbarkeit trotz Verwendung eines brennbaren Materials zu erfüllen. Dieses Schutzziel regelt dabei, dass eine selbstständige Ausbreitung des Brands außerhalb des Primärbrandbereichs ausgeschlossen werden muss. Mittlerweile existiert eine Reihe von Konstruktionsvorschlägen auf Grundlage umfangreicher Untersuchungen in der Schweiz, Österreich und Deutschland [4], [5].
Im Rahmen von Brandschutzkonzepten können diese Vorschläge angewendet werden. Dabei sollte auf eine geschossweise Trennung der Hinterlüftungsebene sowie auf eine geschlossene Fassadenverbretterung geachtet werden. Die geschlossene Fassadenverbretterung erhält festgelegte Überstände, beispielsweise in Form von Trennblechen. Die Brandschutzanforderungen sollten ebenso wie die Feuchteschutzanforderungen konstruktiv gelöst werden. Aus Umweltschutzgründen ist auf Flammschutzmittel im Außenbereich zu verzichten. [3]
Leitungseinbauten sollte man im näheren Einflussbereich von Brandwänden vermeiden. Sind Leitungseinbauten im Kernelement der Außenwand zwingend erforderlich, sollten die Vorgaben in der Muster-Leitungsanlagenrichtlinie (MLAR), auch Richtlinie über brandschutztechnische Anforderungen an Leitungsanlagen (RbALei) genannt, befolgt werden. Gegebenenfalls sind abweichende Ländervorgaben zu beachten. Ein Leitungseinbau in die Installationsebene ist immer unkritisch.
Die konstruktive Einbindung einer Brandwand aus Stahlbeton in die Ebene der nicht tragenden Außenwand in Holztafelbauweise bedeutet zwar eine erhöhte Wärmebrücke, diese ist jedoch im Sinne des Brandschutzes (also zum Schutz der körperlichen Unversehrtheit und des Lebens) vertretbar. Die Gewährleistung des Brandschutzes hat gegenüber dem Wärmeschutz Vorrang.
Da dieses Anschlussdetail generell in einem relativ geringen Umfang und nur linear am Gebäude vorkommt, spielt dieser Aspekt im Hinblick auf die Wärmeschutzeigenschaften des Gebäudes eine untergeordnete Rolle.
Das nachfolgend dargestellte Detail des Brandwandanschlusses (S. 66f.) wird durch weitere Angaben zur Bauphysik beschrieben:

Wärmeschutz:
- U-Werte und Angaben zur Verringerung von Wärmebrücken

Schallschutz:
- bewertetes Schalldämm-Maß und Spektrum-Anpassungswerte R_w (C, C_{tr})
- bewerteter Norm-Trittschallpegel und Spektrum-Anpassungswert $L_{n,w}$ (C_I) bzw.
- Norm-Flankenschallpegeldifferenz und Spektrum-Anpassungswerte $D_{n,f,w}$ (C, C_{tr})

Die Spektrum-Anpassungswerte C, C_{tr} und C_I werden zum Nachweis nach DIN 4109 nicht benötigt.

Brandschutz:
- Hinweise zum Brandschutz

Weiterführende Hinweise zu Normen finden sich im Anhang (S. 94).

Anmerkungen:
[1] DIN EN 1995-1-2: 2010-12, Eurocode 5: Bemessung und Konstruktion von Holzbauten – Teil 1–2: Allgemeine Regeln – Tragwerksbemessung für den Brandfall; deutsche Fassung EN 1995-1-2: 2004 + AC: 2009
[2] DIN 4102-4: 2016-05 Brandverhalten von Baustoffen und Bauteilen – Teil 4: Zusammenstellung und Anwendung klassifizierter Baustoffe, Bauteile und Sonderbauteile
[3] Winter, Stefan: Der zeitgenössische Holzbau, Brandschutz im Hochbau. In: Urbaner Holzbau. Handbuch und Planungshilfe. Chancen und Potentiale für die Stadt. Hrsg. von Cheret, Peter; Schwaner, Kurt; Seidel, Arnim. Berlin 2013
[4] Winter, Stefan; Merk, Michael: Brandsicherheit im mehrgeschossigen Holzbau. Abschlussbericht Teilprojekt 2. High-Tech-Offensive Zukunft Bayern. Technische Universität München, Lehrstuhl für Holzbau und Baukonstruktion. München 2008
[5] Schober, Peter u.a.: Fassaden aus Holz. 3. Auflage, Wien 2014

Brandwand bzw. Brandwandersatzwand

Die tragende Befestigung der Holztafelbauelemente erfolgt an den horizontalen Stößen. Zusätzlich können in vertikaler Richtung unter Berücksichtigung des Schallschutzes konstruktive Verbindungmittel zur Lagesicherung angeordnet werden. Zur Erfüllung der Brandschutzanforderungen an eine Brandwand bzw. Brandwandersatzwand nach DIN 4102-4 [1] muss ihre Funktion bis zur Außenkante der Außenwand erfüllt werden. Ansonsten bestehen neben den Anforderungen an die Gebäudeklassen keine gesonderten Anforderungen an den Schichtenaufbau des Außenwandelements. Eine Belüftung der Fassade behindert die Brandausbreitung und verringert die Rauchentwicklung und sollte daher einer Hinterlüftung vorgezogen werden.

[1] DIN 4102:2016-05, Brandverhalten von Baustoffen und Bauteilen - Teil 4: Zusammenstellung und Anwendung klassifizierter Baustoffe, Bauteile und Sonderbauteile

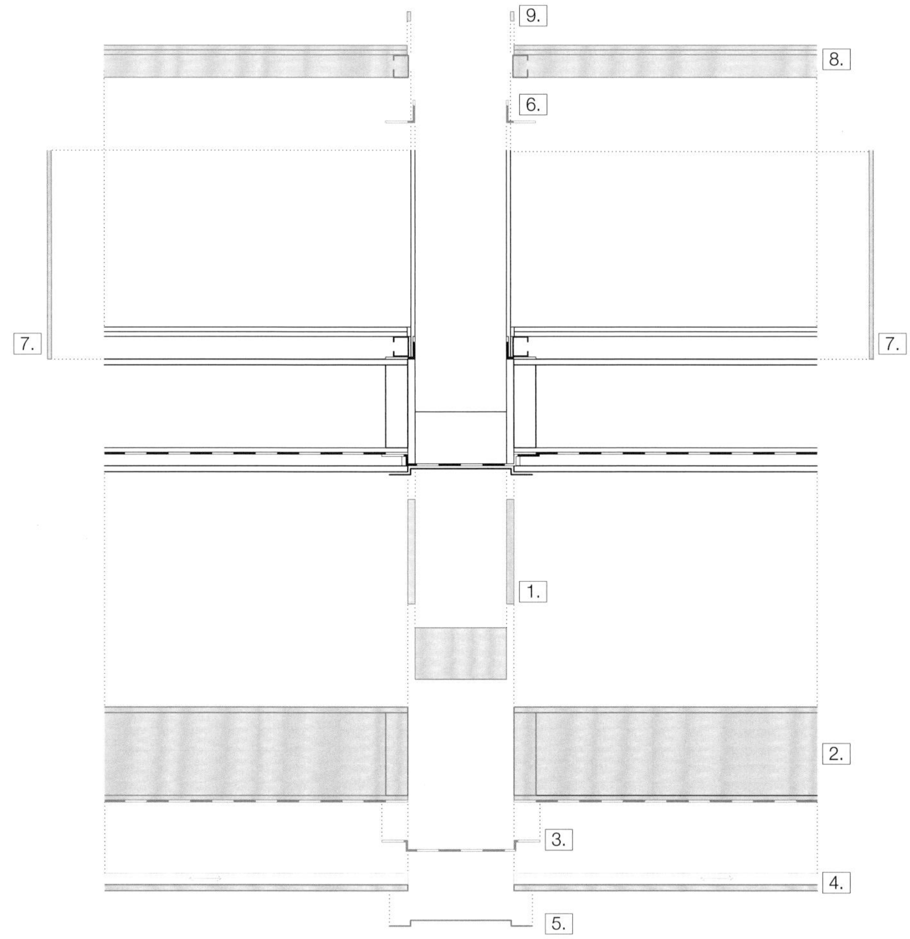

Montage- und Fügetechnik

1. Ankleben der Dämmstreifen nach DIN EN 13162 (mit Schmelzpunkt > 1000 °C) an Stahlbetonwand
2. Montage der Außenwandelemente
3. Herstellen der Winddichtheitsebene (Fassadenbahn sd ≤ 0,3 m)
4. Montage der Fassadenbekleidung (hier: belüftete Fassade)
5. Montage der nicht brennbaren Außenwandbekleidung im Bereich der Brandwand (-ersatzwand) (z. B. Stahlblech).
6. Herstellen der Luft- und Rauchdichtheit (beidseits)
7. Aufbringen des Wandputzes oder Verspachteln der Stahlbetonwand
8. Ausführung der Installationsebene
9. Abdichtung (umlaufend) der Gipskartonfeuerschutzplatten zu Wand, Decke und Fußboden zur Verbesserung des Schallschutzes nach DIN EN 15651-1

Horizontalschnitt Maßstab 1:10

1 Holztafelbauelement:
Fassadenplatte (z. B. Holzspanplatte gestrichen, zementgebunden) 16 mm
Unterkonstruktion Konstruktionsvollholz KVH (z. B. Fichte) versetzt, belüftet 30/50 mm
Gipsfaserplatte mit Fassadenbahn (winddichte Ebene) diffusionsoffen (sd ≤ 0,3 m) 15 mm
Konstruktionsvollholz KVH (a = 62,5 cm) 220 mm, dazwischen Wärmedämmung (WLS 040) 2× 110 mm
OSB-Platte (luftdichte Ebene) 15 mm
Installationsebene 60 mm aus Unterkonstruktion Stahlprofile CW60, dazwischen Wärmedämmung (WLS 040)
Gipskartonfeuerschutzplatte GKF 2× 12,5 mm
Verspachtelung
2 Brandwand (-ersatzwand):
Putz 10 mm
Stahlbetonwand 250 mm
Putz 10 mm
3 Bekleidung im Bereich der Brandwand, nicht brennbar (z. B. Verblechung)
Winddichtung (Verklebung mit Fassadenbahn)
Wärmedämmung (hohlraumfrei) beideits jeweils vor der Stirnseite der Holztafelbauelemente (≥ 20 mm)
4 Abklebung Luft- und Rauchdichtheit (beidseits)
5 elastische Verfugung (beidseits)

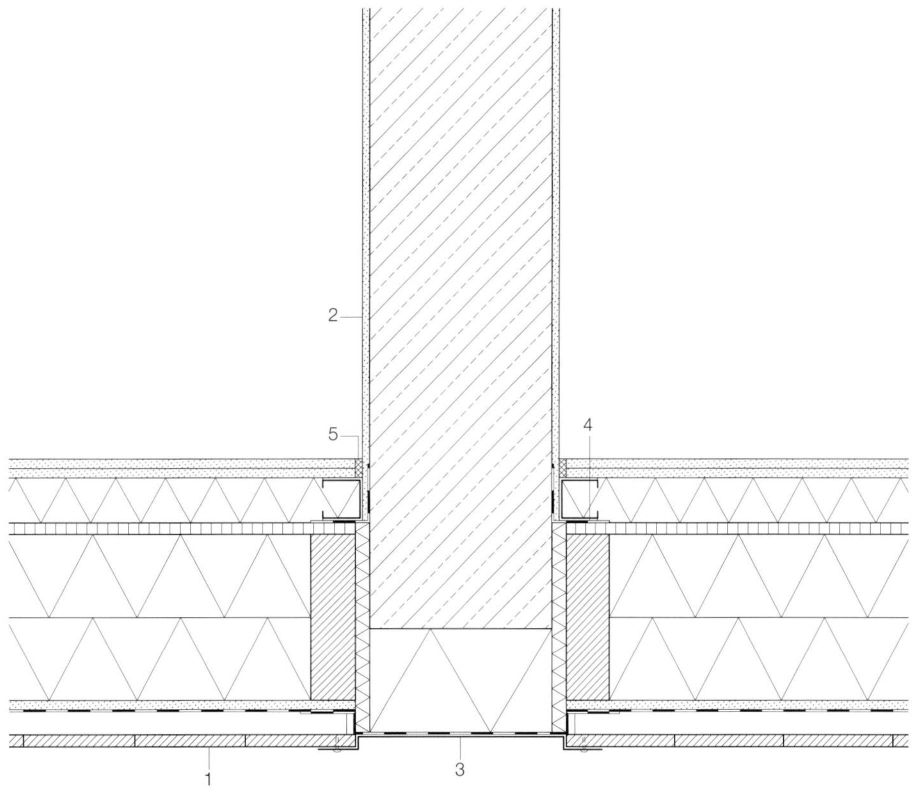

Schallschutz

$D_{n,f,w}$ (C; C_{tr}) = 66 (-2; -8) dB

Außenwandelement: R_W (C; C_{tr}) = 47 (-2; -7) dB (gilt für dargestellten Wandaufbau mit einer Gefachstärke ≥ 160 mm gemäß Prüfwerten des ift Rosenheim)

Stahlbetonwand, verputzt: R_W = 64 dB (gemäß DIN 4109-32, Abschnitt 4.1.4.2.2)

Wärme- und Feuchteschutz

$U_{Wandelement}$ = 0,15 W/m²K

Der durch den Brandschutz bedingte Einstellgrad der Brandwand stellt eine erhöhte Wärmebrücke dar; die Kompensation erfolgt durch die konstruktiv erforderlichen seitlichen Dämmstreifen.

Brandschutz

Die Funktion der Brandwand ist bis zur Außenkante Außenwand zu führen. Gewährleistet wird dies durch formschlüssig eingebrachte, nicht brennbare Dämmstreifen und eine Verblechung als Außenwandbekleidung.
Darüber hinaus bestehen an die Außenwand die Brandschutzanforderungen gemäß der jeweiligen Gebäudeklasse (GK).

Projektbeispiele

»Aktivhaus« – Geschosswohnungsbau in Frankfurt am Main

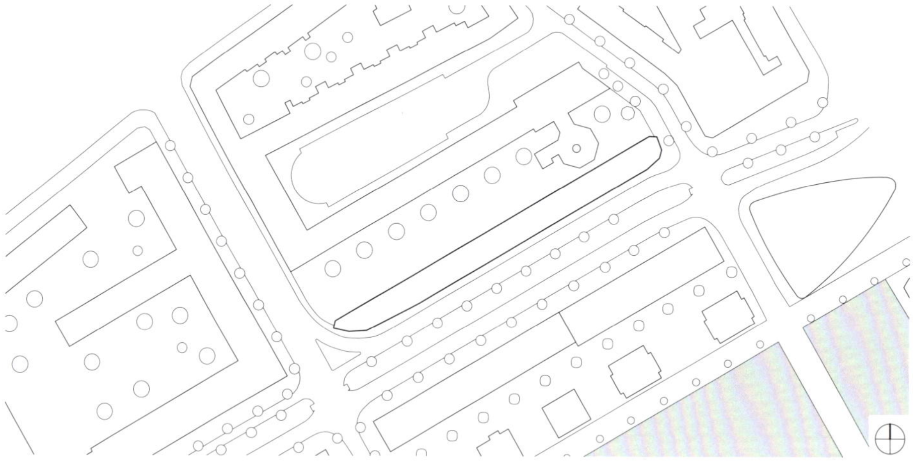

Architekten:	HHS Planer + Architekten, Kassel
Tragwerksplaner:	B+G Ingenieure, Bollinger und Grohmann, Frankfurt am Main
Holzbau:	Gumpp & Maier, Binswangen
Stahlbetonbau:	Ed. Züblin, Frankfurt am Main
Fertigstellung:	2015

Auf einem schmalen Baugrundstück, das zuvor als Parkplatz diente und lange als unbebaubar galt, wurden 74 Zwei- bis Vierzimmerwohnungen realisiert. Vier einläufige Treppen an der Nordseite erschließen die Wohnungen. Im Erdgeschoss befinden sich zwei Ladenlokale sowie eine öffentliche Carsharing-Station für Elektrofahrzeuge, die aus den Stromüberschüssen der hauseigenen Photovoltaikanlagen geladen werden. Das Aktivhaus erfüllt als erster Geschosswohnbau in Deutschland den Effizienzhaus-Plus-Standard des Bundesbauministeriums und soll im Jahresverlauf mehr Energie auf dem eigenen Grundstück erzeugen als seine Bewohner verbrauchen. Photovoltaikmodule auf Dach und Fassade erzeugen den Strom; die Beheizung erfolgt mittels einer Wärmepumpe, die Wärme aus dem Abwasser der Stadt nutzt.
Das Gebäude wurde in Stahlbetonschottenbauweise mit vorgefertigten Holztafelbauelementen erstellt. Die Südfassade weist mit 62 % Fensterflächenanteil eine großzügige Verglasung auf, ihren opaken Teilen sind Photovoltaikmodule vorgesetzt. Die Brüstungen der Südseite sowie die opaken Elemente der Nordfassade sind mit Faserzementplatten bekleidet.
Das Projekt gilt als Musterbeispiel für die Vorteile der Hybridbauweise: Das Stahlbetontragwerk erleichtert den Brand- und Schallschutznachweis sowie die Erstellung des 150 m langen und nur 10 m tiefen Gebäudes, während die Holztafelbauelemente mit vergleichsweise geringer Bautiefe eine hochdämmende Außenwand ermöglichen. Die vorgefertigten Fassadenteile wurden »just in time« angeliefert, sodass ein Lkw-Stellplatz nur für kurze Zeit benötigt wurde. Ihre Montage erfolgte schnell, schmutz- und lärmarm, indem sie per Kran an die Einbaustelle gehoben und befestigt wurden.

aa

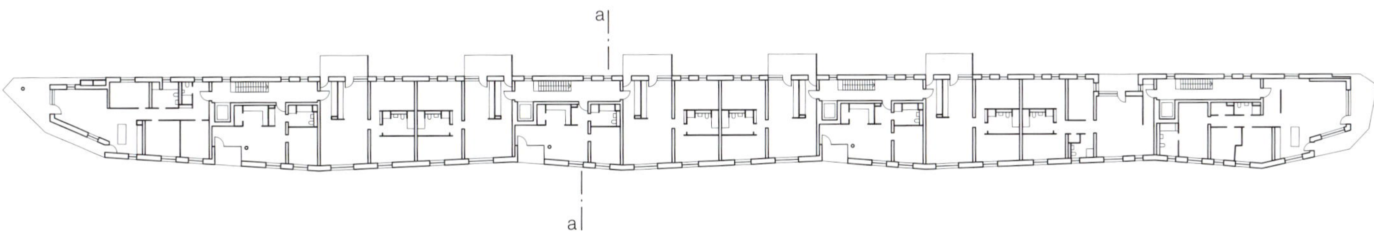

Lageplan Maßstab 1:3000
Schnitt • Grundriss Regelgeschoss
Maßstab 1:800
Beispielgrundrisse Wohnungen
Maßstab 1:250

1 Zimmer
2 Balkon
3 Flur
4 Wohnen / Essen
5 Loggia

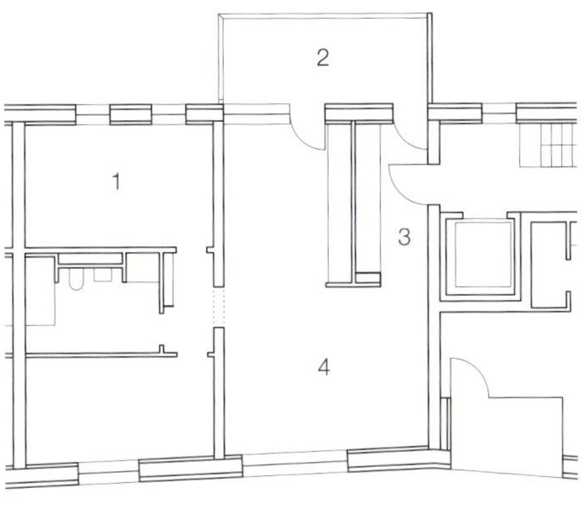

3-Zimmer-Wohnung

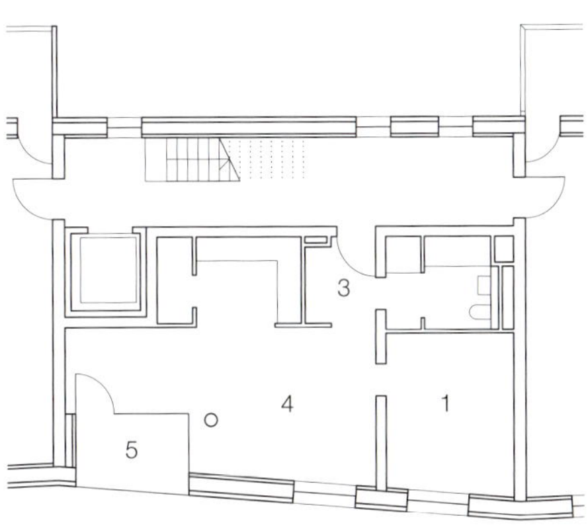

2-Zimmer-Wohnung

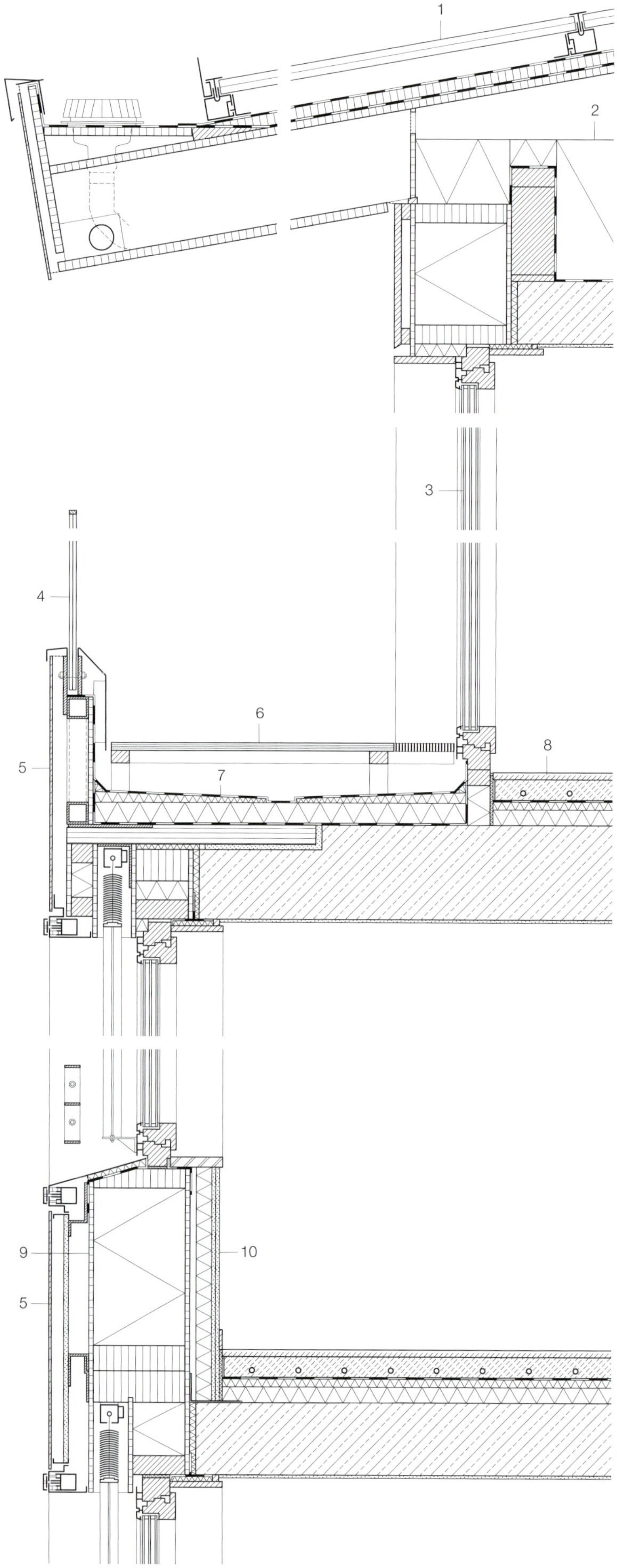
1
2
3
4
5
6
7
8
9
10
5

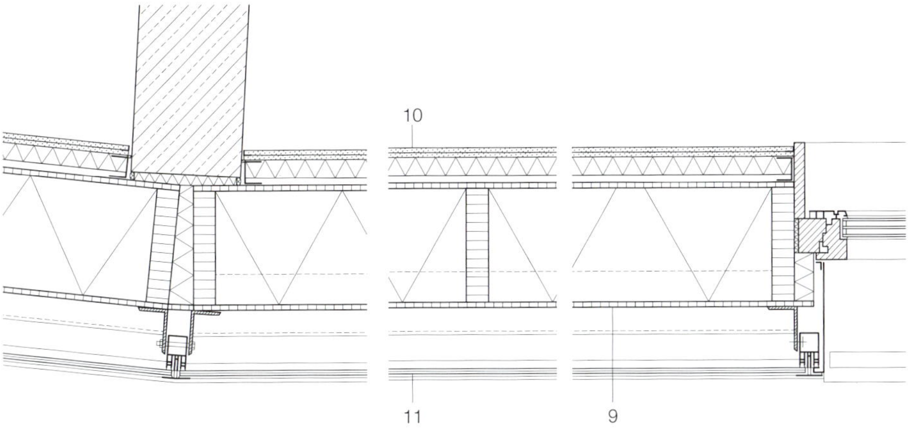

Südfassade
Vertikalschnitt Dachterrasse und Fenster/Brüstung
Horizontalschnitt Photovoltaikbekleidung
Maßstab 1:20

1 Dachaufbau:
Photovoltaikmodul monokristallin schwarz 45 mm
Unterkonstruktion Aluminium 80 mm
Abdichtung EPDM-Folie
Furnierschichtholz 40 mm
Dichtungsbahn Kunststoff
OSB-Platte 25 mm
Träger Brettschichtholz 160/280 mm
Dreischichtplatte Fichte weiß 30 mm
2 Wärmedämmung Zellulose 450 mm
Dampfsperre
Stahlbetondecke 200 mm
Putz 10 mm
3 Dreifachverglasung in Holz-Aluminium-Fenster
4 Absturzsicherung VSG 2× 15 mm
5 Brüstungsbekleidung Faserzementplatte 8 mm
6 Bohlen Kiefer Thermoholz rilliert 25 mm auf Unterkonstruktion
7 Abdichtung EPDM-Folie
Wärmedämmung PUR im Gefälle ≤ 30 mm
Wärmedämmung Vakuum-Dämmpaneele 60 mm
Dichtungsbahn Polymerbitumen
Stahlbetondecke 300 mm
Putz 10 mm
8 Bodenaufbau:
Parkett Hochkantlamelle Eiche 22 mm
Heizestrich 65 mm
PVC-Folie
Trittschalldämmung 75 mm
Stahlbetondecke 280 mm
Putz 10 mm
9 Holztafelbauelement:
Holzfaserplatte diffusionsoffen, feuchtebeständig 15 mm
Holzständer Brettschichtholz 60/300 mm, dazwischen Wärmedämmung Zellulose
OSB-Platte 15 mm
10 Gipskarton 2× 12,5 mm
Metallständer, dazwischen Wärmedämmung Mineralwolle 50 mm
Luftschicht 20 mm
11 Photovoltaikmodul monokristallin schwarz 35 mm
Hinterlüftung

Geschossdeckenstoß
Nordfassade
Maßstab 1:5

1 Bodenaufbau:
Parkett Hochkantlamelle Eiche 22 mm
Heizestrich 65 mm, PVC-Folie
Trittschalldämmung 75 mm
Stahlbetondecke 220 mm
Putz 10 mm
2 Bolzenanker M12×70
3 Stahlblech gekantet 360/100/5 mm
mit Bohrung für Anker ∅ 14 mm
4 Gipskarton 2× 12,5 mm
Metallständer, dazwischen Wärmedämmung
Mineralwolle 50 mm
Luftschicht 20 mm
5 Holztafelbauelement:
Holzfaserplatte diffusionsoffen, feuchtebeständig 15 mm
Holzständer Brettschichtholz 60/300 mm,
dazwischen Wärmedämmung Zellulose
OSB-Platte 15 mm
6 Faserzementplatte 8 mm
Hinterlüftung / Unterkonstruktion Holzlatten 40 mm
7 Elementstoß
8 Brettschichtholz 60/300 mm
9 Kompriband
10 Gerüstanker im Abstand max. 2,50 m
11 Brettschichtholz 100/300 mm mit
3× Senkkopfschraube 6/160
12 Wärmedämmung Mineralwolle 170 mm
13 Raffstore Aluminiumlamellen
14 Dämmstreifen Mineralwolle 20 mm
15 Holzfaserplatte diffusionsoffen, feuchtebeständig 15 mm
16 KVH 60/170 mm
17 Fugendichtungsband 10 mm
18 Brandsperre Blechwinkel verzinkt, jedes zweite Geschoss
19 Holzwerkstoffplatte melaminharzbeschichtet anthrazitgrau 19 mm
20 Klebeband für Luftdichtheit
21 Aluminiumprofil L
22 Wärmedämmung Zelllulose 300 mm
23 Lüftungskanal mit Dämmung 19 mm
24 Lüftungsgitter
25 Fortluftkanal

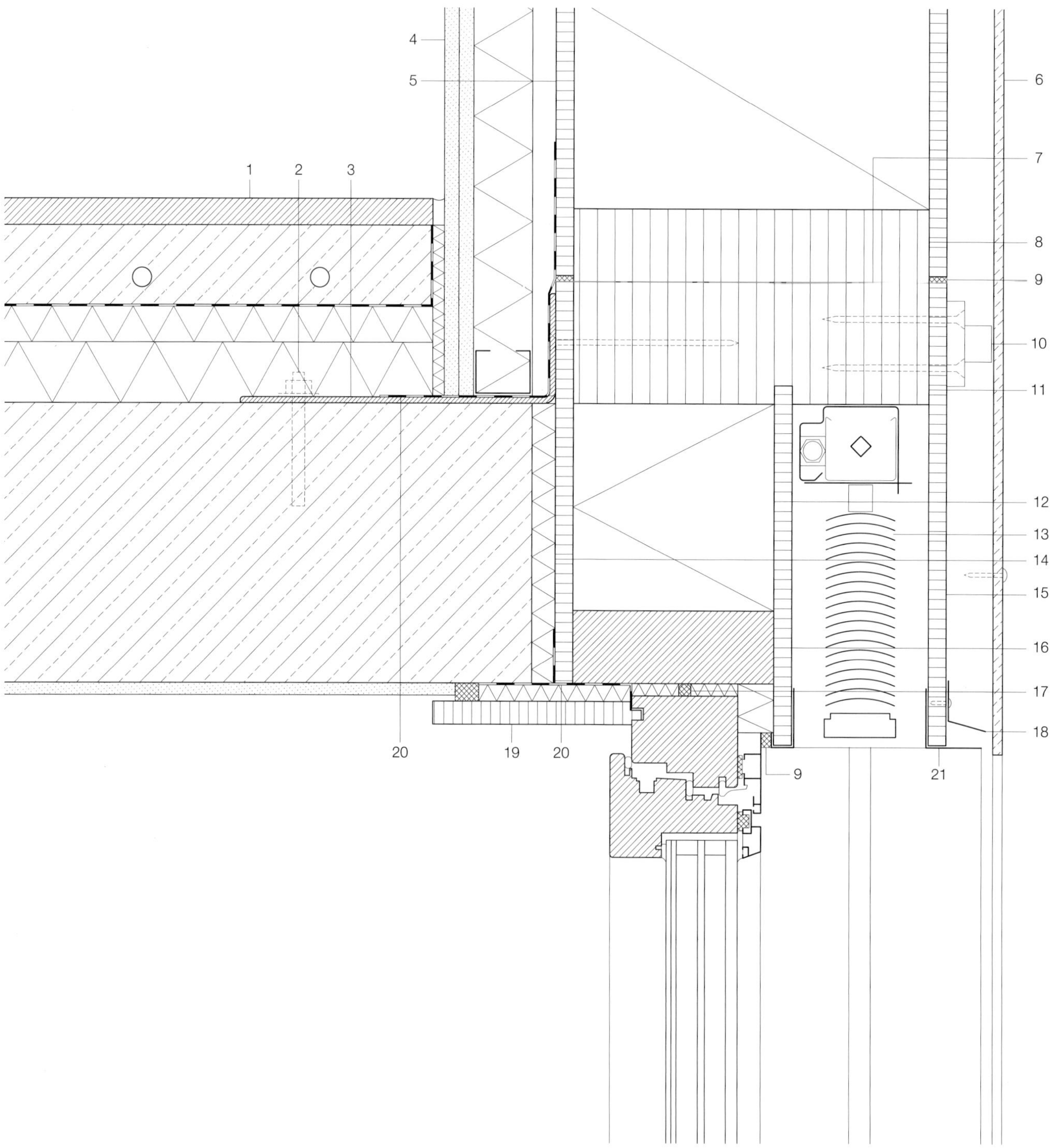

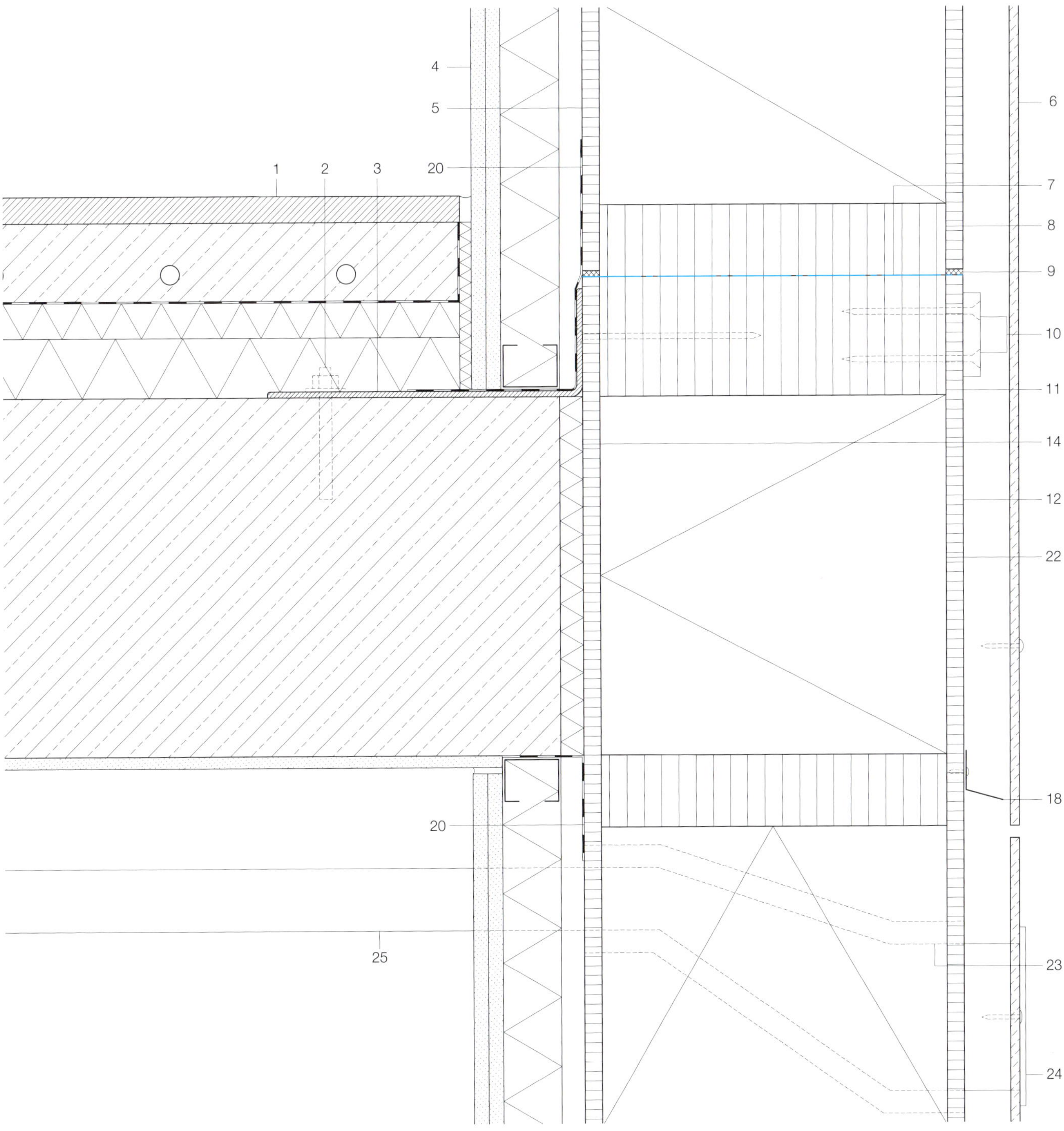
4
5
1
2
3
20
6
7
8
9
10
11
14
12
22
18
20
25
23
24

Experimenteller Wohnungsbau in Wuppertal-Ostersiepen

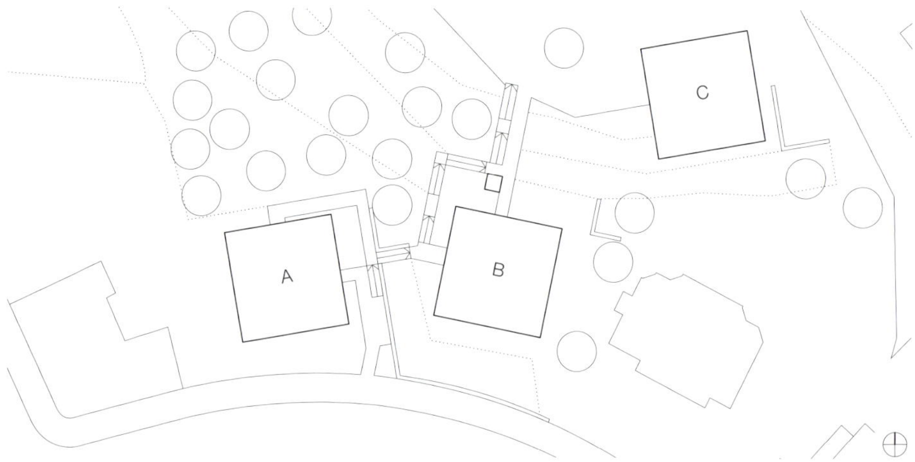

Architekten:	ACMS Architekten, Wuppertal
Tragwerksplaner:	T/S/B-Ingenieurgesellschaft, Darmstadt
Holzbau:	Holzbau Brüggemann, Neuenkirchen
Stahlbetonbau:	Läer+Rahenbrock, Siegburg
Fertigstellung:	2012

Die drei multifunktionalen Wohngebäude verdichten die Bebauung auf dem Campus der Universität Wuppertal, um dem steigenden Bedarf an studentischem Wohnraum gerecht zu werden. Allerdings können sie künftig auch für den allgemeinen Wohnungsmarkt nutzbar und attraktiv werden, da die Grundrisse der Apartments mit geringem Aufwand zu Drei-Personen-Wohnungen umbaubar sind. Dieses Konzept förderte das Ministerium für Wirtschaft, Energie, Bauen, Wohnen und Verkehr als »experimentellen Wohnungsbau«. Die Gebäude greifen nur minimal in die extreme Hanglage ein und reagieren darauf mit kompakten, zueinander verdrehten Baukörpern. So profitieren alle Bewohner von Ausblicken, passiver Solarnutzung und Freiraumqualitäten. Die Aufteilung in drei Gebäudekörper und deren Platzierung auf den Geländeplateaus erzeugt auf einer bisher als unbebaubar klassifizierten Restfläche räumliche Qualitäten. Die Erschließung der fünf Ebenen erfolgt im mittleren Haus über einen außen liegenden Steg. Die Häuser sind im Passivhausstandard als Stahlbetonskelettbau mit Flachdecken und einer Gebäudehülle aus großformatigen, vorgefertigten Holztafelbauelementen von jeweils ca. 15 m Länge realisiert. Abgestimmt auf die Grundrisse verwendeten die Architekten ein Achsmaß von 70 cm anstelle der üblichen 62,5 cm. Stegträger als Ständer der Holztafelbauelemente ermöglichen optimale Dämmwerte. Die hinterlüftete Bekleidung besteht aus Schichtstoffplatten in unterschiedlichen Grüntönen. Mit der Hybridbauweise ließen sich CO_2-emissionsintensive Materialien wie Beton auf ein Minimum reduzieren. Die ca. 2500 m² große Gebäudehülle emittierte nach Angabe der Architekten bei ihrer Herstellung 140 t weniger CO_2 als eine klassische massive Außenwand.

Lageplan
Maßstab 1:1000
Schnitt Haus B
Grundrisse Regelgeschoss
Maßstab 1:250

1 1-Zimmer-Apartment
2 2-Zimmer-Apartment
3 Zugangssteg
4 gemeinschaftlicher Wohnbereich mit Küche
5 Zimmer
6 3-Zimmer-Wohnung

aa

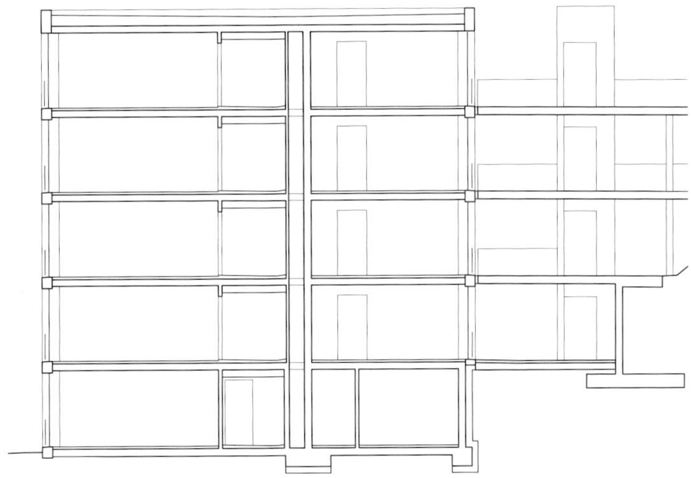

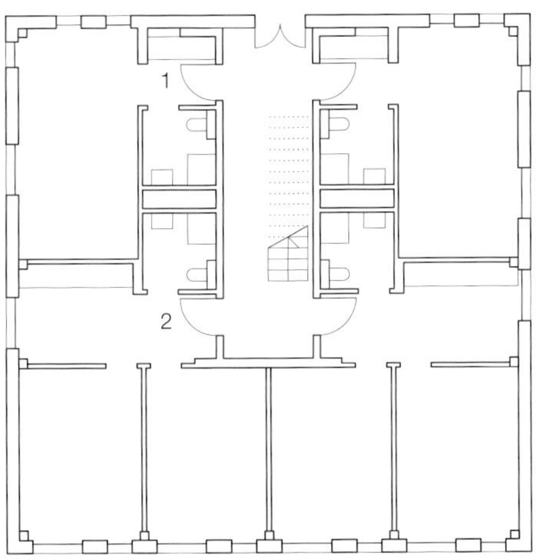

Haus A und C: Grundrissvariante Studenten-apartments

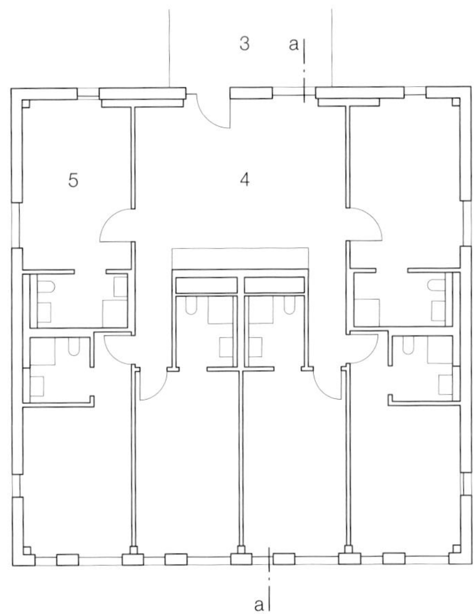

Haus B: Erschließung über externen Aufzug und Steg in jedem Geschoss
Grundrissvariante Studentenapartments

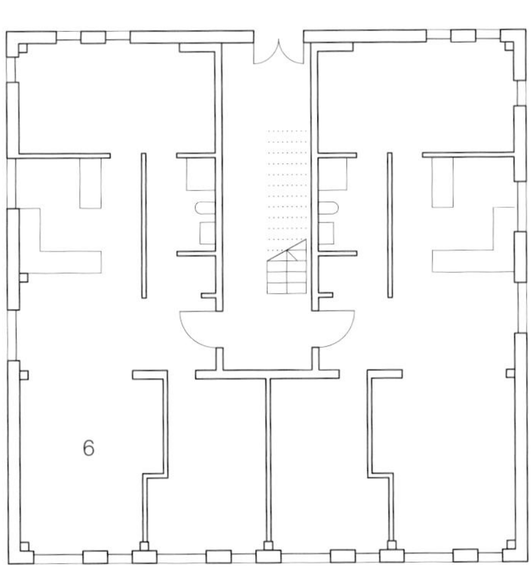

Haus A und C: Grundrissvariante geförderter Wohnungsbau

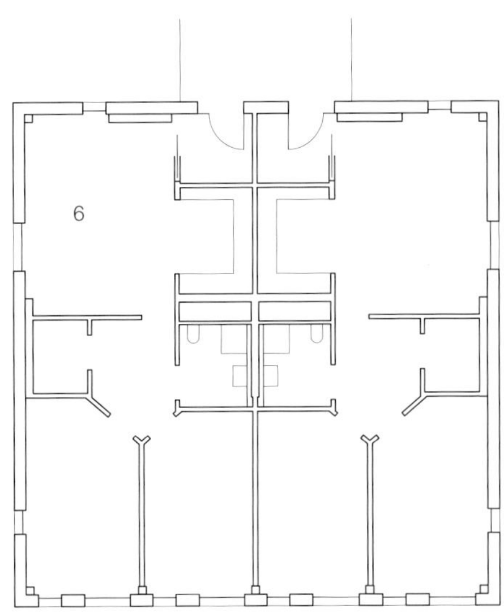

Haus B: Erschließung über externen Aufzug und Steg in jedem Geschoss
Grundrissvariante geförderter Wohnungsbau

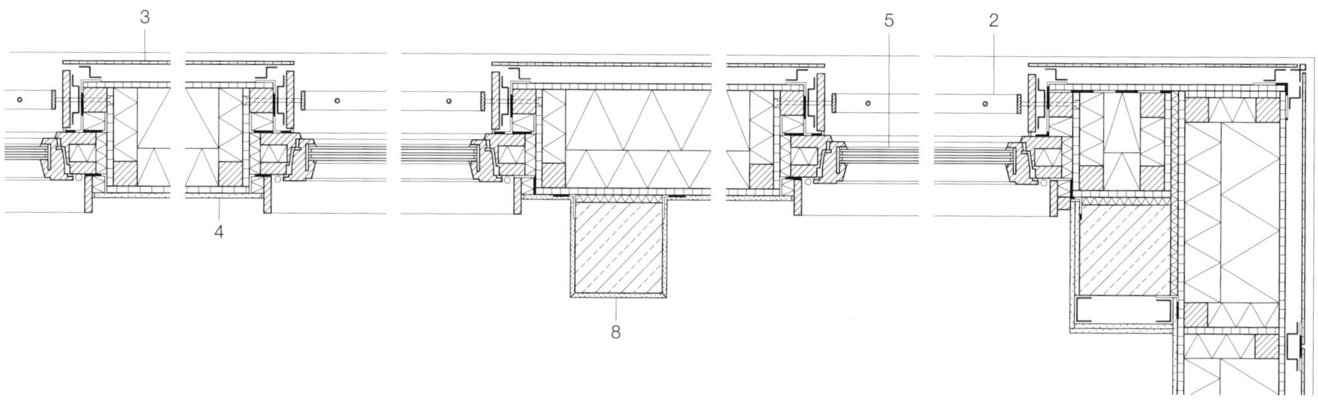

bb

Horizontalschnitt
Vertikalschnitt
Maßstab 1:20

1 Dachaufbau:
extensive Begrünung
Substrat ca. 90 mm
Filtermatte
Festkörperdränage 25 mm
Schutz- und Speichervlies Geotextil
Abdichtung Kunststoffbahn flexible Polyolefine 1,8 mm
Wärmedämmung EPS (WLG 035) 300 mm 0,5–1 % Gefälle
Dampfsperre Bitumenbahn Polyolefine
Deckenplatte Stahlbeton 220 mm
Spachtelung 5–10 mm
2 Flachstahlrahmen feuerverzinkt 50/10 mm,
Füllung Stahlstäbe Ø 12 mm
3 Holztafelbauelement:
Harzkompositplatte 8 mm hinterlüftet, Fugen hinterlegt
Unterkonstruktion Hutprofil Aluminium 40 mm
Holzfaserplatte diffusionsoffen, wasserabweisend 16 mm, als Nut und Feder
Z-Stegträger:
Schwelle: Kantholz 65/65 mm, Steg OSB-Platte 18 mm, Kantholz 100/100 mm
Stiele: Kantholz 65/65 mm, Steg OSB-Platte 18 mm, Kantholz 65/65 mm,
Obergurt: Kantholz 65/65 mm, Steg OSB-Platte 18 mm, Kantholz 100/85 mm
dazwischen Wärmedämmung Steinwolle 260 mm
OSB-Platte 18 mm, Stöße luftdicht verklebt
4 Gipskarton 12,5 mm, Stöße verspachtelt
5 Fenstertür Dreifachverglasung in Holz-Sandwichrahmen
6 Bodenaufbau Obergeschoss:
Mosaikparkett Eiche 8 mm
Zementestrich 50 mm
Trennlage PE-Folie
Trittschalldämmung EPS 20 mm
Deckenplatte Stahlbeton 220 mm
Spachtelung 5–10 mm
7 Fassadenanker Stahl verzinkt 12 mm
8 Stütze Stahlbeton 240/240 mm
9 Bodenaufbau Erdgeschoss:
Mosaikparkett Eiche 8 mm
Zementestrich 50 mm
Trennlage PE-Folie
Trittschalldämmung EPS 20 mm
Ausgleichsschicht XPS 10–20 mm
Abdichtung Elastomer-Bitumenbahn, vollflächig verklebt
Bodenplatte WU-Stahlbeton 250 mm
Trennlage PE-Folie, Glasschaumschotter (WLG 080) 500 mm, Geotextil

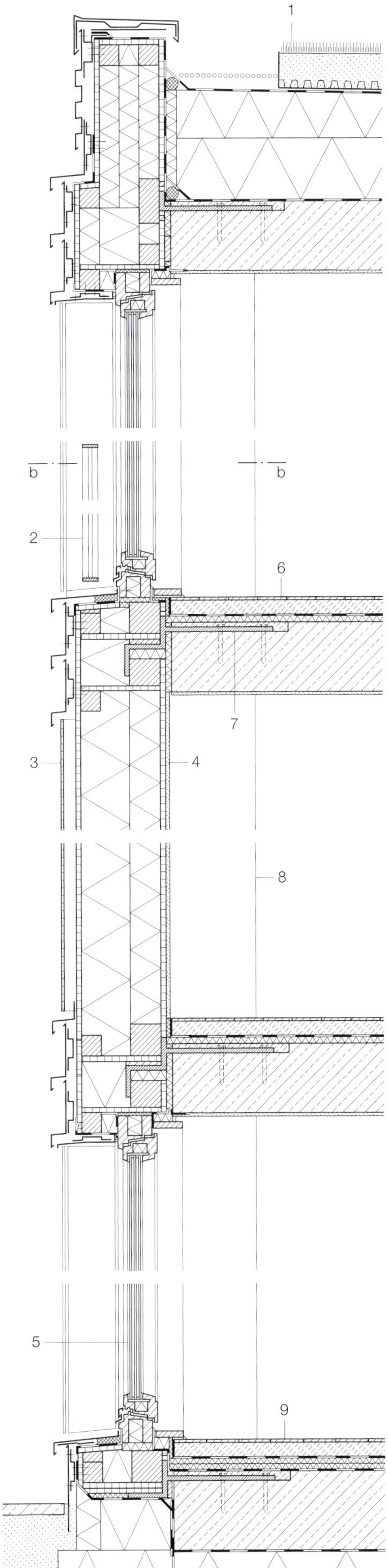
1
b
b
2
6
7
3
4
8
5
9

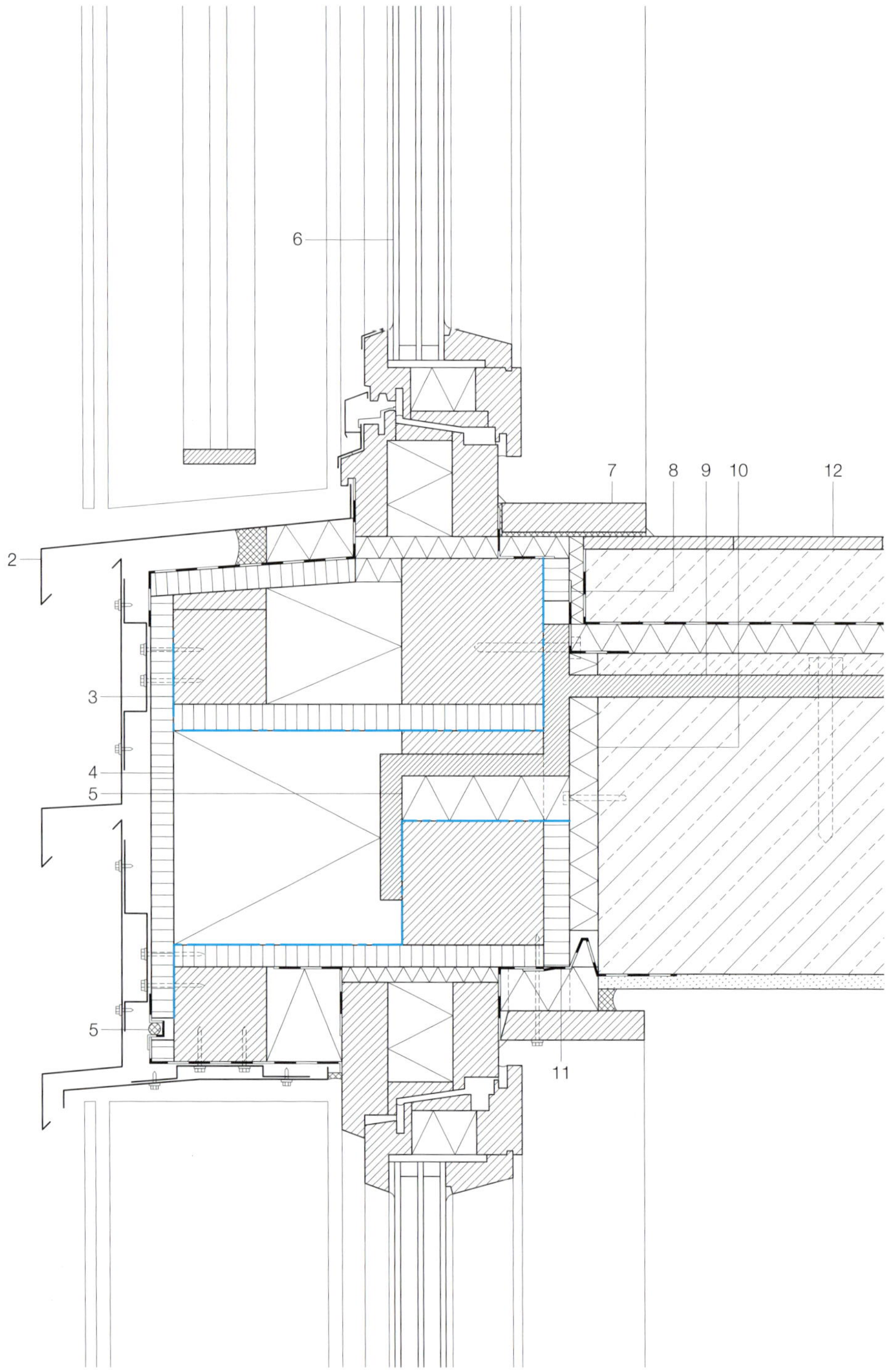

Vertikalschnitt Elementstoß
Horizontalschnitt Gebäudeecke
Maßstab 1:5

1 Holztafelbauelement:
Harzkompositplatte 8 mm hinterlüftet, Fugen hinterlegt
Unterkonstruktion Hutprofil Aluminium 40 mm
Holzfaserplatte diffusionsoffen wasserabweisend 16 mm, als Nut und Feder
Z-Stegträger:
Stiele: Kantholz 65/65 mm, Steg OSB-Platte 18 mm, Kantholz 65/65 mm, dazwischen Wärmedämmung Steinwolle 260 mm
OSB-Platte 18 mm, Stöße luftdicht verklebt
2 Aluminiumblech eloxiert 2 mm
3 Elementstoß
4 Elementfuge nachträglich dichtgestopft mit Wärmedämmung mineralisch (WLG 035)
Abdeckung Holzfaserplatte diffusionsoffen wasserabweisend 16 mm, unten beweglich angeschlossen
Fugenabklebung winddicht, diffusionsoffen
Kompriband
5 Fuge für Bewegungsaufnahme
6 Fenstertür Dreifachverglasung in Holz-Sandwichrahmen
7 Fußleiste Holz, grau lasiert
Schallschutzstreifen 2 mm
Folienabklebung Fenster luftdicht, dampfbremsend
8 Folienabdichtung Fassadenanker
9 Fassadenanker Stahl verzinkt 12 mm
Verfüllung mit Vergussmörtel
10 Dämmstreifen Mineralwolle vor Deckenstirnkante, komprimierbar
kraftschlüssige Hinterfütterung im Bereich der Fassadenanker gegen Verrutschen fixiert an Betondecke
11 Folienabklebung luftdicht, dampfbremsend, mit Falte zur Aufnahme von Deckendurchbiegungen bis 15 mm
Abdeckleiste Holz, Anschluss zwischen Fassade / Decke beweglich
12 Bodenaufbau Obergeschoss:
Mosaikparkett Eiche 8 mm
Zementestrich 50 mm
Trennlage PE-Folie
Trittschalldämmung EPS 20 mm
Deckenplatte Stahlbeton 220 mm
Spachtelung 5–10 mm
13 Elementverbindung Ecke:
Holzfaserplatte diffusionsoffen, wasserabweisend 16 mm, aufgeschraubt, Stöße winddicht verklebt
Hohlräume mit Mineralwolle (WLG 035) ausgestopft
14 Eckprofil: Systemprofil hinter Fassadenplatten geklebt
15 Fuge mit Mineralwolle (WLG 035) hydrophob, hochkomprimierfähig
16 Gipskarton 12,5 mm, Stöße verspachtelt
17 Gipskarton 2× 12,5 mm
Stütze Stahlbeton 240/240 mm
18 Schacht Elektroinstallationen

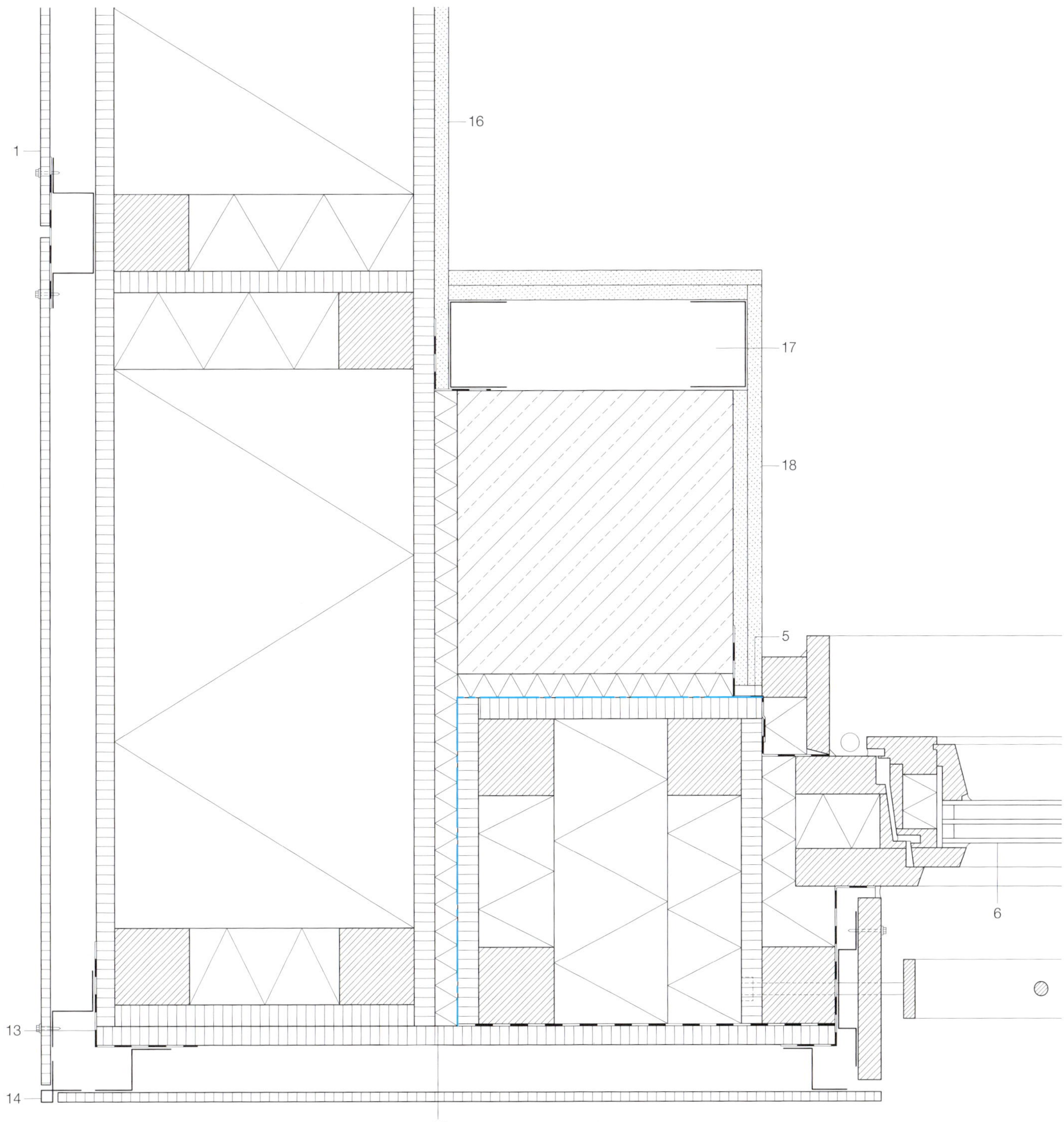

16
1
17
18
5
6
13
14
15

»Ecoleben« – mehrgeschossige Wohngebäude in Penzberg

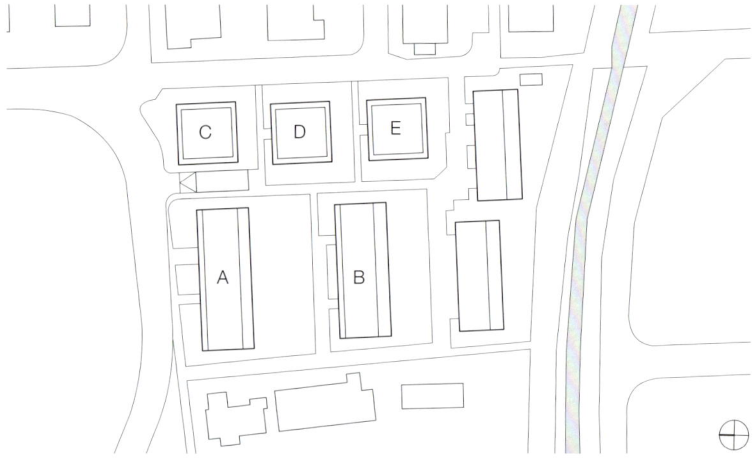

Architekten:	Lang Hugger Rampp Architekten, München und Krämmel Bauplan, Wolfratshausen
Tragwerksplaner:	bauart Konstruktions GmbH, München
Holzbau:	Huber und Sohn, Bachmering
Stahlbetonbau:	Krämmel Bauunternehmung, Wolfratshausen
Fertigstellung:	2018

Auf dem 7650 m^2 großen Grundstück sind fünf Mehrfamilienhäuser und neun Reihenhäuser mit insgesamt 57 Wohneinheiten auf einer Tiefgarage platziert. Diese verbindet alle Häuser unterirdisch miteinander. Zwei der Mehrfamilienhäuser sind als Riegel und drei als Punkthäuser organisiert.

Als Pilotprojekt für die Hybridbauweise wurde der nördliche Riegel (Haus A) vom Erdgeschoss bis inklusive des zweiten Obergeschosses als Stahlbetontragwerk mit einer Fassade aus Holztafelbauelementen errichtet; das Staffelgeschoss ist komplett in Holztafelbauweise ausgeführt. Das mittlere Punkthaus (Haus D) wurde ebenfalls in Hybridbauweise errichtet, während alle anderen Gebäude in Massivbauweise – Stahlbeton und Mauerwerk – ausgeführt sind. Die Technische Universität München begleitete die Planung wissenschaftlich. Der Ökobilanz-Vergleich zweier Punkthäuser gleicher Geometrie zeigt unter anderem, dass die Hybridbauweise mit Holzaußenwand im Vergleich zur Massivbauweise 13 % nicht erneuerbaren Primärenergiebedarf und 7 % CO_2-Ausstoß für Erstellung, Erneuerung und Entsorgung einspart. Noch deutlicher erweist sich der Vorteil der Hybridbauweise in der Nutzung: Hier verringert der bessere Dämmwert bei gleicher Wandstärke den Energieverbrauch und den CO_2-Ausstoß deutlich. Bauakustische Messungen im Zuge der Qualitätssicherung der Bauausführung ergaben, dass im Hybridgebäude nicht nur die Mindestanforderungen nach Norm, sondern auch größtenteils die Anforderungen für einen erhöhten Schallschutz eingehalten werden (siehe S. 42, Abb. 19). Lediglich die Trittschalldämmung des getesteten Treppenpodests erfüllt »nur« die Mindestanforderungen. Das Projekt wird nach der Ausführung durch ein detailliertes Raumklimamonitoring weiter wissenschaftlich begleitet.

Lageplan
Maßstab 1:2000
Grundrisse • Schnitt
Haus D
Maßstab 1:250

1 Zimmer
2 Flur
3 Wohnen/Essen
4 Balkon
5 Terrasse
6 Dachterrasse

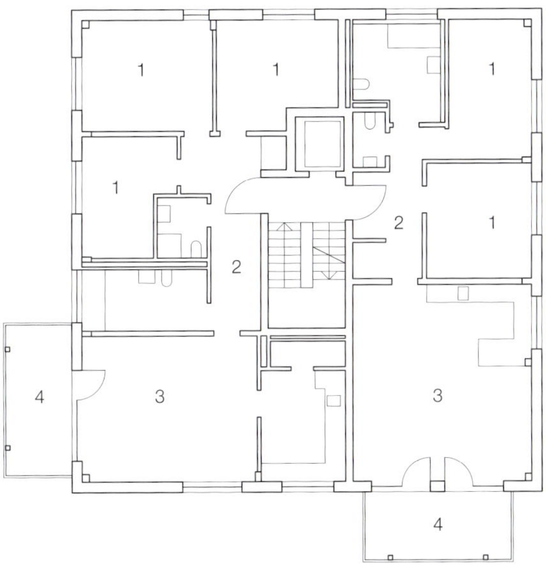

Regelgeschoss

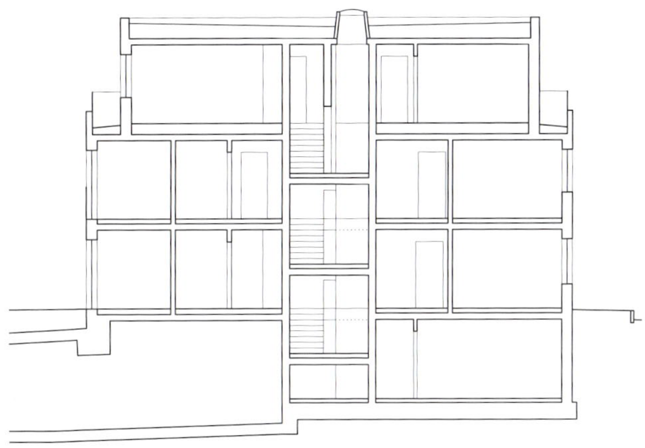

aa

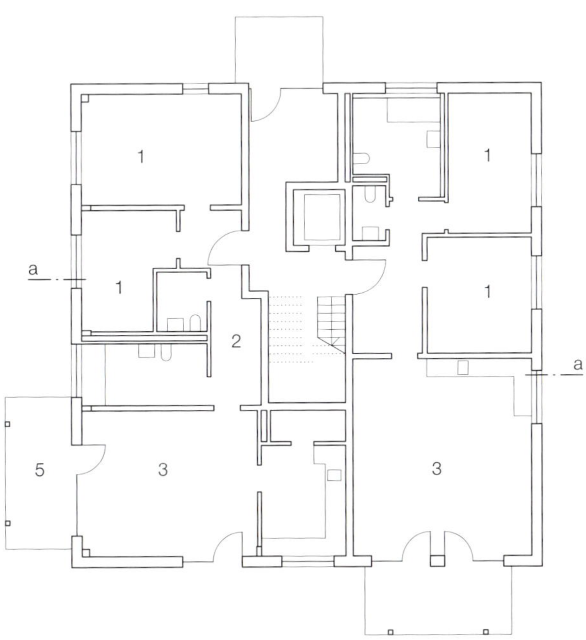

Erdgeschoss

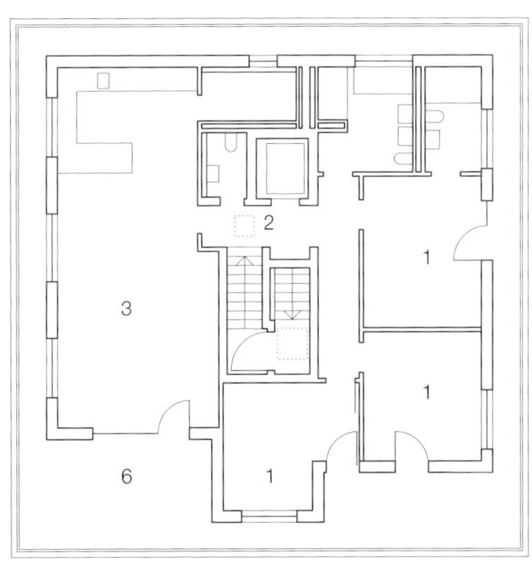

Attikageschoss

1 Zimmer
2 Flur
3 Wohnen / Essen
4 Balkon
5 Terrasse
6 Dachterrasse

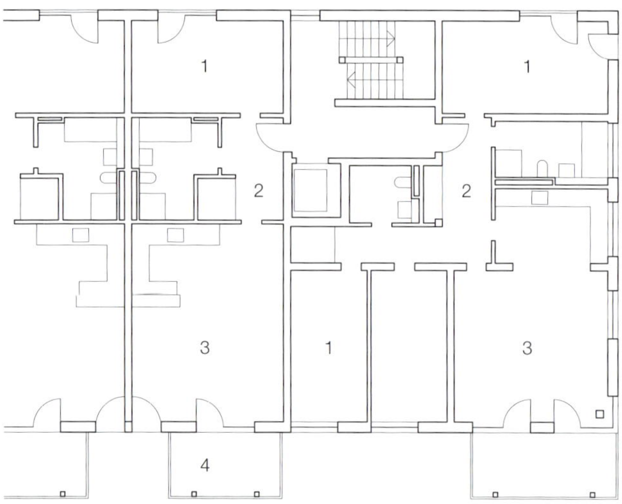

Regelgeschoss Ausschnitt

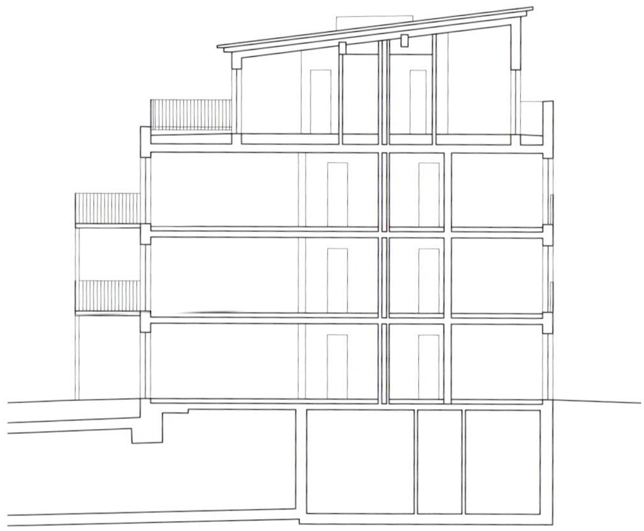

bb

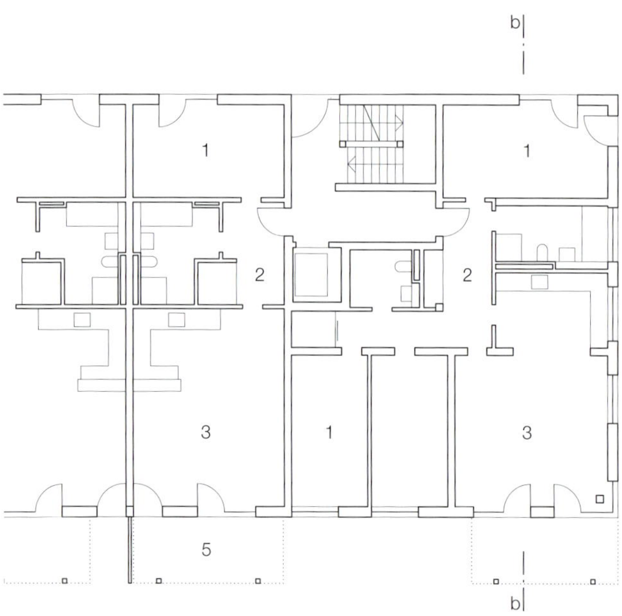

Erdgeschoss Ausschnitt

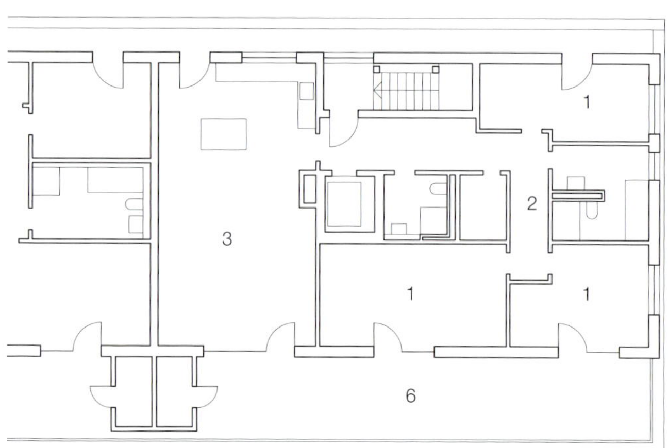

Dachgeschoss Ausschnitt

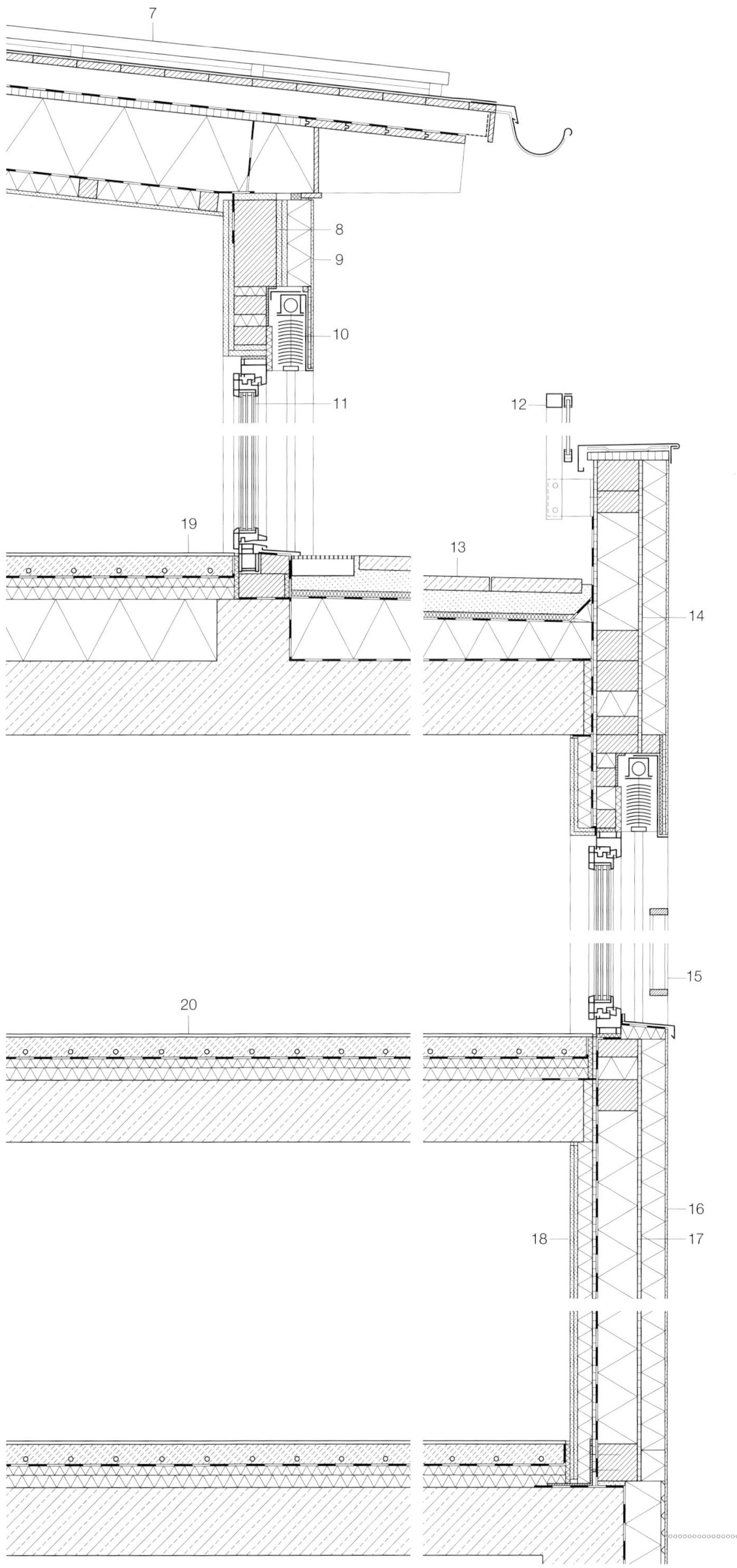

Grundrisse • Schnitt
Haus A
Maßstab 1:250
Vertikalschnitt
Haus A
Maßstab 1:20

7 Dachaufbau:
Photovoltaikmodule
Unterkonstruktion
Profilblech Aluminium 0,8 mm
Holzschalung 24 mm
Konterlattung 80 mm
Unterdachbahn bituminös
Spanplatte 25 mm
Sparren KVH 240 mm, dazwischen Wärmedämmung
Dampfbremse
Sparschalung/Lattung 60 mm, dazwischen Wärmedämmung
Gipskartonplatte 12,5 mm
8 Pfette KVH 140/280 mm
9 Putz
Putzträgerplatte
10 Jalousie Raffstore Aluminiumlamellen
11 Dreifachverglasung in Kunststoffrahmen
12 Brüstung:
Riegel Aluminium pulverbeschichtet 60/40/4 mm, Stab Aluminium 60/20/4 mm
Füllung VSG matt 10 mm
13 Aufbau Dachterrasse:
Betonplatten 50 mm
Splittbett 50 mm
Bautenschutzmatte 20 mm
Abdichtung
Gefälledämmung 2%, mind. 170 mm
Dampfsperre
Stahlbetondecke gespachtelt, gestrichen 200 mm
14 Brettsperrholzplatte
15 Absturzsicherung:
Rahmen Aluminium pulverbeschichtet 60/20/4 mm, Stäbe 40/10/2 mm
16 Wärmedämmverbundsystem Putz 8 mm
Holzweichfaserplatte 80 mm
17 Holztafelbauelement:
Gipsfaserplatte 12,5 mm
KVH 140/60 mm, dazwischen Wärmedämmung Mineralwolle
Dampfbremse
Gipsfaserplatte 12,5 mm
18 Gipskarton 2× 12,5 mm
Unterkonstruktion Holz, dazwischen Wärmedämmung 50 mm
19 Bodenaufbau Attikageschoss:
Parkett 10 mm
Heizestrich 70 mm
Trennlage PE-Folie
Trittschalldämmung 30 mm
Wärmedämmung 40 mm
Wärmedämmung 180 mm
Stahlbetondecke gespachtelt, gestrichen 200 mm
20 Bodenaufbau Obergeschoss:
Parkett 10 mm
Heizestrich 70 mm
Trennlage PE-Folie
Trittschalldämmung 30 mm
Wärmedämmung 40 mm
Stahlbetondecke gespachtelt, gestrichen 200 mm

Neubau von 35 geförderten Wohnungen in Freising

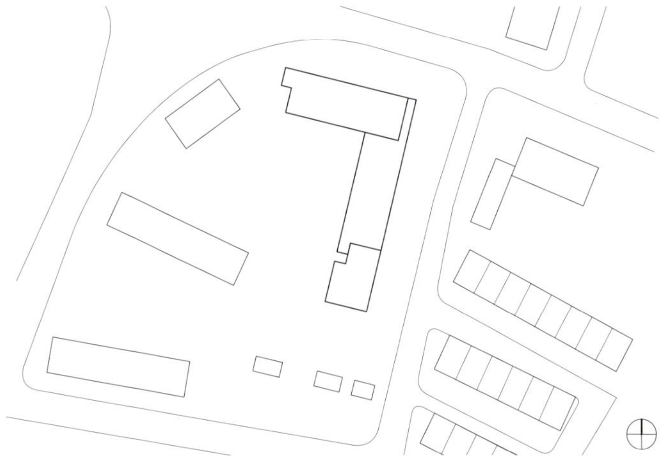

Architekten:	A2freising architekten + stadtplaner, Kai Krömer und Stefan Lautner, Freising
Tragwerksplaner:	Beratende Ingenieure Brandl und Eltschig Tragwerksplanung, Freising
Holzbau:	Gumpp & Maier, Binswangen
Stahlbeton:	Xaver Riebel Bauunternehmung, Mindelheim
Fertigstellung:	2018

Der L-förmige Baukörper nimmt 35 geförderte Wohneinheiten auf. Sie sind ausnahmslos barrierefrei über straßenseitige Laubengänge erreichbar. Die hier angeordneten hervortretenden Küchenblöcke gliedern die großzügig dimensionierte Laubengangzone und schaffen Aufenthaltsqualität. Auf den straßenzugewandten Seiten befinden sich auch die Bäder, während sich Wohn- und Schlafräume sowie die Balkone zum ruhigen, begrünten Innenhof orientieren. Im südlichen Kopfbau liegen große Familienwohnungen. Das Dach wird als gemeinschaftliche, barrierefrei zugängliche Terrasse mit Hochbeeten und Aufenthaltsbereichen genutzt.

Das Gebäude wurde als Stahlbetontragwerk in Schottenbauweise errichtet mit Außenwänden aus insgesamt circa 1800 m² nicht tragenden Elementen in Holztafelbauweise. Die hinterlüfteten Fassaden entlang der Laubengänge sind mit farbig gestrichenen, zementgebundenen Spanplatten bekleidet, hofseitig mit sägerauer Holzverschalung. Die Hybridbauweise bot sich aufgrund guter Erfahrungen aus vorangegangenen Projekten an, da sie sowohl eine kurze Bauzeit als auch einen hohen Energiestandard ohne Wärmdedämmverbundsystem ermöglicht. Mit der witterungsunabhängigen Vorfertigung ließen sich zudem eine dichte Gebäudehülle und eine qualitativ hochwertige Fassade realisieren. Eine besondere konstruktive und bauphysikalische Herausforderung waren die Laubengänge. Deren Montage erfolgte im »Tetris-Prinzip«: Geschossweise wurden im Wechsel die Holztafelbauelemente und anschließend die Stahlbetonfertigteile montiert; die Laubengangplatten wurden dann punktuell mit tragenden Wärmedämmelementen in der Stahlbetondecke befestigt. Im Bereich der Türaustritte gewährleisten Rähmversätze in den Holztafelbauelementen die Barrierefreiheit.

Lageplan
Maßstab 1:2000
Schnitte
Grundrisse
Maßstab 1:400

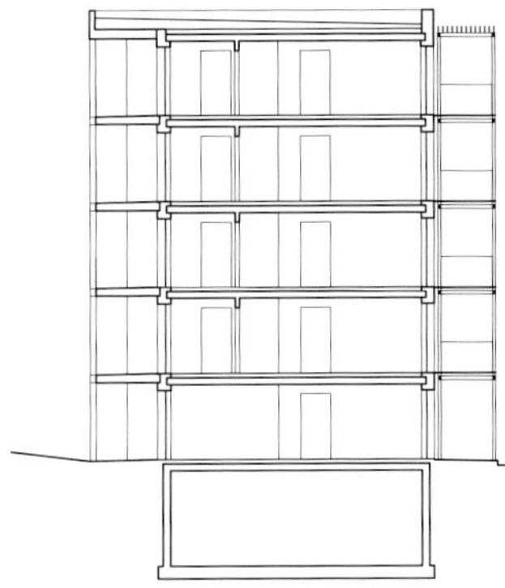

aa

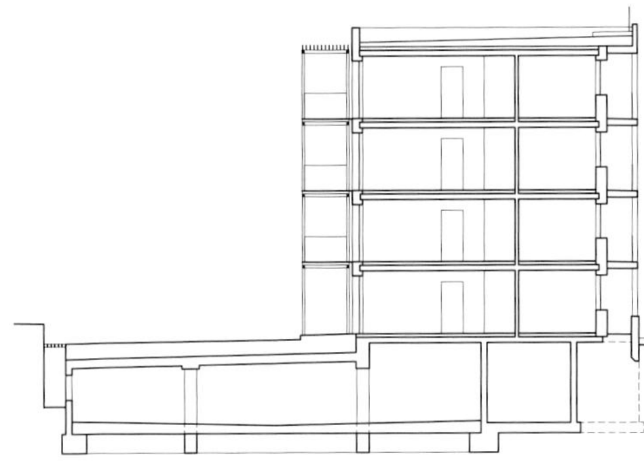

bb

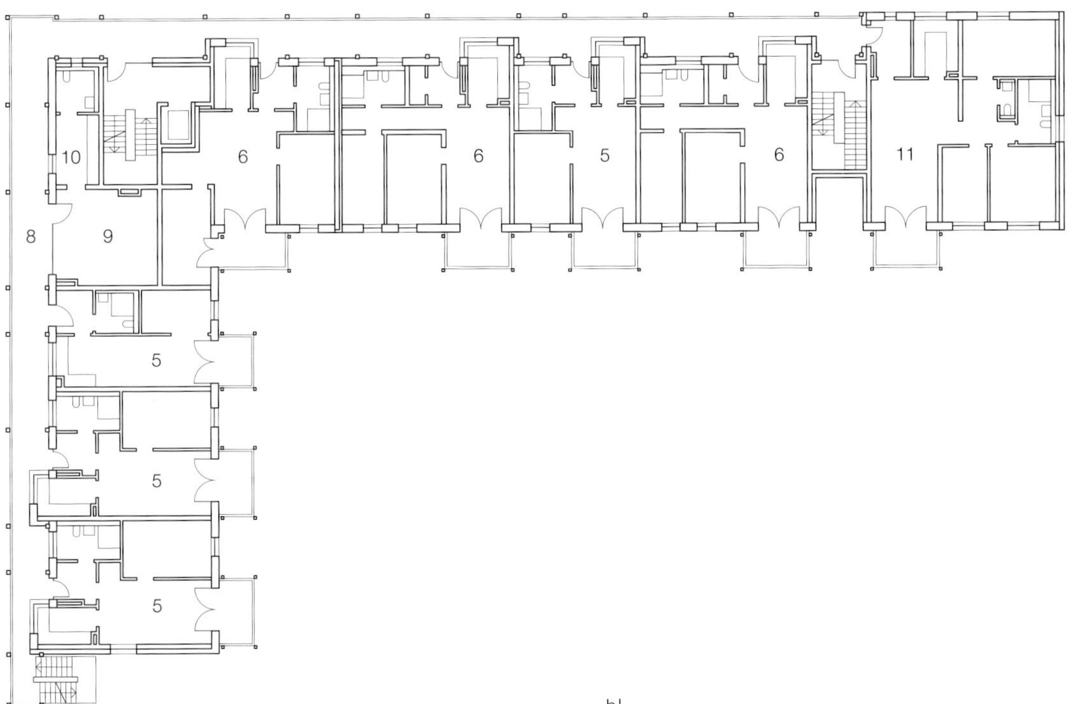

1. Obergeschoss

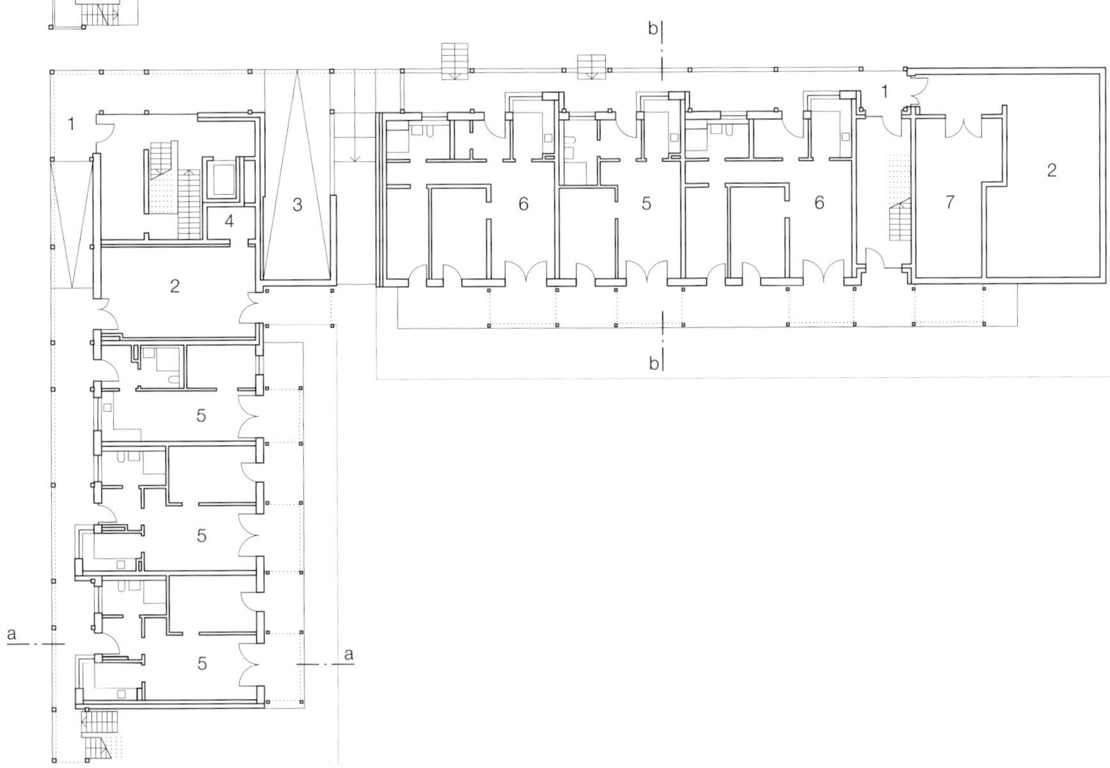

1 Eingang
2 Fahrradabstellraum
3 Zufahrt Tiefgarage
4 Lager
5 2-Zimmer-Wohnung
6 3-Zimmer-Wohnung
7 Müllraum
8 Laubengang
9 Gemeinschaftsraum
10 Küche Gemeinschaftsraum
11 4-Zimmer-Wohnung

Erdgeschoss

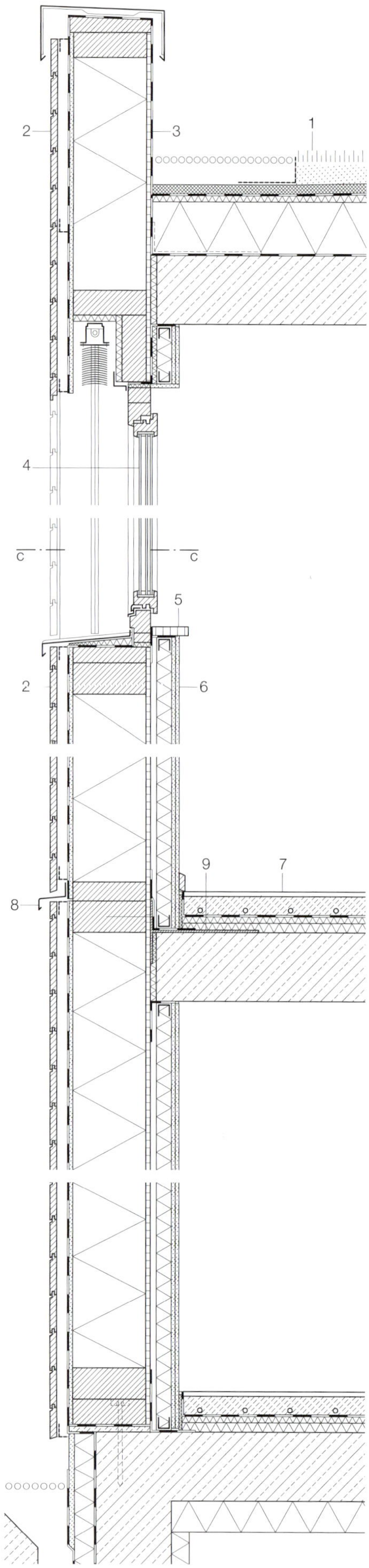

Vertikal- und Horizontalschnitt Innenhoffassade mit Horizontalschalung
Horizontalschnitt Laubengangfassade mit zementgebundenen Spanplatten
Maßstab 1:20

1 Dachaufbau:
extensive Begrünung
Leichtsubstrat einschichtig 90 mm
Dränschicht
Bautenschutzmatte
Kunststoffabdichtung einlagig, wurzel- und rhizomfest
Gefälledämmung EPS (WLG 035) 20–240 mm
Wärmedämmung EPS (WLG 035) 160 mm
Dampfsperre bituminös
Stahlbetondecke 220 mm

2 Holztafelbauelement:
Bretterschalung Fichte gestrichen, Nut und Feder horizontal 22/130 mm
Lattung 30/50 mm
Fassadenbahn diffusionsoffen, sd < 0,1, Stöße verklebt
Gipskartonfeuerschutzplatte 15 mm
Holzständer KVH 240/80 mm, dazwischen Wärmedämmung Zellulose
OSB-Platte 18 mm

3 Abdichtung Kunststoffbahn mit Glasvliesverstärkung, wurzel- und rhizomfest, lose verlegt 2 mm

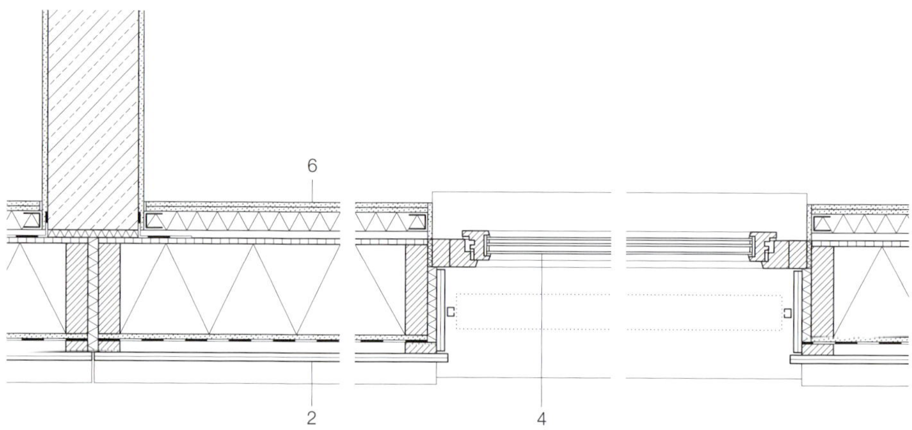

cc

4 Dreifachverglasung in Holzrahmen
5 Fensterbank Holzwerkstoffplatte mit Schichtstoff
6 Gipsfaserplatte 2× 12.5 mm
Metallständer, dazwischen
Wärmedämmung (WLG 035) 50 mm
Toleranzausgleich 20 mm
7 Bodenaufbau:
Fertigparkett 15 mm
Zementestrich beheizt 65 mm
Trennlage PE-Folie
Trittschalldämmung PS-Hartschaum 20/22 mm
Ausgleichsdämmung, PS-Hartschaum 30 mm
Stahlbetondecke gespachtelt 220 mm
8 Brandsperre Metallblech verzinkt
9 Stahlwinkel 360/100/5 mm mit Bohrung für Anker Ø 14 mm
10 Holztafelbauelement:
Holzspanplatte zementgebunden, geschliffen 16 mm
Lattung 30/50 mm
Konterlattung 40/60 mm
Fassadenbahn diffusionsoffen, sd < 0,1,
Gipsfaserplatte 12,5 mm
Holzständer KVH 240/60 mm, dazwischen
Wärmedämmung Zellulose
OSB-Platte 18 mm
11 Stütze Stahlbetonfertigteil 200/200 mm

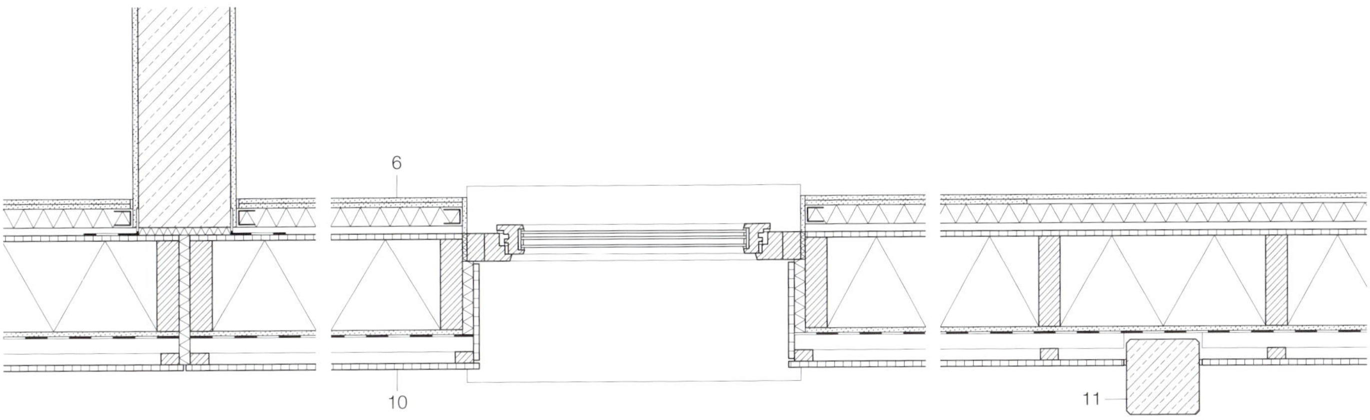

Anschlussdetails
Vertikalschnitte Laubengang
Maßstab 1:5

1 Haustür:
Blatt Holz furniert, beschichtet, Dämmkern 69 mm
Türstock Holz
2 Edelstahlblech 2 mm
3 Gitterrost Stahl verzinkt 30/10 mm
4 Laubengang Stahlbetonfertigteil 2135/4860 mm, Oberseite Gefälle 2 %, sandgestrahlt
5 Elementstoß
6 Holztafelbauelement:
Holzspanplatte zementgebunden, ungeschliffen, gestrichen 16 mm
Lattung senkrecht 40/60 mm
Lattung waagrecht, abgeschrägt 30/50 mm
Fassadenbahn
Gipskartonfeuerschutzplatte 15 mm
Holzständer KVH 240/60 mm, dazwischen Wärmedämmung Zellulose
OSB-Platte 18 mm
7 Winkel Lochgitter Aluminium 40/30 mm
8 Holzspanplatte zementgebunden 16 mm
9 Laibungsanschluss mit Dichtungsprofil
10 Gipsfaserplatte 2× 12,5 mm
Metallständer, dazwischen Wärmedämmung Mineralwolle
Toleranzausgleich 20 mm
11 3-Zonen-Multifunktionsband
12 Dichtschnur als Tiefenanschlag
13 Acryl-Brandschutzdichtmasse
14 Schraube, selbstschneidend 8× 240 mm, 3 Stück
15 Verklammerung bauseits
16 Stahlwinkel verzinkt 360/100/5 mm
17 Bolzenanker M 12

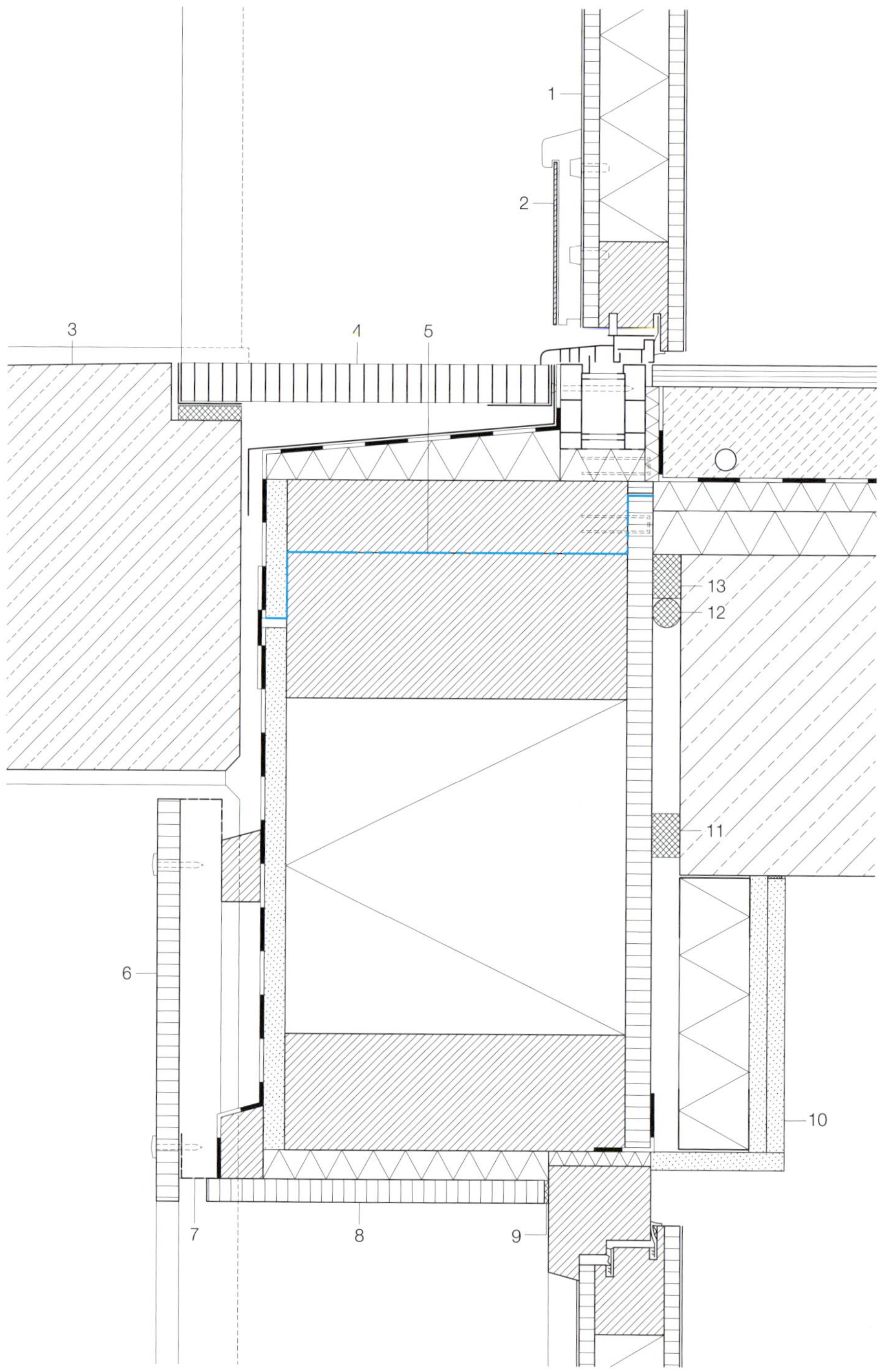

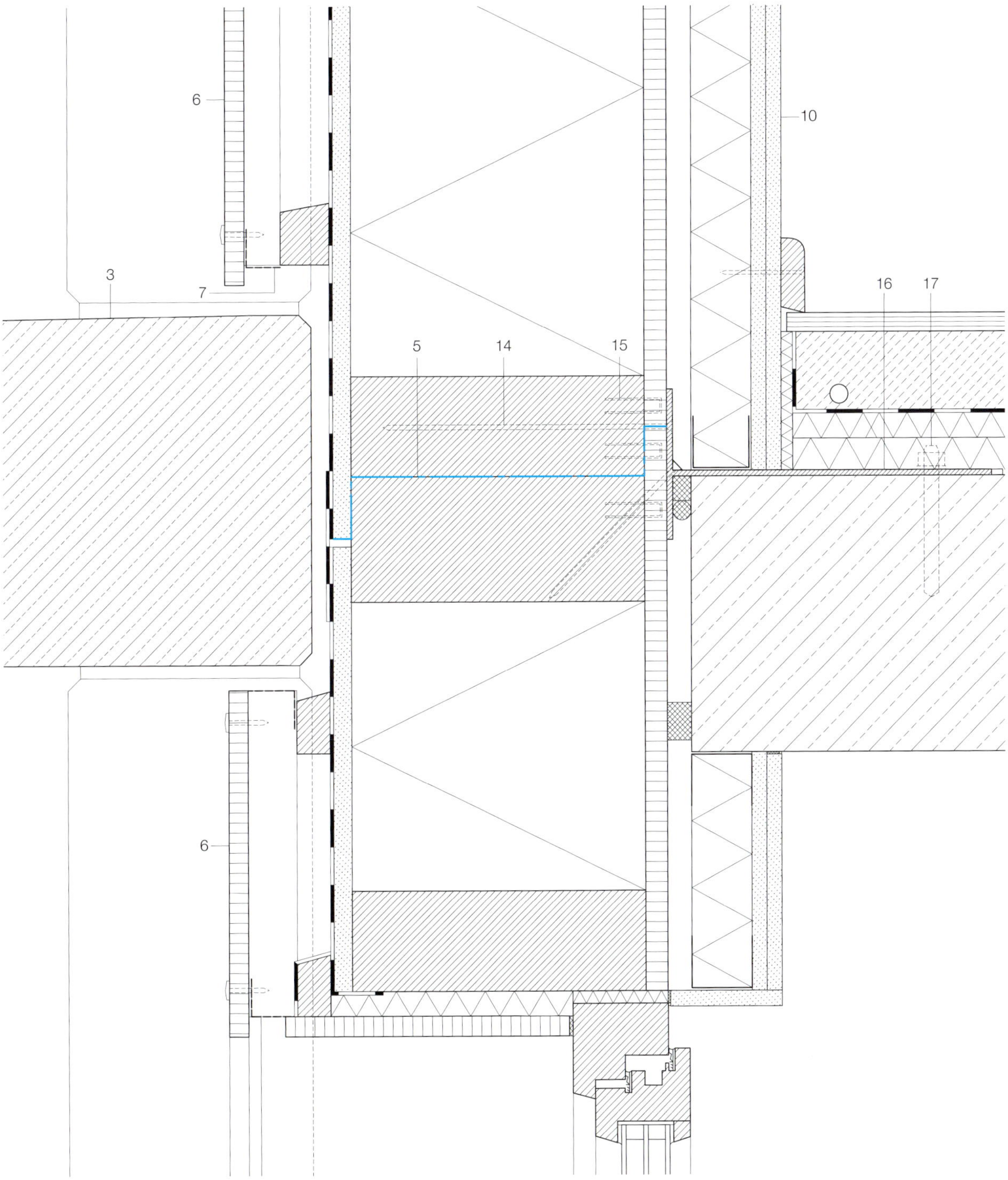
6
10
3
7
16
17
5
14
15
6

Herausgeber und Autoren

Oliver Fischer
Prof. Dr.-Ing. Dipl. Wirt.-Ing.
geboren 1963
1982–1988 Studium des Bauingenieurwesens an der Technischen Universität München (TUM)
1989–1995 wissenschaftlicher Assistent am Institut für Statik und Mechanik sowie für Konstruktiven Ingenieurbau (Holzbau, ab 1994) an der Universität der Bundeswehr München (UniBwM)
1994 Promotion (Dr.-Ing.) zum Schwingungs- und Stabilitätsverhalten von schlanken Tragstrukturen (Forschungspreis des bayerischen Staatsministers 1996)
1996–2009 Bilfinger Berger AG: verschiedene Fach- und Führungspositionen im In- und Ausland, ab 2003 Bereichsleiter Planung/Technik, Gesamtprokura im Ingenieurbau (weltweit)
1999–2009 Lehrauftrag »Massivbrücken« der Technischen Universität Darmstadt
2001–2009 Lehrbeauftragter für »Baudynamik und Erdbebeningenieurwesen«, Universität der Bundeswehr München
2007 Abschluss als Diplom-Wirtschaftsingenieur, Fern-Universität Hagen
seit 2009 Ordinarius für Massivbau an der Technischen Universität München
seit 2010 Sprecher der Leitung des Materialprüfungsamtes für das Bauwesen (MPA BAU) und des Laboratoriums für Konstruktiven Ingenieurbau der TUM
seit 2011 Prüfingenieur für Standsicherheit und EBA-Prüfer für bautechnische Nachweise im Eisenbahnbau (Brücken- und Ingenieurbau, Tunnelbau)
seit 2011 Vorstand und Miteigentümer der Büchting + Streit AG, München
seit 2015 Mitglied des Vorstands des Deutschen Ausschusses für Stahlbeton
Mitarbeit in einer Reihe von Fach- und Normenausschüssen sowie von Sachverständigengremien des DIBt
Wissenschaftlicher Beirat der Fachzeitschrift »Beton- und Stahlbetonbau«

Werner Lang
Prof. Dr.-Ing. M. Arch. II (UCLA)
geboren 1961
1982–1988 Architekturstudium an der Technischen Universität München (TUM)
1985/86 Auslandsstudium an der Architectural Association, London
1988 Diplom (Hans Döllgast Preis) an der TUM
1988–1990 Fulbright Stipendiat an der University of California, Los Angeles (UCLA)
1990 M. Arch.II (UCLA), Award for Best Thesis der UCLA School of Architecture and Urban Planning
1990–1994 Mitarbeit im Architekturbüro Kurt Ackermann + Partner, München
seit 1993 Mitglied der Bayerischen Architektenkammer
1994–2001 wissenschaftlicher Assistent am Lehrstuhl für Gebäudetechnologie, Prof. Dr. Thomas Herzog, Fakultät für Architektur, TUM
2000 Promotion zum Dr.-Ing. an der TUM, Promotionspreis des Bundes der Freunde der TUM
2001–2006 Architekturbüro Werner Lang, München
2001–2007 Lehrbeauftragter für »Sonderthemen bei Fassadenkonstruktionen« und »Baustoffkunde« an der Fakultät für Architektur, TUM
2006 Gründung des Architekturbüros Lang Hugger Rampp GmbH Architekten, München
2008–2010 Associate Professor für Nachhaltiges Planen und Bauen an der University of Texas at Austin School of Architecture (UTSoA)
2009–2010 Direktor des Center for Sustainable Development an der UTSoA
seit 2010 Inhaber des Lehrstuhls für energieeffizientes und nachhaltiges Planen und Bauen (ENPB) und Sprecher des Zentrums für nachhaltiges Bauen (ZNB), Ingenieurfakultät Bau Geo Umwelt TUM und Direktor des Oskar von Miller Forums, München

Stefan Winter
Prof. Dr.-Ing.
geboren 1959
1980–1982 Zimmererlehre
1982–1987 Studium des Bauingenieurwesens an der Technischen Universität München (TUM) und der Technischen Universität Darmstadt
1987–1990 wissenschaftlicher Mitarbeiter am Institut für Stahlbau und Werkstoffmechanik und am Institut für Massivbau der Technischen Universität Darmstadt
1990–1993 Leitung und Geschäftsführung des Instituts des Zimmerer- und Holzbaugewerbes, Darmstadt
1993 Firmengründung Ingenieurbüro bauart Konstruktions GmbH & Co. KG mit Sitz in Lauterbach und Niederlassungen in München, Darmstadt und Berlin
1993–2003 Fachberater Informationsdienst Holz Hessen
1998 Promotion an der Technischen Universität Darmstadt zum Thema »Tragverhalten von Profilverbundstützen aus hochfestem Feinkornbaustahl StE 460«
seit 2000 öffentlich bestellter und vereidigter Sachverständiger für Holzbau bei der IHK Gießen-Friedberg
2000–2003 Inhaber des Lehrstuhls für Stahlbau und Holzbau der Universität Leipzig
2001–2010 Gesellschafter der MFPA Leipzig GmbH
seit 2003 Ordinarius für Holzbau und Baukonstruktion an der Technischen Universität München
seit 2006 Prüfingenieur für Baustatik für die Fachrichtung Holzbau in Bayern
2009–2012 FiDiPro Professur an der Aalto Universität Helsinki
seit 2012 Vorsitzender des Normenausschusses Bau Fachbereich 04 »Holzbau«, Mitglied im Beirat des Normenausschusses Bau im DIN
seit 2014 Vorsitzender des europäischen Normenausschusses CEN TC 250/SC 5 Eurocode 5 – Holzbau – Bemessung und Ausführung

Christina Dotzler
Dipl.-Ing. (FH) M. Eng.
geboren 1987
Dipl.-Ing. (FH), M. Eng.
2006–2010 Studium Bauingenieurwesen, Schwerpunkt Konstruktiver Ingenieurbau an der OTH Regensburg (Diplomarbeit im Fachgebiet Holzbau)
2010–2012 Masterstudium Bauingenieurwesen, Schwerpunkt Bauen im Bestand an der OTH Regensburg
2012–2013 Ingenieurin in der Tragwerksplanung, BBI Ingenieure GmbH, Regensburg
seit 2014 Wissenschaftliche Mitarbeiterin am Lehrstuhl für energieeffizientes und nachhaltiges Planen und Bauen, Technische Universität München

Joachim Hessinger
Dipl.-Phys., Dr. rer. nat.
geboren 1964
1983–1992 Physikstudium an der Johannes Gutenberg Universität Mainz, Abschluss als Diplom-Physiker / Dr. rer. nat.
1993–1995 Aufenthalt als Postdoktorant an der Cornell University in Ithaca, New York (USA)
seit 1996 Mitarbeiter im Bereich Bauakustik des Labors für Schallmesstechnik, seit 2003 LSW GmbH / ift Schallschutzzentrum / ift Labor Bauakustik in Stephanskirchen / Rosenheim
seit 2005 Prüfstellenleiter ift Schallschutzzentrum (seit 2011 ift Labor Bauakustik)
seit 2005 Mitarbeit im SVA B2 »Schalldämmung und Schalldämmstoffe« des DIBt
seit 2008 Mitarbeit im Normenausschuss NA-005-55-74, AA DIN 4109, des DIN

Christoph Kurzer
M. Eng.
geboren 1989
2011–2016 Studium Bauingenieurwesen an der Beuth Hochschule für Technik Berlin
2016–2018 Projektleitender Tragwerksplaner des Ingenieurbüros EiSat GmbH, Berlin
seit 2018 wissenschaftlicher Mitarbeiter am Lehrstuhl für Holzbau und Baukonstruktion an der Technischen Universität München

Patricia Schneider-Marin
Dipl.-Ing. Architektin
geboren 1973
1993–2000 Architekturstudium an der Technischen Universität München, EPF Lausanne und Universität Stuttgart
2000–2009 Mitarbeit in den Büros House and Robertson Architects, Coop Himmelb(l)au und Gehry Partners, Los Angeles
2009 Gründung des eigenen Architekturbüros in München
seit 2010 Wissenschaftliche Mitarbeiterin am Lehrstuhl für energieeffizientes und nachhaltiges Planen und Bauen, Technische Universität München
2011 Gründung von ±e Bürogemeinschaft für energieeffizientes Bauen
Publikationen zu den Themen Ökobilanzierung und Nachhaltigkeit im Planungsprozess

Christof Volz
Dr.-Ing.
geboren 1982
2004–2009 Studium Bauingenieurwesen an der Technischen Universität München
2009–2016 Projektingenieur bei ISP Scholz Beratende Ingenieure AG, München
seit 2016 Bereichsleiter bei Haumann und Fuchs Ingenieure AG Traunstein für den Bereich Brückenbau
2011–2019 Gastwissenschaftler am Lehrstuhl für Massivbau, Technische Universität München
2019 Promotion an der Technischen Universität München: »Zur Torsionssteifigkeit von Stahlbeton- und Spannbetonträgern«

Dank

Diese Publikation beruht auf den Ergebnissen des Forschungsprojektes »Fassadenelemente für Hybridbauweisen«, Technische Universität München, 2014–2016 (www.hybridbauweisen.de)

Das Projekt und die Publikation wurden von der Bayerischen Bauwirtschaft gefördert.

BAYERISCHE BAUWIRTSCHAFT

Dank geht an:
- die ehemaligen Mitarbeiter Miriam Kleinhenz und René Stein,
- die studentischen Hilfskräfte Pierre Keller-Psathopoulos, Jochen Mecus und Christoph Werner
- sowie an die Praxispartner der Firmen ift Rosenheim GmbH, Gumpp & Maier GmbH, Huber & Sohn GmbH & Co. KG, bauart Konstruktions GmbH & Co. KG, ZÜBLIN Timber Aichach GmbH, Krämmel Unternehmensgruppe und ACMS Architekten

Bildnachweis

Allen, die durch Überlassung ihrer Bildvorlagen, durch Erteilung von Reproduktionserlaubnis und durch Auskünfte am Zustandekommen des Buches mitgeholfen haben, sagen die Autoren und der Verlag aufrichtigen Dank. Sämtliche Zeichnungen in diesem Werk sind eigens angefertigt, im Projektbeispielteil auf Basis der Architektenpläne. Nicht nachgewiesene Fotos stammen aus dem Archiv der Architekten oder aus dem Archiv der Zeitschrift Detail. Trotz intensiven Bemühens konnten wir einige Urheber der Fotos und Abbildungen nicht ermitteln, die Urheberrechte sind aber gewahrt. Wir bitten in diesem Fall um Nachricht.

Titel
Experimenteller Wohnungsbau Wuppertal-Ostersiepen (DE) 2012, ACMS Architekten
Foto: Sigurd Steinprinz

Rubrikeinführende Fotos
Seite 6: Studentenwohnheim »Neue Burse« in Wuppertal (DE) 2013, ACMS Architekten
Foto: Tomas Riehle
Seite 18: Baugemeinschaft Schwabing Nord. Wohngebäude in München (DE) 2016, H2R Architekten
Foto: Frank Kaltenbach
Seite 32: Holztafelbauelement im Schnitt. »Ecoleben« – mehrgeschossige Wohngebäude in Penzberg (DE) 2016, Lang Hugger Rampp Architekten und Krämmel Bauplan
Foto: Christina Dotzler
Seite 48: Vorgefertigte Wandelemente. Generationen Wohnen »Am Mühlgrund« in Wien (AT) Hermann Czech, Adolf Krischanitz, Werner Neuwirth
Foto: Rubner Holzbau GmbH
Seite 68: Experimenteller Wohnungsbau Wuppertal-Ostersiepen (DE) 2012, ACMS Architekten
Foto: Sigurd Steinprinz

Vorwort
Huber & Sohn GmbH & Co. KG, Bachmehring

Grundlagen
1–5 eigene Darstellung
6a Sigurd Steinprinz
6b Tomas Riehle
6c Tomas Riehle
7–9 eigene Darstellung
10 Quellen: KfW-Standards: KfW, 2018; Passivhaus: Passivhaus-Institut, 2018; NZEB: EU, 2010; aktivplus-Haus: aktivplus, 2018
12 nach DIN EN 15978:2012-10
13 Huber & Sohn GmbH & Co. KG
14 eigene Darstellung unter Verwendung von DIN 15978:2012-10, DIN 15804:2014-07 und Ökobaudat
15 eigene Darstellung nach Brand, Stewart: How Buildings Learn. New York 1994
16 eigene Darstellung nach Holzbau Deutschland – Bund Deutscher Zimmermeister im Zentralverband des Deutschen Baugewerbes e. V. (Hrsg.): Lagebericht 2018. Berlin Juli 2018., Abb. 2.2
17 eigene Darstellung nach Richtlinie 2008/98/EG des europäischen Parlaments des Rates vom 19. November 2008
18 eigene Darstellung nach Herstellerangaben

Tragwerk und Fassade
1 Christina Dotzler
2 eigene Darstellung nach Studiengemeinschaft Holzleimbau e. V.
3–5 eigene Darstellung
6 Gumpp & Maier GmbH, Binswangen
7 Erne AG Holzbau, Foto: Gataric Fotografie
8 eigene Darstellung nach StVO § 22 und Mette, Elmar: Transportieren und Montieren. Holzbau – die quadriga 03/2014, S. 23–27
9 eigene Darstellung nach StVZO § 32
10 Hämmerle Spezialtransporte GmbH
11 eigene Darstellung nach StVZO § 32
12–14 eigene Darstellung
15 nach DIN EN 13670:2011-03
16 nach DIN 18202-3:2008-08, Tab. 2
17 nach Grasser, Emil; Thielen, Gerd: Hilfsmittel zur Berechnung der Schnittgrößen und Formänderungen von Stahlbetontragwerken. Nach DIN 1045, S. 57
18 nach DIN EN 1992-1-1
19–23 eigene Darstellung
24 Hilti Deutschland AG, außer Abb. Mitte: Unternehmensgruppe fischer

Bauphysik
1 eigene Darstellung nach EnEV
2–6 eigene Darstellung
7 Christina Dotzler
8 eigene Darstellung
9 Christina Dotzler
10–12 eigene Darstellung nach MBO
13 bauart Konstruktions GmbH & Co. KG
14 Huber & Sohn GmbH & Co. KG, Bachmehring
15 eigene Darstellung
16 gemäß Merk, Michael; Werther, Norman; Gräfe, Martin: Erarbeitung weiterführender Konstruktionsdetails für mehrgeschossige Gebäude in Holzbauweise der Gebäudeklasse 4, Abschlussbericht des Lehrstuhls für Holzbau und Baukonstruktion der TU München, Forschungsinitiative Zukunft Bau, Band F 2923. Stuttgart 2014
17–18 eigene Darstellung
19 eigene Darstellung unter Berücksichtigung von DIN 4109 und VDI 4100
20–25 eigene Darstellung
26 Christina Dotzler

Außenwandanschlüsse
1–2 eigene Darstellung
3 eigene Darstellung nach Angaben der Fa. Gumpp & Maier
4 eigene Darstellung
5 eigene Darstellung nach MBO

Projektbeispiele
Seite 70–73: Constantin Meyer Photographie
Seite 75: HHS Planer + Architekten
Seite 76–79: Sigurd Steinprinz
Seite 80: ACMS Architekten
Seite 81: Sigurd Steinprinz
Seite 82–83: Krämmel Unternehmensgruppe, Wolfratshausen. Foto: Alexander Bernhard
Seite 84: Christina Dotzler
Seite 86–89: Florian Holzherr
Seite 90–91: Gumpp & Maier GmbH, Binswangen

Normen

DIN 1045 Tragwerke aus Beton, Stahlbeton und Spannbeton
DIN 18202 Toleranzen im Hochbau – Bauwerke
DIN 18203 Toleranzen im Hochbau – Teil 3: Bauteile aus Holz und Holzwerkstoffen
DIN 4102 Brandverhalten von Baustoffen und Bauteilen
DIN 4108 Wärmeschutz und Energie-Einsparung in Gebäuden
DIN 4109 Schallschutz im Hochbau
DIN 18540 Abdichten von Außenwandfugen im Hochbau mit Fugendichtstoffen – vergleichbar mit DIN EN 15651-1 Fugendichtstoffe für nicht tragende Anwendungen in Gebäuden und Fußgängerwegen – Teil 1: Fugendichtstoffe für Fassadenelemente, aber an die Fugendichtstoffe werden in dieser Norm zusätzliche Anforderungen gestellt, die von der DIN EN 15651-1 nicht erfasst werden
DIN 18533 Abdichtung von erdberührten Bauteilen
DIN 18531 Abdichtung von Dächern sowie von Balkonen, Loggien und Laubengängen
DIN 68800 Holzschutz
DIN EN 13162 Wärmedämmstoffe für Gebäude – Werkmäßig hergestellte Produkte aus Mineralwolle (MW) – Spezifikation
DIN EN 15651-1 Fugendichtstoffe für nicht tragende Anwendungen in Gebäuden und Fußgängerwegen – Teil 1: Fugendichtstoffe für Fassadenelemente

Sachregister